徐文舸 著

债务理论

顺周期、可持续
和证券化

THE CHARACTERISTICS
OF OBLIGATION:
PRO-CYCLICALITY,
SUSTAINABILITY AND
SECURITIZATION

社会科学文献出版社
SOCIAL SCIENCES ACADEMIC PRESS (CHINA)

前　言

　　债务是现代市场经济运行最为重要的基础之一，并直接关系到一国经济的繁荣和衰退。自 2008 年国际金融危机以来，全球经济又重新开启了新一轮的"加杠杆"过程，无论是发达经济体还是新兴市场经济体都纷纷落入"债务陷阱"之中。因此，不管是反思 2008 年国际金融危机，还是抑制爆发下一次金融危机的风险，这些议题都不能脱离债务的分析框架来展开讨论。对于中国经济而言，其过往的快速发展也伴随着债务水平的迅速攀升，特别是非金融企业与地方政府所隐含的债务风险更值得高度警惕。面对严峻且紧迫的债务问题，本书结合债务的分析框架，从债务理论和实践出发，深入探讨债务的三大特性——顺周期性、可持续性与证券化，并综合了国内现实和国际经验，具有十分重要的理论和现实意义。

　　在整体论述过程中，全书强调以结合中国现实为中心，以解决中国问题为基本点，并借鉴国际经验，尤其要突出中国当前的金融体系正处于"新兴加转轨"的发展阶段。其中，具体结构分别是将债务的顺周期性、可持续性与证券化这三大主要特性作为切入点，依次以银行信贷、政府债务与影子银行体系等作为具体载体进行相应的分析阐述。

　　一是对于债务的顺周期性，首先，从放大机制（或金融加速器）和中国特色的金融体系两个维度给出债务顺周期性的定义与概念；其次，利用宏观经济数据考察我国信贷周期与经济周期的数量性关系；再次，通过构建理论模型，从债务顺周期性的视角来研究债务的动态变化轨迹；最后，在自然实验的框架内，以中国人民银行 2010—2011 年的货币政策调控为研究对象，给出债务顺周期性的微观证据。

二是对于债务的可持续性，首先，从跨期预算约束和宏观经济效应两个层面来界定债务可持续性的概念；其次，按国外和国内两个维度来依次回顾政府债务的历史演变过程；再次，基于中国现实，在跨期预算约束下分别对中央政府和地方政府债务可持续性的现状进行经验和实证上的考察；最后，借鉴国际经验，利用理论建模和计量方法，研究政府债务可持续性所具有的宏观经济效应。

三是对于债务的证券化，首先，给出债务证券化的定义，并详细阐述其运作模式以及影响金融市场与实体经济的传导机制；其次，介绍国际经验，考察全球影子银行体系的发展状况，特别是美国的证券化市场在2008年金融危机前后的发展变化所带来的启示；再次，构建融入债务证券化的理论模型并阐述其作用机理，即从债务证券化的视角研究"发起与证券化"（OTD）模式如何导致部分银行出现流动性危机的整个过程；最后，结合中国现实，实证分析影子银行体系所具有的宏观经济效应，尤其是其对货币政策传导机制的影响，并剖析产生这一现象的深层次原因。

基于理论与实证的研究，全书得出以下重要结论。

第一，在宏观层面上，信贷周期相对于经济周期的波动更为剧烈且持续性较短，与此同时，信贷周期与经济周期具有一定的顺周期性，并发挥着相应的引导作用；在理论层面上，债务的顺周期性容易导致金融体系从稳定状态转向不稳定状态；在微观证据上，紧缩性的货币政策调控将导致民营企业和中小企业的融资结构出现较为明显的调整，即外源融资占比与有息债务率均呈现下降的趋势，尤其是民营企业表现得更为显著，而对国有企业和大企业的融资结构变化则影响不明显。

第二，对于中央政府债务，当前处于较为健康的状态，其可持续性条件能够满足；对于地方政府债务，其规模正在不断累积，并且资金投向主要集中于市政公用基础设施建设领域，举债方式和举债主体均呈现此消彼长的变化态势，所幸的是总体制度安排正在逐步构建成形，可以预期该可持续性的风险将会不断降低，由此所引发的宏观经济风险也将得以控制。

第三，不断累积的政府债务对经济增长有非线性影响，即表现为先促进后抑制的倒 U 形关系，而该临界点（或临界区间）恰好出现在负债率处于 90%—110%；对于削减高企的政府债务问题，财政基本盈余的改善与实际 GDP 增长率的上升是两大重要抓手，并且政务信息的透明与财政权力的集中也有利于政府有效控制负债率以及总债务水平。

第四，快速发展的影子银行体系已然成为金融市场不可或缺的重要组成部分，2008 年金融危机也只是暂时减缓其规模不断上升的趋势，尤其是影子银行体系的宏观经济效应日渐凸显；各国影子银行体系的发展也遵循着自身金融体系的现状与特殊性，美国和中国的证券化市场更是如此。

第五，尽管中国证券化市场起步较晚，但近年取得了较快的发展，尤其体现在以国有企业贷款作为基础资产的信贷资产证券化产品与以基建项目派生出的相关财产权利作为基础资产的企业资产证券化产品的增长上；不过，自 2008 年国际金融危机以来，影子银行体系却对传统的利率传导机制产生了显著影响，即利率水平对产出缺口的影响效力明显下降、影子银行体系对产出缺口的影响效力日益增强，而这一现象背后的主要原因在于市场利率变动对贷款创造的影响明显削弱。

第六，各国政府的实践表明，以货币和财政政策为代表的宏观稳定政策未能有效地应对债务危机与削减债务水平。为使经济体能真正走出债务积压的困境，短期内可借助公私分担型的债务重组方式，把积压的债务迅速降至可持续水平。在中长期，一是积极改善宏观基本面，尤其是财政基本盈余的好转和实际 GDP 增长率的上升，以及政务信息的透明与财政权力的集中等制度安排均有利于控制经济体的负债率以及总债务水平；二是要重塑金融体系，在宏观和微观层面上分别构建审慎政策框架，以激励相容的原则保证金融监管体系实现统一协调和规范运作，同时，也要求金融体系从以债务类融资方式为主转向以股权类融资方式为主，引入合理的机制设计（如风险共担式住房抵押贷款等），使整个体系变得更为稳健。

正如马克·吐温所言"历史不会重复自己，但会押着同样的韵脚"，为防止债务问题循环往复发生，笔者认为应将其置于宏观审慎政策框架内进行思考，并提出五点政策建议：一是构建宏观审慎政策框架，提高货币政策、宏观审慎管理和微观审慎监管三者应对债务问题的有效性；二是积极发挥逆周期性的政策体系作用，降低顺周期波动带给经济的不利影响；三是提升数据统计和信息收集的能力，建立公开披露、监测分析与评估预警的集中统一体系；四是依法规范政府权力，正确激励官员，切实转变政府职能；五是改革金融管理体制，强化中国人民银行在金融发展和规制方面的主导作用。

目　录

Contents

图目录

表目录

第一章

导论

第一节　提出问题

进入 21 世纪的头十年，全球经济经历了一系列前所未有的挑战，特别是在 2008 年的时候爆发了自 20 世纪 30 年代"大萧条"（the Great Depression）以来最为严重的金融危机。此次危机的波及范围之广、破坏程度之深令经济学家们惊呼"这次将不同于以往"（This Time Will be Different）（布拉佳、文斯利特，2014），以致多年后各大主要经济体仍未实现真正复苏。像国际货币基金组织（IMF）于 2015 年共四次下调全球经济增长率的预估值，从年初预估的 3.8% 不断下调至后来预估的 3.1%，而这一经济增长率的预估值创下了自本次危机爆发以来全球经济增速的最低纪录（IMF，2015）。

更为糟糕的是，在经济增长乏力的同时，全球经济又重新开启了新一轮的"加杠杆"（Leveraging）过程，全球总体的债务余额（包括居民、非金融企业和政府部门，但不含金融机构的债务）占全球 GDP 的比重仍保持不断增长的态势，2016 年达到 234.8%，创下历史新高，相较于 2008 年金融危机时期的水平（202.1%）大幅上升 32.7 个百分点，并且无论是发达经济体还是新兴市场经济体都纷纷落入"债务陷阱"（Debt Trap）之中。

以 2016 年的数据为例①，一方面，发达经济体的负债率（年末债务余额/当年国内生产总值，以下同）高达 264.5%②，相较于 2008 年金融危机时期和 21 世纪初的 2001 年分别上升了 24.8 个百分点与 52.7 个百分点。其中，英国、欧元区和美国的负债率分别为 280.4%、265.8% 与 252.9%，依次比 2008 年金融危机时期增加了 37.2 个百分点、33.5 个百分点与 13.4 个百分点，而相较于 21 世纪初的 2001 年更是上升了 99.0 个百分点、57.1 个百分点与 63.4 个百分点。更有甚者，像日本在 2013 年的负债率竟然达到 371.0%。另一方面，新兴市场经济体的负债率为 184.3%，虽然低于发达经济体的债务水平，但也比 2008 年金融危机时期上升了 76.7 个百分点。

对于中国而言，自后危机时期以来，债务水平的增长非常迅速。从总体的债务水平来看，国际清算银行的数据显示，2016 年中国的总体负债率（不包括金融机构）为 257%，比 2008 年大幅增加了 116 个百分点，年均增速超过 14%，这一增幅不仅是同期全球主要经济体中最快的（在已有数据披露的国家中，只有中国香港的增幅超过中国内地），而且也比危机之前美国的增长速度快。再者，据国家资产负债表研究中心测算，截至 2016 年底，中国实体经济的债务规模（不包括金融机构）约为 168.8 万亿元，负债率从 2008 年的 157% 大幅上升至 2016 年的 227%，年均增速超过 10%（张晓晶、刘学良，2017；张晓晶、常欣，2017）。

从分部门的债务水平来看，按国际清算银行的数据计算，2016 年底，我国非金融企业的债务余额高达 17.79 万亿美元，超过同期美国的水平（13.47 万亿美元），成为全球拥有未清偿的非金融企业债务最多的国家，并分别占到新兴市场经济体债务总和（25.68 万亿美元）的 69.3%、全球各国债务总和（62.10 万亿美元）的 28.6%，而同一时期的非金融企业负

---

① 这里的发达经济体共包括 22 个国家，分别是澳大利亚、加拿大、丹麦及欧元区的奥地利、比利时、芬兰、法国、德国、希腊、爱尔兰、意大利、卢森堡、荷兰、葡萄牙、西班牙和日本、新西兰、挪威、瑞典、瑞士、英国、美国；新兴市场经济体也有 21 个国家和地区，分别阿根廷、巴西、智利、中国、哥伦比亚、捷克、中国香港、匈牙利、印度、印尼、以色列、韩国、马来西亚、墨西哥、波兰、俄罗斯、沙特、新加坡、南非、泰国、土耳其。以上数据来自国际清算银行。类似的国际比较，可参见 Buttiglione et al.（2014）。

② 有时，也常把"负债率"称作"杠杆率"。

债率为 166.3%，相比 2006 年的 106.5%，累计上升了近 60 个百分点；2016 年底，我国政府债务余额达 4.96 万亿美元，仅次于美国（18.36 万亿美元）和日本（9.23 万亿美元），但同期的负债率为 46.4%，仍处在国际警戒线水平之内。国内的研究也显示，2016 年我国非金融企业与地方政府债务余额各为 94.4 万亿元、30.2 万亿元，同年两者的负债率分别比 2008 年金融危机前上升了 32 个百分点和 50 个百分点（李扬、张晓晶、常欣，2015；张晓晶、刘学良，2017；张晓晶、常欣，2017）。

总之，上述多项国内外的统计数据均表明，当前中国快速攀升的债务水平必须引起各方的关注，特别是非金融企业与地方政府所隐含的债务风险更值得高度警惕。

有鉴于此，不管是反思 2008 年国际金融危机，还是抑制爆发下一次金融危机的风险，这些议题都不能脱离债务的分析框架来展开讨论。通过结合债务的分析框架，可以发现不管是 2007 年美国爆发的次贷危机以及随之蔓延至全球的 2008 年金融危机，还是 2009 年底在欧元区爆发的主权债务危机，抑或是当前中国非金融企业和地方政府债务的隐忧等，一系列挑战的背后都有一个共性，那便是经济主体都有过度举债的情形。具体而言，在十分宽松的货币环境下，随着经济的好转，经济体中的各个部门都纷纷地采取顺周期性的"加杠杆"行为。可以看到，居民和非金融企业部门转而更偏好通过借债来进行消费与投资；金融机构则通过以证券化为代表的各种金融创新手段来积极支持前两者的举债行为，从而其自身也比以往显得更为稳健且赢利颇丰；政府也更为激进地安排看似短期内具有可持续性的财政支出和社会福利政策（莱茵哈特、罗格夫，2012；汉农，2015）。不过，最终的结果是债务按照其自身所具备的顺周期性、可持续性与证券化这三大特性的作用演变从而给整个经济体带来巨大的系统性风险，并且之前由债务过度累积而催生的经济繁荣也如"沙上建塔、顷刻倒坏"[①]。为此，从债务的理论和实践出发，深入探讨债务的三大特性——顺周期性、可持续性与证券化，并结合中国现实和国际经验，这便具有十分重要的理论和现实意义。

---

① 引自鲁迅的《二心集》之《习惯与改革》。

也正是基于迫切的理论和现实诉求，本书的研究旨在试图解答以下有关债务理论和实践方面的问题。

（1）"债"的起源是什么？"债"是如何演变的？"债务"的概念又是什么？"债务"具有哪些特性？

（2）"债务"的"顺周期性"是指什么？有哪些表现特征？通过何种作用机理来影响经济？结合中国现实，尤其是关于中国特色的金融资源配置方式和商业银行经营模式，"债务"的"顺周期性"（以"银行信贷"为载体）在普遍性与特殊性上分别是怎样表现的？

（3）"债务"的"可持续性"（以"政府债务"为载体）是指什么？"政府债务"具有怎样的历史演变过程？基于中国现实，中央政府和地方政府债务的"可持续性"在跨期预算约束下的现状如何？未来有哪些挑战？借鉴国际经验，政府债务的"可持续性"具有怎样的宏观经济效应？如何有效控制由此所产生的系统性风险？

（4）"债务"的"证券化"是指什么？有怎样的运作模式？通过何种传导机制来影响金融市场与实体经济？介绍国际经验，对全球影子银行体系的发展状况进行考察，特别是对美国证券化市场在 2007 年次贷危机前后的发展变化有何启示？结合中国现实，"债务证券化"（以"影子银行体系"为载体）具有怎样的宏观经济效应？该效应所产生的原因何在？

围绕上述这些问题，笔者将以债务特性作为核心议题，分别从债务的顺周期性、可持续性与证券化这三大特性入手来展开具体研究，既总结国际上的经验和教训，又结合中国当前的现实情况，通过理论建模和经验实证的分析方法，来全面、系统、细致且深入地考察债务在三大特性上与之一一对应的具体表现载体——银行信贷、政府债务和影子银行体系，最后提出各自行之有效的控制债务产生系统性风险的政策措施与应对手段。

第二节　研究框架

一　研究思路

为了更全面且充分地对债务特性这一核心议题展开论述，并能最大限度地结合中国现实与借鉴国际经验，笔者对研究思路做了如下四个方面的安排。第一，将债务的顺周期性、可持续性与证券化这三大主要特性作为切入点，分别以银行信贷、政府债务与影子银行体系作为具体载体进行相应的分析阐述。第二，在整体论述的过程中，以结合中国现实为中心，以解决中国问题为基本点，并辅以国际经验，尤其是强调目前中国的金融体系正处于"新兴加转轨"的发展阶段，其相应的实体和金融因素（Fundamental and Financial Factor）都将会影响到债务特性的发展变化。第三，在分析方法的选取上，理论建模与经验实证的运用都各有侧重点，其中，理论建模方法的应用主要是为了描述债务这三大特性分别是通过何种途径来影响金融市场与实体经济，而经验实证方法则更多的是从中国现实和国际经验的视角来阐述这些债务特性所具有的表现特征和宏观经济效应。第四，在全文逻辑的结构上，笔者主要采用"总—分—总"的结构形式，先从"债"的概念论及"债务"的概念及其所具有的三大特性，再分别从债务的顺周期性、可持续性与证券化这三大特性方面依次展开详细的论述，并就经济体在短期和中长期如何解决债务积压以及更好应对债务危机给出针对性的对策。最后是归结各部分理论与经验实证分析的主要结论，并提出相应的政策启示和建议。

因此，本书的整体框架结构以及各核心章节的论证过程均可归纳为"提出问题、界定概念、数量分析、理论建模、实证检验、政策建议"的模式。其中，本书的核心框架可详见图 1-1。

二　主要内容

正是基于前面的研究思路与核心框架，本书共有七章，主要内容如下。

第一章为导论。本章先从国内外现状的角度来介绍选题背景，并提出相应的研究问题；然后，简要阐述本书的研究思路、主要内容与研究方法；最后，概括本书的创新点与不足之处。

第二章为理论概述。本章的主题主要涉及"债"和"债务"的概念以及"债务"所具备的三大特性，可以说，是之后各章节的前提和基础。首

```
                                          ┌─────────────────────────┐
                                      ┌──▶│     顺周期性的定义       │
                                      │   └─────────────────────────┘
                                      │   ┌─────────────────────────┐
                                      ├──▶│ 中国现实：信贷周期与经济周期 │
                         ┌────────┐   │   └─────────────────────────┘
                      ┌─▶│ 顺周期性 │──┤   ┌─────────────────────────┐
                      │  └────────┘   ├──▶│ 融入债务动态变化的理论模型 │
                      │               │   └─────────────────────────┘
                      │               │   ┌─────────────────────────┐
                      │               └──▶│ 中国现实：顺周期性的微观证据 │
                      │                   └─────────────────────────┘
                      │                   ┌─────────────────────────┐
                      │               ┌──▶│     可持续性的定义       │
                      │               │   └─────────────────────────┘
                      │               │   ┌─────────────────────────┐
           ┌──────┐   │  ┌────────┐   ├──▶│ 中外政府债务的历史演变   │
           │ 债  │    │  │        │   │   └─────────────────────────┘
           │ 务  │    │  │        │   │   ┌─────────────────────────┐
           │ 的  │────┼─▶│ 可持续性 │──┼──▶│ 中国现实：中央政府债务可持续性 │
           │ 三  │    │  │        │   │   └─────────────────────────┘
           │ 大  │    │  │        │   │   ┌─────────────────────────┐
           │ 特  │    │  └────────┘   ├──▶│ 中国现实：地方政府债务可持续性 │
           │ 性  │    │               │   └─────────────────────────┘
           └──────┘   │               │   ┌─────────────────────────┐
                      │               └──▶│ 国际经验：政府债务的宏观经济效应 │
                      │                   └─────────────────────────┘
                      │                   ┌─────────────────────────┐
                      │               ┌──▶│     证券化的定义        │
                      │               │   └─────────────────────────┘
                      │               │   ┌─────────────────────────┐
                      │  ┌────────┐   ├──▶│ 国际经验：债务证券化的发展 │
                      └─▶│ 证券化  │──┤   └─────────────────────────┘
                         └────────┘   │   ┌─────────────────────────┐
                                      ├──▶│ 融入债务证券化的理论模型 │
                                      │   └─────────────────────────┘
                                      │   ┌─────────────────────────┐
                                      └──▶│ 中国现实：影子银行体系的宏观效应 │
                                          └─────────────────────────┘
```

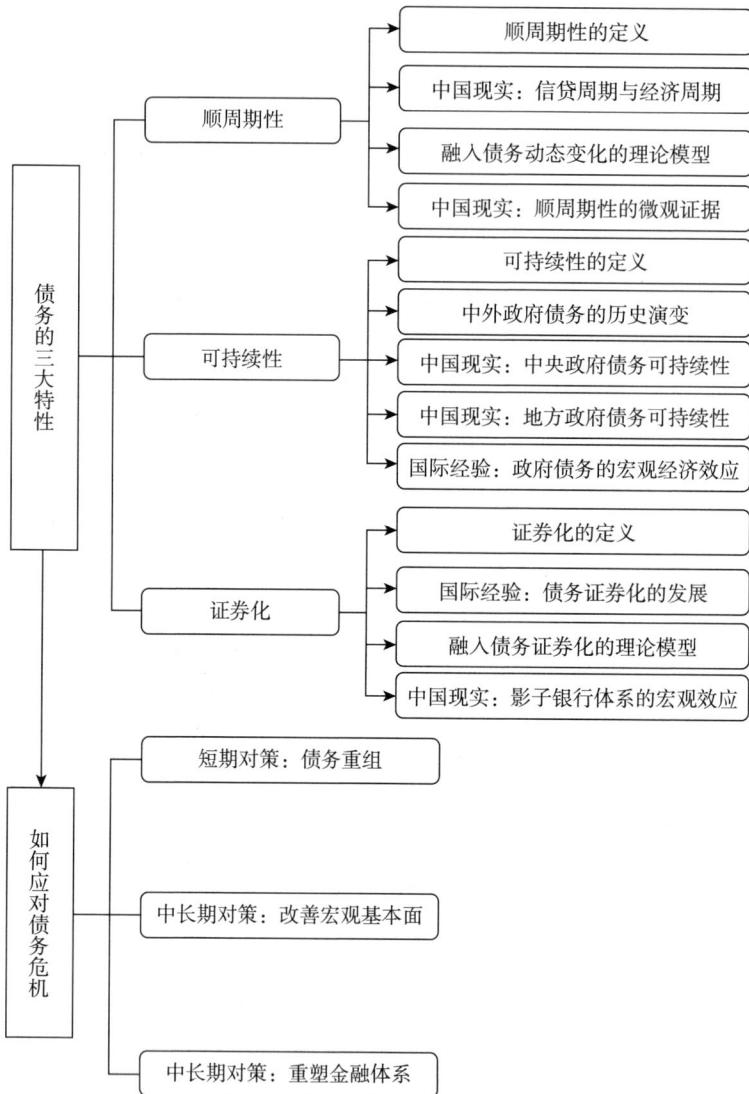

图 1-1　研究框架

先，从历史的视角来揭示"债"的起源和"债"的演变过程，以及"债务"的概念和"债务"所具有的三大特性；其次，结合债务的概念和特性，对国内外相关领域的文献进行回顾，其中，特别是对有关债务的顺周期性、可持续性与证券化这三大特性分别对实体经济和金融市场两者的作用机理与影响机制方面的文献进行总结性评述，以此来揭示目前的研究现状以及本书可以做出改进的地方。

第三章为债务的顺周期性。从本章开始正式进入全书的核心论述部分。首先，给出债务顺周期性的定义（以银行信贷为载体），分别从放大机制（或金融加速器）和中国特色的金融体系两个维度来阐述债务顺周期性的概念；接着，利用中国宏观经济数据来考察信贷周期与经济周期的数量性关系；然后，通过构建理论模型，从债务顺周期性的视角来研究债务的动态变化轨迹；最后，在一个自然实验的框架内，以中国人民银行 2010 年第四季度至 2011 年第三季度的货币政策调控为研究对象，从而给出债务顺周期性的微观证据。

第四章为债务的可持续性。首先，给出债务可持续性的定义（以政府债务为载体），具体是从跨期预算约束和宏观经济效应两个层面来界定债务可持续性的概念；接着，按国外和国内两个维度来依次回顾政府债务的历史演变过程；然后，基于中国现实，在跨期预算约束下分别对中央政府和地方政府债务可持续性的现状进行经验和实证上的考察；最后，借鉴国际经验，利用理论建模和计量方法，研究政府债务可持续性所具有的宏观经济效应。

第五章为债务的证券化。首先，给出债务证券化的定义（以影子银行体系为载体），详细阐述其具体的运作模式以及影响金融市场与实体经济的传导机制；接着，介绍国际经验，考察全球影子银行体系的发展状况，特别是美国的证券化市场在 2008 年金融危机前后的发展变化所带来的启示；然后，构建融入债务证券化的理论模型并阐述其作用机理，尤其是从债务证券化的视角研究"发起与证券化"（Originate‑to‑Distribute，OTD）模式如何导致部分银行出现流动性危机，甚至是那些稳健经营的银行也会因缺少流动性而发生倒闭的整个过程；最后，结合中国现实，实证分析影子银行体系所具有的宏观经济效应，尤其是其对货币政策传导机制的宏观效应，并剖析产生这一现象的深层次原因。

第六章为如何应对债务危机。首先，剖析以货币和财政政策为代表的宏观稳定政策的作用机制与各国政府的相关实践，以寻求宏观稳定政策未能有效地应对债务危机与削减债务水平的深层原因；其次，从短期对策角度，分析公私分担型的债务重组方式能有效将积压的债务迅速降至可持续水平，以规避破产和违约潮对宏观经济所造成的破坏性影响；再次，基于跨国数据，运用理论建模和计量方法，研究在中长期通过积极改善宏观基本面来有效地控制经济体的总债务水平并逐步削减；最后，详细提出在中长期还需要重塑金融体系（包括监管体系、融资方式等）的对策建议。

第七章为全文的结尾。一方面是对前面章节论述的主要内容进行归纳总结，并得出相应的结论，尤其是有关中国在债务特性方面的研究结论；另一方面基于宏观审慎政策框架，就如何应对主要结论中所表现出的诸多问题给出一些相应的政策建议和启示。

三　研究方法

结合前面的研究框架与内容，笔者将综合运用多种前沿、全面且实用的方法来展开研究，其中主要包括以下四种方法。

一是文献与历史研究。笔者将搜集和整理宏观经济学、货币经济学、金融经济学与转型经济学理论等领域的经典文献，系统总结前人关于债务理论，尤其是关于债务顺周期性、可持续性与证券化等议题的研究，并在此基础上形成本书的研究新思路。此外，对于债与债务的概念，通过追溯历史，探求其本质和源泉，以此来深刻揭示出债务及其三大特性的真实作用与实际价值。

二是国别比较研究。鉴于中国无论是在市场经济的建立还是在金融市场的培育上均滞后于欧美等发达国家的现实，笔者通过国别比较研究，总结这些发达国家在有关债务问题上的经验和教训，尤其是深入研究债务三大特性在这些国家的宏观经济效应，以此来归纳出对我国而言可借鉴、可复制以及可推广的启示与对策。

三是理论建模。笔者拟采用理论建模方法来研究债务的特性，构建具有凯恩斯主义特征的宏观动态模型。以债务顺周期性的研究为例，将债务率的动态变化融入宏观模型，从债务顺周期性的视角考察其导致金融体系从稳定状态到不稳定状态的整个过程，以此来发现债务顺周期性的内在动力和机理，最终为本研究奠定扎实的理论基础。

四是经验和计量研究。针对债务三大特性的具体问题，笔者还将利用多种计量模型和分析方法来展开定性与定量方面的研究。其中，主要有结构方程模型、宏观经济时间序列分析、跨国面板数据分析等估计和检验方法。通过上述方法来验证问题假设是否成立以及成立的条件，分析债务这一核心变量的一般特征以及与其他主要变量之间的相互关系和影响程度，并在此基础上衡量与检验有关债务假说、观点和理论的科学性。

第三节　研究创新

一　研究的创新点

与已有的研究相比，本书的边际贡献主要有三个方面。

一是创造性地提出"债务的三大特性"这一说法，将债务的顺周期性、可持续性与证券化这三大主要特性作为研究的切入点，以此来展开对债务理论的研究。结合中国现实与国际经验之后，可以发现，关于"债务的三大特性"的研究不仅仅是对过去和现在的总结与反思，更是在未来较长一段时期内国内外学术界的研究重点，本书可以算是一种"抛砖引玉"式的探索。

二是在经济学研究的基础上，融入历史和法律等其他学术领域的研究成果，以此来从根本上探寻"债"与"债务"等概念的本质和源泉。经济学的历史才不过二三百年，但本书的研究对象"债"与"债务"早在公元前便已存在，因此，借鉴历史和法律等方面的研究是十分必要的，综合运用这些研究成果更能深刻地揭示出债务及其三大特性的真实作用与实际价值，以此来避免"管中窥豹、井底之蛙"的局限。

三是对比之前的研究，有关债务的三大特性——顺周期性、可持续性与证券化的研究均有不同程度的创新和改进。具体而言，对于债务的顺周期性，基于"金融不稳定"理论和"金融加速器"理论，本书不仅构建起一个融入债务动态变化的宏观动态模型，而且更为深入地阐释了金融体系从稳定状态到不稳定状态演变的深层原因；同时，本书还从货币政策调控的新视角出发，在一个自然实验的框架内，采用倍差法的检验策略，证实了融资结构这一微观基础的存在性，也为理论提供了相应的微观证据。对于债务的可持续性，结合中国实际，本书区分中央和地方来分别探讨政府债务的可持续性问题，以避免片面地解读中国特殊的政府债务问题；在此基础上，借鉴发达国家曾经历过的发展历程，从中提炼出经验和教训来指导像中国这样的新兴市场经济体避免落入"债务陷阱"。对于债务的证券化，2008 年金融危机引起了学术界对以影子银行体系为代表的债务证券化的反思，但当前多数研究尚处于起步阶段，大多停留在对相关概念、定义和分类的简单梳理上，而本书从影子银行体系的宏观效应入手，针对中国影子银行体系是否抑制了传统的利率传导机制进行经验研究，并探究造成这一现象的深层原因。

二　不足之处

正是因为首次提出"债务的三大特性"这一新说法，所以，本书的实际研究必然会存在一些局限与不足，值得今后进一步深入研究。本书的不足之处主要涉及两个方面。

一是研究的具体载体。尽管本书是将债务的顺周期性、可持续性与证券化这三大主要特性作为研究的切入点，但在实际的分析和论证过程中，又分别以银行信贷、政府债务与影子银行体系作为"债务的三大特性"的具体载体进行相应的分析阐述。就某种程度而言，这就存在代表性不足的问题，特别是在债务的证券化部分，证券化不过是影子银行体系的一部分，但受到中外金融环境差异以及数据可得性的局限，为此，将有待未来的发展而进一步完善。

二是研究数据的局限性。对于债务的研究，最困难的便是缺少相应的债务数据。莱因哈特和罗格夫（2012）指出，在大多数国家，与其自身的历史周期相比，债务（特别是国内债务）的历史数据都很难获得，即使有这样的债务数据，其透明度和质量也均不理想。对于中国的数据而言，自改革开放以来，经济数据的透明度有了很大幅度的提高。不过，相关数据的周期仍较短，再加上统计口径也在不断调整，显然降低了数据之间的可比性以及不足以支持很多宏观时间序列方面的研究。此外，地方政府层面的数据质量明显差于中央政府，尤其是地方政府债务的数据更是难以获取。因此，随着数据的不断积累和质量的提升，未来的研究将更能探讨债务问题背后的数量性关系。

第二章

理论概述

第一节 "债"和"债务"的概念

尽管债务是现代市场经济运行最为重要的基础之一，但在经济思想史中，"债"和"债务"一直是未被充分研究的经济概念。历史学家们发现，早在公元前3500年左右，缔造两河流域文明的苏美尔人在其所留下的楔形文字中就有对信用体系的记录，并且大部分的记录是有关债务的信息。甚至于在当时，那些负责管理神庙的人员就已经创造出一套具有现代意义的会计体系，如使用"一打"（Dozen）作为计数单位，同时也使用这一体系来记录债务信息，像以银子作为度量单位①（格雷伯，2012）。从这个意义上来说，"债"和"债务"的历史远远早于货币以及市场的历史。有学者指出，当时的货币还并不具有后来的固定地充当一般等价物的作用，而只是一种记账工具，其所衡量的对象恰好就是债务，正如一个硬币表示的是一张欠条或者一个支付承诺（格雷伯，2012）。可以说，尽管当时的债务是用硬币来度量的，但其并不需要用硬币来偿还，事实上，古代的人们用自己所实际拥有的任意一件有价值的东西便可偿还债务。这正好与传统经济理论所表达的观点（人类先是从以物易物开始，然后才使用货币，并最后发展出一套信用体系）相反，也就是说人类社会首先出现的是信用体

---

① 当时的银子都是一些未加工的银条，跟之后所出现的用作货币的银子是完全不同的。

系，货币仅仅起度量的作用，到后来才出现铸币，并且铸币的使用是非常不稳定的，以致从未完全取代信用体系的重要作用。为此，在研究债务理论之前，很有必要对"债"和"债务"的概念进行明确界定，既要探究其历史渊源，又要给出现代的正式定义。

一 "债"的起源和演变过程

从"债"的出现时间来看，学者们都普遍接受"'债'是在'契约'出现以后或者是与'契约'同时出现"这一观点（张素华，2008）。① 法律史学家们通过考证对后世法律制度发展有深远影响的古罗马法之后也发现，"债"的历史渊源有两种起源学说。② 一种是以格罗索和梅因为代表的学说，其认为"债"的概念根植于商品经济中的信用关系，所以"债"的概念起源于契约，并且"债"的出现是为了更好地服务于契约的执行（格罗索，1994；梅因，2009）。另一种则是以彭梵得为代表的学说，其指出，因为"债"的特有构成要件是对某一行为主体的法律约束，所以罗马法中的"债"的概念起源于对私犯的罚金责任，即因非法侵犯他人的人身或财产而对被侵犯人所负的赔偿责任（彭梵得，2005）。尽管上述两种学说都有一定的论据支持，不过相比较而言，第二种学说受到的质疑会更多一些，有不少学者对此进行了批驳（张素华，2008；张素华，2012）。有鉴于此，笔者在本书的论述中接受第一种学说——"债"的概念起源于"契约"的概念。

在"契约"这一概念的历史发展过程中，曾先后出现过四种主要的契约形式，分别是口头契约、文书契约、要物契约和诺成契约。在古罗马时期，由于罗马法十分重视法律上的形式主义，为此，所有这些契约形式在正式生效之前就都需要遵循一定的程序和仪式。对于前三种契约形式而

---

① 这里的"契约"一词，与合同的意义是相同的，但在以前，契约的用法比合同更为广泛，因此，按照惯例在本书的表述中仍保留之前关于"契约"一词的用法。
② 在中国古代，"债"的概念多指钱债，即欠负的钱财，尤其是强调当"违负"或"不偿"（即债得不到履行）时，当事人须承担责任（徐中舒，2010）。这一概念类似于现在的借贷合同，仅仅是指合同法下的一类具体合同。相比罗马法，其含义较窄，因此，文中以罗马法作为主要的论述对象。

言，口头契约按照当时市民法所规定的烦琐程序和固定仪式（被称为 Nexum），必须通过一问一答的仪式以及使用一种专门的术语；文书契约是把实际的欠款金额记入一本总账由借方来完成相应的程序；要物契约则是通过送达一种特殊物件的方式来确定其发生。可见，那些契约形式正式生效前的固定程序和仪式并非当事人合意的且具有一定的约束力，这也被视作契约上的一种"法锁"（张素华，2008）。不过，对于诺成契约而言，它是一种交易便捷的契约形式，既不要求履行特定的程序，也不需要举行固定的仪式，仅仅需要当事人双方合意即可，但最重要的是，为了保证诺成契约受法律保护，当时的罗马人便用"债"这一概念在契约上附加一种"法锁"。因此可以说，正是"债"的出现，才使得诺成契约在后来极大地促进了贸易往来和经济发展。

从上面的"契约"演变过程来看，"债"是附加在契约上的一种具有抽象意义的"法锁"。尽管契约的早期形式有烦琐程序和固定仪式的"法锁"，但随着诺成契约的出现，契约上的这种"法锁"也就表现为某个合意且具有法律约束力的象征，这便是"债"的本质。正如英国法学家梅因所言，"契约"就是等于"合约"加上"债"，如果"合约"没有附加"债"，那么"契约"只不过是一个"空合约"（梅因，2009）。基于此，"债"的概念可表述为"通过抽象出一种具有普遍适用的约束形式来用于表现作为契约在法律上的约束力"。这里值得指出的是，法律上的约束力不同于法律上的强制力，前者的约束力一直伴随着且直接体现在特定当事人的身上，但后者的强制力只有在当事人违反约定时才会出现。

随着时代的不断发展，"债"的概念逐渐开始用来描述特定当事人之间的一种法律关系。尽管"债"的概念是表征一种抽象的法律关系，并不具有特定的权利义务的内容，但这一法律关系的核心主旨还是有关一方有要求他方为一定行为或不行为的权利以及他方负有一定作为或不作为的义务。以《中华人民共和国民法通则》对于"债"的定义为例，该法第84条规定："债是按照合同的约定或依照法律的规定，在当事人之间产生的特定的权利和义务关系。"（法律出版社法规中心，2013）从某种程度而言，"债"的这一概念为特定当事人之间的财产让渡行为提供了信用上的保障与法律上的支持。因此，"债"也可视作一种信用工具，换言之，"债"的本质也是保证实现特定当事人可期待信用的一种法律手段（或法律方式）（张素华，2008）。结合债权和债务的具体概念，"债"是用来分配特定当事人之间权利义务的法律手段，或是用来确定特定当事人之间利益归属的法律方式。也正因为如此，"债"与"物权"一起构成了大陆法系（Civil Law System）财产法下的两大支柱。

二 "债务"的概念

如前所述，现代意义上"债"的概念是指在当事人之间产生的特定的权利和义务关系。从这个概念可见，债的关系是由一组特定的权利和义务（或债权和债务）关系所组成的，并且这组特定的权利和义务是不能相互脱离而单独存在的，只能是相互对应而存在。正因为债的关系是一个抽象的法律概念，没有包括任何具体的权利义务内容，所以，谈到具体的债的关系就必须要研究债权和债务的关系（张素华，2008）。

对于"债"的关系的构成要件，债的主体、债的内容与债的客体这三者是缺一不可的（叶全良，2002）。一是债的主体，包括债权人和债务人，享有权利的人是债权人（Obligee），负有义务的人是债务人（Obligor）。在债的关系中，一方面按债权人来说，可称为债权关系；另一方面从债务人角度来说，可称为债务关系；统一起来，也可称之为债权债务关系。二是债的内容，是指当事人之间的权利和义务，也就是为一定行为或不为一定行为。具体而言，在一定经济关系中，由于债权人享有要求债务人按照约定条件为或不为一定行为的权利，债权人的权利主要表现为到期如数收回本金和利息的权利；同样地，也由于债务人负有按照约定条件向债权人为或不为一定行为的义务，债务人的义务主要表现为按期归还所借款项（中华人民共和国财政部预算司，2009）。三是债的客体，即债权人的权利和债务人的义务所指向的对象，可称为债的标的（或给付）。由此可见，"债"是债权和债务的总和。不过，在多数情形下，债的本质不在于债权人取得某一权利，而在于债务人负有必须向债权人履行的某一义务（彭梵得，2005）。这也可以从债的英文单词中得到相应的印证，债的英文单词为"obligation"，而该单词在英国法律中的含义是债务人对于债权人的义务（陆谷孙，2007）。因此，本书之所以从"债"的概念出发论及"债务"的概念，并在之后的章节深入展开对"债务"的研究和分析，其原因便在于此。

"债务"的概念，在债的关系中，是指债务人履行给付的一种责任（或所负有的义务）；而在一定的经济关系中，是指债务人对债权人负有在未来某一约定时期偿还所借款项的义务。这里需要指出的是，债务的含义并不完全等同于责任或义务。一方面，债务是属于可以被精确量化的责任（如偿还一定数量货币的责任），这也使得债务具有相应的流动性，可以进行贴现转让等信用活动；另一方面，凡是违反约定的债务人都要承担违约责任，这是法律强制与必然的表现，而不像义务那样是法律当为与应然的体现（张素华，2008；格雷伯，2012）。既然债务人有违反约定的可能，那么债务便存在相应的违约风险。其中，最主要的风险便是债务人的信用风险，也就是因某些事件导致债务人履行义务的能力发生了改变（比如影响了债务人的信用级别等），从而引起债务的市场价值发生变化，甚至是产生债务违约的后果（汪冬华，2007）。这一微观上的风险具有"蝴蝶效应"，可以说是直接或间接地在宏观层面制造风险。本书对债务方面的研究也旨在规避这种宏观上的风险。

对于"债务"的分类，一般按举债主体的不同，可分为个人债务（如消费贷款、抵押贷款）、企业债务（如银行贷款、票据、公司债券）和政府债务（如短期国库券、中长期国债）。其中，金融机构之间（特别是影子银行体系）利用证券和回购协议等方式在货币市场所进行的短期债务融资是一种全新的债务类别，其也是导致爆发2007年美国次贷危机及2008年国际金融危机的导火索（周莉萍，2013）。在上述这些债务的具体分类形式中，笔者认为有必要把负债和债券这两种形式与债务做比较说明。其一是债务与负债的区别。相比债务的语境，负债一般是一个会计方面的专业术语，比如资产与负债是相对应的。按照我国《企业会计准则——基本准则》第23条的规定，"负债是指企业过去的交易或者事项形成的、预期会导致经济利益流出企业的现时义务。现时义务是指企业在现行条件下已承担的义务，未来发生的交易或事项形成的义务，不属于现时义务，不应当确认为债务"。这说明债务的适用范围要比负债更广，尤其是对于政府债务来说，这两者间的差异还具有新的内涵。[①] 其二是债务与债券的区别。债券是一种比较常见的债务形式，发行债券也是企业、政府与金融机构主要的融资方式。债券可以定义为上述这些机构依法向投资者发行其承诺按一定利率支付利息且按约定条件偿还本金的债权债务凭证。为此可以说，债券是一种标准化的债务融资工具，更进一步地讲，债券的本质是债的证明书，具有相应的法律效力（中华人民共和国财政部预算司，2009）。

随着时代的不断发展，人们对于"债务"的观念也发生了很大的转变，即从传统的债务观念转变为现代的债务观念。在商品经济和金融市场不发达的时期，尽管当时社会上反映债权债务关系的资金借贷活动已经比较普遍，但民众始终对债务持有某种偏见，认为举借债务是一种经济生活陷入困境的表现，人们只有在十分贫穷的时候才会去借债，甚至对于一个国家而言也是如此。为此，民众总是错误地认为，债务人肯定是穷人，债权人又一定是富人，债权人常常不顾债务人的贫穷而对其进行无情的剥削和压迫。这也就导致当时举借债务的目的大多并不是用来扩大再生产以及改善经济生活水平，民众只是极力地想去避免产生债务，缺乏主动举债的积极性。因此，基于过去简单商品经济与小生产方式上的贫穷的债务观念，人们把债务视为极度消极和被动的事物，并不把债务作为促进生产活动和经济发展的重要工具（叶全良，2002）。

不过，进入资本主义社会之后，现代的债务观念便在市场经济与社会化大生产的基础上建立起来，不管是个人、企业还是国家都纷纷主动通过举借债务的方式来实现社会财富的增长。与此同时，在所谓的"金融民主化"的过程中（即民众日益广泛地参与到金融市场、金融机构、各种债券等现代金融活动中来），债权人和债务人的主要构成也发生了明显的变化，债务人变成了举债经营的企业主，而拥有稳定收入和积累财富的普通民众则成了主要的债权人（格雷伯，2012）。也正因为如此，债务成为资本主

---

① 具体内容详见第四章第四节"中国现实：关于地方政府债务的可持续性"的相关内容。

义生产方式中十分活跃的因素之一，并关系到经济的繁荣和衰退。

第二节　理论回顾

对于债务理论的研究主要可归类于货币金融周期影响实体经济的学说，而该学说始于 20 世纪六七十年代的货币主义（Monetarism）和新兴古典经济学（New Classical Economics）。货币主义强调货币供给冲击等名义因素对实体经济的重要影响，并且在以弗里德曼为代表的一批学者的研究工作推动下，现已形成了较为广泛的共识（Friedman and Schwartz, 1963; Sims, 1972）；而新兴古典经济学在货币主义的基础上，突出理性预期的重要性，卢卡斯等学者就此提出只有像未预期到的货币供给冲击才是引致经济波动的主因（Lucas, 1972; Sargent and Wallace, 1975）。可见，货币因素确实是造成经济波动的主要原因之一，其中，以债务为主的信用体系的研究便是一个重要分支。鉴于全书的研究对象是债务的特性（主要包括顺周期性、可持续性与证券化），因此，本节的主要内容将侧重于回顾和梳理债务特性所产生的宏观经济效应方面的理论研究。

一　债务的顺周期性

（一）莫迪利安尼和米勒的"MM 理论"

在最初有关债务对经济影响的研究中，最知名的便是由莫迪利安尼和米勒两位学者在 1958 年所提出的"MM 理论"（Modigliani and Miller, 1958）。"MM 理论"假定存在一个完美的资本市场（Perfect Capital Market），即一个企业的收益取决于该企业所处的等级（Class），而企业被划分成 k 个等级，并在每个等级上分别赋予对未来预期收益各自所要求的回报率（也被称为资本化率，the Market Rate of Capitalization）。为此，在无套利原则下，上述这种公开且确定的未来收益保证了企业的融资成本并不受债务率变化的影响，换言之，企业可以通过调整债务和股权的组合来全部抵消由资本结构变化对融资成本所产生的影响。这在一定意义上来说，无论企业债务率有多高或者资本结构如何变化，企业的融资成本将可以始终不受影响。因此，著名的"MM 理论"之不相关命题，是指"企业价值和融资成本与其资本结构（像债务率高低等）无关"。

事实上，这一不相关命题就意味着企业是在一种相对确定的市场环境下作出投融资决策的。不过，该命题的假设显然并不符合存在诸多摩擦的现实经济，尤其是债务市场充斥着较多的风险和不确定性。也正因为如此，之后的研究大多基于不完美市场框架，并强调债务的重要性，特别是在对金融危机形成机理的解释上均突出债务顺周期性所扮演的关键角色。其中，最具有代表性的便是明斯基的"金融不稳定"理论（Minsky，1970，1975，1986）与伯南克和盖特勒的"金融加速器"理论（Bernanke and Gertler，1989）。[①]

（二）明斯基的"金融不稳定"理论

关于"金融不稳定"理论，明斯基认为市场并不是完全竞争的，非完全竞争与充满风险和不确定性是现实经济的一般特征，为此，投资所产生的现金流必然具有不确定性，这使得企业的资本结构和资产负债表状况对融资成本和融资模式的选择等具有显著的影响，并进而影响实体经济。这里所谓的"风险"，明斯基借鉴了凯恩斯和卡莱斯基的观点，将金融风险（或金融不稳定因素）分为两类，即借款者风险（Borrower's Risk）与贷款者风险（Lender's Risk），前者表示借款者实现期望收益在未来所存在的不确定性，后者则是因道德风险或抵押品价值变化等原因对贷款者所造成的事后风险（Keynes，1936；Kalecki，1937；Minsky，1975）。这两类风险会随着企业债务率的不断高企而有大幅上升的趋势，与此同时，相应的债务合约也将表现为借款利率提高、借款期限缩短或要求以指定资产作为抵押品等较为苛刻的要求。

通过综合这些现象，明斯基进一步把现实经济中的融资模式按风险高低依次分为三种类型，即对冲性融资（Hedge Finance）、投机性融资（Speculative Finance）与庞氏融资（Ponzi Finance）（Minsky，1986）。具体而言，

---

① 不完美市场框架下的其他研究还包括 Modigliani and Miller（1963），Miller（1977），Bradley et al.（1984）和 Fischer et al.（1989）等。

对冲性融资是指在债务融资之后，每期所能产生的现金流足以有效对冲相应债务的偿还要求；投机性融资的风险主要在于其所产生的现金流有时不足以对冲到期债务的本金，但可以满足每期所需支付的利息，只是在必要时通过借入新的债务来弥补到期债务和相应的现金流缺口；庞氏融资的风险最高，其每期所产生的现金流几乎都表现为入不敷出，有时甚至连利息也难以支付，只能寄希望于通过不断地借新还旧来勉强维持。对此，明斯基认为，随着企业债务率的不断升高（或资产负债表状况日益恶化），不仅金融风险会上升，而且整体的融资模式也会从对冲性融资向投机性融资再向庞氏融资转化；但相反地，如果企业的债务率不断降低（或资产负债表状况不断好转），那么以上的融资模式就会向反方向转化。

在上述融资模式转化的过程中，金融体系往往会从稳定状态导向不稳定状态，而该临界点被称为"明斯基时刻"（Minsky Moment）[1]。一旦触及"明斯基时刻"，企业面临融资成本不断上升且盈利低于预期的问题，导致企业净值大幅下降并被迫减少投资，更为严重的是居高不下的债务水平甚至使得企业只能通过出售资产来勉强维持正常运营所需的现金流，但结果又必然陷入一轮又一轮的"债务通缩"[2]。因此，金融体系最初由融资模式的变化而开始变得脆弱和不稳定，并且随后又完全陷入一个不可控的自我循环的困境中，最终导致金融危机的爆发。可以说，尽管引发金融危机的导火索也许表现为某一金融市场的崩盘或者某一资产价格的跳水等，但最终的根源还是在于债权人开始重新审视当前债务所存在的风险，通过债务顺周期性的特性导致经济陷入"债务通缩"（Kindleberger，2005）。

（三）伯南克和盖特勒的"金融加速器"理论

尽管"金融不稳定"理论给出了债务影响实体经济的肯定结论，同时也对融资模式的转化引发金融危机的传导机制进行了全面分析，但明斯基

---

[1] "明斯基时刻"，是指在整体的融资模式中，投机性融资与庞氏融资的比重达到一定高度的某个时刻。

[2] "债务通缩"（Debt Deflation）的概念最初由 Fisher（1933）提出，描述由债务所引起的经济紧缩的状况。

的论证过程缺少微观基础，企业与金融机构的行为都没有从最优化过程导出。为此，"金融加速器"理论改进了这一缺陷，最终结论仍是企业的债务变化是导致产出波动的主要原因之一。

在企业融资的微观基础上，通过引入信息不对称的金融摩擦因素，Townsend（1979）、Gale and Hellwig（1985）先后提出"状态查证成本"（the Cost of State Verification）的概念。在融资过程中，借贷双方之间总是存在一定程度的信息不对称，一般表现为借款企业完全掌握自身财务状况和投融资项目的真实信息，而以金融机构为代表的债权方则无法准确获知该企业的真实信息，只有通过花费一定的查证成本才能了解到借款企业现金流的真实状态。特别是对于那些债务水平很高的企业，其因现金流不足导致违约的可能性也较高，所以，金融机构势必会增加对企业现金流状况的查证成本，换言之，这也就意味着金融机构会向高债务的借款企业要求更高的融资利率，以此来弥补其较高的状态查证成本和可能产生的违约风险。

正是借助"状态查证成本"的微观基础融入"委托–代理"模型，伯南克和盖特勒由此提出"金融加速器"理论（Bernanke and Gertler，1989）。该理论认为，借款企业的债务率（或净值，或资产负债表状况）变化是经济出现波动的主要原因之一。[①] 这一产生经济波动的机制主要涉及以下三个方面：一是企业在不同融资方式上的成本差异，企业融资方式可以分为内源融资（Internal Finance）和外源融资（External Finance）两类，其中，内源融资的主要来源是企业净值，并且融资成本会远低于外源融资成本，而这种成本差异体现为外源融资过程中由信息不对称所引致的代理成本（Agency Cost）[②]；二是企业净值加剧了代理成本的变化程度，即在融资总量不变的前提下，借款企业的净值越低，则外源融资的代理成本也就越高；三是代理成本的上升会通过减少外源融资等方式，导致企业减

---

① 企业净值是指包括流动资产（即企业的留存收益）与可抵押的固定资产价值的总和。高净值的企业等同于该企业表现为低债务率或资产负债表的状况较好，并且企业净值往往是内源融资的主要来源。

② 这里使用"代理成本"的概念来替代之前的"状态查证成本"。

少投资和生产并最终导致总产出的下滑。总的来说，上述传导机制的关键在于借款企业的净值变化，其不仅加剧了代理成本的变化程度，而且也直接影响到借款企业的投资和生产，也正是因为企业净值具有放大实体经济波动的重要作用，因而也就把这一效应称为"金融加速器"（Financial Accelerator）（Bernanke et al.，1996）。

（四）最新拓展

自"金融加速器"理论提出之后，有不少国内外文献在理论和实证上进行了相应的拓展。其中，笔者重点关注那些针对企业融资结构与宏观经济政策之间互动关系方面的研究。

首先是伯南克和盖特勒把原有理论拓展到货币政策调控的新领域，并归纳提出"信贷渠道"（the Credit Channel）这一概念，也就是将信息不对称等金融摩擦因素引入信贷市场，由此导致借款企业因个体异质性产生融资行为差异，进而提高货币政策影响效应的解释力。具体地，"信贷渠道"的主要内容反映了外源融资溢价（External Finance Premium，也就是之前的代理成本）的内生变化会增强货币政策在调控利率上的直接效应，换言之，就是货币政策调控在影响短期利率的同时也作用于外源融资溢价，并放大在资金成本上的调控效应。所谓的"外源融资溢价"，是指企业在外源融资（以银行贷款为主）和内源融资（企业的留存收益）间的成本差异，而这一内外源融资成本间的差额大小则是信贷市场不完美程度与借款企业异质性的集中体现（Bernanke and Gertler，1995；Bernanke et al.，1999）。

接着是着眼于有关信贷渠道的主要传导机制——资产负债表途径（the Balance Sheet Channel）的实证研究。[①] 以 Hubbard（1995）和 Bernanke 等人（1996）为代表的研究强调，货币政策调控对于借款企业的资产负债表（特别是担保比例和现金流比率等反映企业净值的指标）有着十分重要的影响，并最终会作用于企业的投融资行为。这里以紧缩性货币政策为例，

---

① 随着金融创新和混业经营的发展，另一传导机制"银行贷款渠道"（the Bank Lending Channel）的重要性已逐渐下降。

资产负债表途径的作用机制可概括为"一方面是影响内源融资,政策调控→现金流比率↓→内源融资↓;另一方面是影响外源融资,政策调控→现金流比率↓、担保比例↑→外源融资溢价↑→外源融资↓"。结合借款企业的异质性(Heterogeneity),尤其是通过企业规模大小的研究,得到了佐证上述结论的一系列微观证据。针对美国的情况,Gertler 和 Gilchrist(1994)的研究发现,小企业更易受经济周期波动与货币政策调整的影响,其原因就在于小企业的投资行为受到外源融资约束的影响更大;Oliner 和 Rudebusch(1996)也考察了美国企业对于货币政策调控的反应变化,其结果证实紧缩性的货币政策往往会直接作用于小企业的融资结构,但大企业的反应程度并不显著。国内学者除了研究企业规模之外,重点是考察信贷配置的"所有制歧视",即金融机构更偏好向国有企业提供外源融资(苟琴、黄益平、刘晓光,2014)。基于中国仍是大型国有商业银行占据信贷市场主导地位的现实,"所有制歧视"现象是十分普遍的(Allen et al.,2005;饶品贵、姜国华,2013a),并在货币政策调控时期表现得尤为明显(叶康涛、祝继高,2009;饶品贵、姜国华,2013b;徐文舸、包群,2016)。[①] 总之,商业银行对民营企业和中小企业的授信需要克服信息不对称等问题,这无疑扩大了外源融资溢价,特别是在经济周期波动与政策调控阶段,外源融资溢价更是显著上升。很显然,商业银行会明显降低投向民营企业和中小企业的信贷比重,尽量提高给国有企业和大企业的信贷比重,而该现象被称为"安全投资转移"(Flight to Quality)(Bernanke et al.,1996)(相关内容可参见第三章第四节"中国现实:关于债务顺周期性的微观证据"部分)。

在 2008 年国际金融危机之后,主要的研究视角转而从信贷市场存在金融摩擦的角度来考察中央银行的最优货币政策。其中,以 Cúrdia 和 Woodford(2010)和 Carlstrom et al.(2010)为代表的一些学者认为,中央银行的最优货币政策规则应该融入信贷市场的风险溢价这一指标,也就是在以往货币政策重点盯住的"双重目标"(通胀缺口与产出缺口)之外,需要

---

① 不过目前,国内学者主要集中于对宏观经济政策与企业产出之间的研究,而缺少宏观经济政策与微观企业行为方面的研究(姜国华、饶品贵,2011)。

引入风险溢价（Risk Premium）的新目标。[①] 这里的"风险溢价"反映出信贷市场的紧度（Tightness）。此外，信贷溢价（Credit Spreads）与其他宏观经济状况的调整（像工资、汇率等价格的调整）之间的互动关系也有各自相应的拓展（Gertler et al.，2007；Fiore and Tristani，2013）。

二　债务的可持续性

（一）李嘉图等价定理（Ricardian Equivalence Theorem）

在古典经济学（Classical Economics）盛行的时期，李嘉图在债务（尤其是政府债务）可持续性方面有较为突出的研究贡献。在1821年出版的《政治经济学及赋税原理》著作中，李嘉图便提出，举借政府债务并不会实质性地影响居民消费和资本积累，也就是说，政府为其支出筹集资金无论是以发行政府债券的方式还是以征收一次性总付税收（a Lump Sum）的方式，最终由上述两种方式所产生的宏观经济效应都是等价的（Ricardo，1821）。[②] 正因为是李嘉图最早做出这一论断，故该定理也被称为"李嘉图等价定理"（Ricardian Equivalence Theorem）。[③] 其中，保证等价定理有效的重要前提条件之一便是要求经济个体具有利他主义的储蓄动机，即民众出于对自己的子女后代考虑，会把当前政府发行的债务视作对未来子女后代的税收负担而非只是当前税收负担的减少，因此，也就不会改变之前的一系列决策行为。可以说，政府举借债务所产生的减税效果将不会促使私人部门增加消费行为（Barro，1974）。

不过结合现实情况，可以发现，并不是每一个经济个体都一定具备利他主义的储蓄动机，特别是对于那些有利己想法的个体而言，当期减少税收负担会不同程度地增加当期的消费支出，从而导致李嘉图等价定理的失效。同样地，Patinkin（1965）也指出，部分政府债务可视作一种净财富来持有，且处于两种极端状态之间。其中，一种极端状态表现为经济个体把当前的政府债务完全视作未来的税收负担，那

---

① 比如，将信贷市场的风险溢价融入标准的泰勒规则，由此可构造出最优的货币政策规则。
② 详见《政治经济学及赋税原理》的第17章"农产品以外的其他商品税"。
③ "李嘉图等价定理"的表述最早出现于布坎南的论文中（Buchanan，1976）。

么政府债务就不应该是某种净财富，这也就满足了等价定理的前提条件；相反地，另一种极端状态便是经济个体并不把眼前的政府债务当作未来的税收负担，那么政府债务都可算作净财富的表现形式。正是因为每个个体的储蓄动机以及边际消费倾向不能一概而论，所以，政府的经济政策所产生的效应往往都不是中性的，经常会影响到个体的决策行为。

一般而言，关于政府债务的宏观经济效应被认为是非中性的。[①] 在短期，增加政府债务既可以通过平滑财政收支的暂时性缺口来扩大政府支出，又能通过投资于公共产品来改善经济效率，很显然，政府债务对经济增长具有积极的促进作用（龚强、王俊、贾坤，2011）；不过在长期，不可持续的政府债务不仅会抬高整体的利率水平并挤出私人部门的投资，而且会造成严重的财政和金融风险，从而抑制经济的长期增长（Reinhart et al.，2012）。可以说，在现有的文献中，多数研究都关注于后者，即不可持续的政府债务对经济增长有负面的影响，因而，以下部分便对此做较为详细的理论回顾。

（二）债务不可持续性的宏观经济风险

总的来说，债务不可持续性的宏观经济风险可分为中央和地方政府债务、长期和短期以及国内因素和国外因素等多个维度来进行讨论。

其一，中央政府债务的宏观经济风险主要表现为财政风险。

对于短期的财政风险，由 Yanagita 和 Hutahaean（2002）所提出的"财政可持续性指数"（Index of Fiscal Sustainability，IFS）可以进行简单的测度。具体地，"财政可持续性指数"是由"未偿还的中央政府债务余额的年均变化率减去国内生产总值的年均增长率"计算而得。如果该指数显示为正，则表示政府债务与国内生产总值的比率呈现不断上升的动态变化趋势，同时也意味着短期财政风险的上升。

对于长期的财政风险，一般是考察政府财政赤字（或盈余）与政府债

---

① 该效应也是债务可持续性的定义之一，具体内容可详见第四章第一节"关于可持续性的定义"部分。

务两组时间序列是否存在长期稳定关系，如果不存在长期稳定关系，则不满足政府债务可持续性的前提条件。[①] 像 Hamilton 和 Flavin（1986）及 Gregor 和 Zin（1991）等学者便采用这一方法分别对美国与加拿大的长期财政风险进行了考察，其测算结果在当时对各自的中央政府具有政策参考的重要价值。

其二，地方政府债务的宏观经济风险主要表现为局部的金融风险。

有别于中央政府，地方政府具有依赖于银行融资和进行横向锦标赛竞争的特征。在债务融资的时候，地方债务的可持续性不仅仅取决于财政收支缺口的状况，政府信用也是重要的影响因素，尤其是那些能对银行等金融机构施加重要影响力的地方政府，尽管其债务规模早已超出安全警戒水平，但仍能不断扩大举债规模并保证表面上的可持续性，而被转嫁的风险却已在金融体系内不断积累（伏润民、缪小林、师玉朋，2012）。与此同时，如果正常的财政收支也依赖于金融机构深度参与的话，那么预算软约束的问题就会变得更为严重，从而埋下了爆发金融市场系统性风险的重大隐患（龚强、王俊、贾珅，2011）。比如，中国的某些地方政府为寻求发展经济的资金来源，便激进地采取"土地出让收入"与"土地抵押借款"相结合的债务融资模式，靠未来土地"只涨不跌"的升值预期来从事高杠杆率的投融资活动。[②]

此外，各地官员的锦标赛竞争又加剧了地方政府间为经济绩效而争相举借债务的行为，即以政府债务来推动当地的经济增长。一方面，政府债务可以通过投资的方式直接增加总产出；另一方面，也可以利用土地资本化的途径来发挥撬动金融杠杆的作用。结合中国现实可见，在城镇化和工业化不断深入的背景下，各级地方政府都不约而同地采取了"举借债务→土地开发→卖地获利→偿还债务"的经济发展策略（李猛，2015）。不过，对于不同发展程度的地区经济而言，这一策略都会产生局部的金融风险。

---

① 有关政府债务可持续性前提条件的具体内容，可详见第四章第三节"中国现实：关于中央政府债务的可持续性"部分。

② 上述这种靠"土地融资"来发展经济的地方政府投融资活动也被部分学者称为"中国特色的城市建设投融资模式"（郑思齐等，2014）。

像在缺少竞争力的地区，该策略的效果往往并不足以实现土地价值快速升值的可能，最终也就导致出现严重的偿债风险；在发展程度较好的地区，土地资源配置扭曲导致房价过快上涨，房地产市场出现泡沫，并催生通货膨胀的风险（范剑勇、莫家伟，2014）。

其三，债务结构的宏观经济风险主要表现为期限结构与使用结构上的错配风险。

在期限结构上，政府举借的短期债务往往会对应于长期的投资项目，这意味着政府债务需要定期地开展续借或展期的操作，但如果受债务市场出现"黑天鹅事件"（Black Swan Event）或异常波动等某种不利状况的影响，这种期限错配的风险将会导致政府债务的不可持续，甚至爆发债务危机。[①] 特别是对于外债的期限结构，按国际上通行的标准，利用偿债率（即短期外债余额/当年的出口收入，该比率不应超过20%）和储备债务系数（即短期外债余额/中央银行所持有的外汇储备数量，该系数不应超过100%）来测度错配风险（王晓雷，2007）。

在使用结构上，Besancenot 等（2004）根据债务资金的实际用途可分为消费型债务与投资型债务两类，其主要区别在于最后偿债的方式不同。具体地，消费型债务常用于非生产性领域的消费支出或是用来弥补国有企业的亏损，因而并不产生相应的收益，只能利用财政盈余和借新还旧来进行偿还；投资型债务预计在未来会产生一定的投资收益，可用来偿还债务本息。不过，以往的债务危机表明，很多债务国都没有真正地将债务资金合理运用于发展经济和投资项目，而更多地倾向于满足当期的消费性支出，其中，最为典型的案例便是20世纪80年代集中爆发的发展中国家的债务危机（朱崇实、刘志云，2010；谢世清，2011）。

（三）政府债务对经济增长的非线性影响

如前所述，政府债务的宏观经济效应被认为是非中性的，并且不可持续的政府债务对经济增长有负面的影响。不过，关于政府债务从可持续到

---

① "黑天鹅事件"，是指难以预测且常被认为不会发生的事件，不过一旦发生该事件就会引起整个市场十分负面的连锁反应（塔勒布，2009）。

不可持续的整个动态变化过程对于经济增长的影响，以往研究主要都集中于识别以门槛效应（Threshold Effects）为代表的非线性影响（Kourtellos et al.，2013）。特别是当债务水平突破某一临界点（或临界区间）之后，风险溢价水平便开始急剧上升，这无疑会抑制经济增长，并在未来表现为一种"债务不耐"（Debt Intolerance）的长期现象，即该临界点会不断递减（Reinhart et al.，2003）。

从跨国的实证研究结果来看，这种门槛效应是很显著的。鉴于对所考察的债务数据要进行时间序列分析，为此，多数研究须借助像经合组织成员国（OECD）的数据集才符合相应的计量要求。从中可见，Caner 等（2010）研究 1980—2008 年 OECD 国家的数据集之后，发现负债率约为 97.6% 是政府债务开始阻碍经济增长的临界值；Cecchetti 等（2011）则将数据集更新至 2010 年后再来考察上述的非线性影响，其结果显示，当负债率超过 85% 的门槛值后，政府债务也将不利于经济增长；为克服早期数据因质量不佳而对最终结果的影响，刘金林（2013）选取 21 世纪以来近十年（2000—2009 年）OECD 国家政府债务的数据，并构建动态面板的估计模型，最终结论仍然表明政府债务确实存在对经济增长的非线性影响，并且该临界值水平约为 88%。为避免汇率因素的影响，Baum 等（2013）只选择欧元区 12 个国家在 1990—2010 年的数据为研究样本，所得结论与之前也是类似的，即当负债率小于 67% 时，政府债务对经济增长有明显的促进作用；而在 67%—95%，此时的影响效应为中性；一旦超过 95% 后，继续增加债务就会对经济产生负面作用。在考察发达国家的同时，有学者也对发展中国家一并进行了研究。Caner 等（2010）分别考察了 26 个发达国家和 75 个发展中国家在 1980—2008 年的情况，结果发现，发展中国家负债率的临界点（64%）要低于发达国家（77%），两者相差近 13 个百分点；Woo 和 Kumar（2015）则选取了 38 个国家（包括发达国家和发展中国家）在 1970—2008 年的数据为研究样本，也证实了政府债务对经济增长存在非线性影响，且负债率的临界值约为 90%；此外，还有学者从资本回报率的视角，论证了政府债务对经济增长具有非线性影响，但基于新兴市场经济体资本回报率较高的原因，其负债率的临界值（130%—140%）

要高于发达国家（70%—100%）（郭步超、王博，2014）。

除了政府债务本身之外，像制度质量、通胀率水平等其他因素也会左右政府债务这种非线性影响的最终效果。对于制度质量而言，Kourtellos 等（2013）的研究表明，如果一国制度质量足够好，政府债务对经济增长的影响将是中性的；但当制度质量低于某一水平值时，增加债务反而会进一步拖累经济增长。① 同时，政府债务市场的发展也有赖于政治和法律制度对债权债务双方的有效保护（燕红忠，2015）。对于通胀率而言，Bandiera 等（2010）研究 46 个发展中国家后发现，那些有较高负债率的国家可以通过保持低通胀的宏观经济环境来适当地降低政府债务违约以及影响经济增长的发生概率。总之，一个国家如果不具备合理的财政结构、有效的金融体系以及健康的宏观经济等有利因素，就无法避免不断累积的政府债务最终对经济增长造成的抑制作用，而那些试图通过利用复杂的金融工程手法来掩盖实际债务水平所进行的"金融创新"，则只是一件"皇帝的新衣"而已。

三　债务的证券化

（一）证券化产生的原因

有关证券化产生的原因，一般可以从银行和投资者这两个最主要的参与主体来展开讨论（邹晓梅、张明、高蓓，2014）。

对于银行而言，参与证券化活动的主要目的有二：一方面是克服信息不对称等问题而提高资产流动性，另一方面也是通过规避监管来扩大预期收益（IMF，2014）。债务的证券化是通过结构化融资安排，将缺少流动性且非标准化的银行贷款转变为具有流动性和标准化的有价证券。在这一过程中，银行将所持有的分散化的借款人债务运用混合（Pooling）和分层（Tranching）等金融工程学方面的技术进行重新打包，并发行某种新的证券化产品。与此同时，上述活动也以信贷出表等方式直接（或间接）地规

---

① 为刻画与国家治理有关的制度质量，一般采用"国家政策和制度评估指数"（Country Policy and Institutional Assessment，CPIA）来进行衡量。其中，该指数将制度质量的评级分为 1—6 等级，等级越高，则说明该国制度质量越好。

避对资本等方面的监管约束（Acharya et al.，2013；Ordonez，2013）。具体地，Hänsel 和 Bannier（2008）分析了欧元区银行业从事证券化活动的影响因素，该结果表明，银行流动性、整体盈利能力、资本状况是最为主要的决定因素；Affinito 和 Tagliaferri（2010）则针对意大利银行业考察其从事证券化活动的动机，Probit 模型和 Tobit 模型的实证结果均显示出，银行参与证券化活动的程度与其资本充足率、利润率和流动性比率呈负相关的关系。由此可见，银行寻求收益和监管套利的动机是证券化（尤其是影子银行体系）产生和快速发展的重要原因之一。

对于投资者而言，满足投资需求和交易需求是参与证券化活动的主要动机。一般认为，以银行为主的金融机构对风险的态度是中性的（Risk - neutral），但投资者却因人而异，既有风险厌恶型（Risk - averse），又有风险偏好型（Risk - appetite）。债务的证券化恰好是通过混合（Pooling）和分层（Tranching）等结构性融资技术创造出一系列新型的结构性融资证券。其中，风险厌恶型的投资者将会购买结构性融资证券中违约风险较低的部分，即发生违约时优先会被偿付的部分，不过收益相对较低；但同时，风险偏好型的投资者会购买剩余的高风险且高收益部分。可见，债务的证券化不仅最大限度地满足了不同类型投资者的投资需求，而且更为重要的是，证券化有助于风险在投资者与金融机构之间实现更好的配置，从而增进社会整体的福利（Gennaioli et al.，2013）。除了投资需求之外，债务的证券化也满足了在金融交易的过程中投资者对抵押品的交易需求。如前所述，证券化将缺少流动性且非标准化的银行贷款转变为具有流动性和标准化的结构性融资证券，为此，这些标准化的有价证券保证了其不易受原先单项贷款异质性风险（idiosyncratic risk）的影响。也正是基于其稳定的价值特性，证券化后的结构性融资证券常常作为抵押品被广泛应用于回购市场和衍生品交易。有些学者也把这一作用称为"便利收益（Convenience Yields）"（Gorton and Metrick，2012b；Pozar，2013）。

（二）证券化的宏观经济效应

债务证券化的快速发展，尤其是影子银行体系规模的不断扩大，确实对实体经济和金融市场产生了不同程度的影响。其中，主要体现在货币政策的有效性、金融市场与金融机构的风险状况等方面。

一是就货币政策而言，以影子银行体系为代表的证券化活动可以绕过中央银行调控短期利率的环节直接创造贷款，这也就抑制了以传统利率传导为主的货币政策传导机制的有效性。国内外研究也证实该现象在各国具有一定的普遍性。在欧美发达国家，Altunbas 等（2009）考察欧元区银行业证券化活动后，发现那些越是积极参与证券化活动的金融机构，其信贷供给受货币政策调控的影响就越小；Goswami 等（2009）的经验研究也表明，美国影子银行体系的证券化扭曲了传统的利率传导机制；Gambacorta 和 Marques－Ibanez（2011）更是将 2008 年国际金融危机的爆发归咎于证券化活动降低了货币政策对银行信贷供给的调控效力。对于中国而言，影子银行体系也抑制了货币政策的调控作用。王振和曾辉（2014）根据传统 IS－LM 模型，考察了影子银行体系对货币供应量等货币政策中介目标的影响，最终得出中国人民银行货币政策调控难度加大的结论。徐文舸（2015）的研究发现，自 2008 年国际金融危机之后，中国影子银行体系对传统利率传导机制产生了显著影响，表现为利率水平对产出缺口的影响效力明显下降、影子银行体系对产出缺口的影响效力日益增强，并且利率传导机制受到抑制的主要原因在于市场利率变动对贷款创造的影响出现了明显的下降。

二是就银行等金融机构而言，证券化业务的开展不仅改变银行的运作模式，即从之前"发起并持有"（Originate－to－Hold，OTH）模式转向当前"发起与证券化"（Originate－to－Distribute，OTD）模式①，而且金融风险控制的理念产生了转变。尽管证券化活动解决了部分信息不对称的问题并盘活存量资产的流动性，但随之也带来一系列的新问题，以至于加剧了金融体系的风险。首先是道德风险的问题，商业银行在新型 OTD 模式下，一方面有动机凭借所拥有的信息优势将劣质贷款进行证券化，另一方面也没有对在事前疏于筛查贷款或在事后降低监督等方面进行问责的约束。相关研究也表明，证券化活动倾向于降低商业银行发放信贷的标准和

---

① OTD 模式也可称为"发起与分销"模式。

事后监督的力度，从而导致贷款违约风险上升。Nadauld 和 Sherlund（2013）就指出，受银行发起与审查贷款标准的降低影响，证券化活动导致劣质贷款规模快速增长；通过比较美国各州抵押贷款的证券化程度和违约率，Mian 和 Sufi（2009）发现，次级抵押贷款证券化发展速度越快的地区也是未来贷款违约率上升越快的地区；Berndt 和 Gupta（2009）的研究也证实，那些次级抵押贷款市场上的借款人在未来三年的财务收支状况要明显差于信贷市场的其他借款人，并且这些次级抵押贷款也面临未来资产价值缩水（平均有11%—14%）的风险。其次是证券化活动非但没有控制金融机构的风险，反而加剧了整体的系统性风险，有违证券化产生和发展的初衷。通过考察 2001—2005 年美国商业银行的数据后，Uzun 和 Webb（2007）发现银行的证券化程度与其资本充足率呈负相关的关系；Salah 和 Fedhila（2012）将考察样本扩展至 2008 年，结果仍然显示，证券化活动将不仅会导致银行信贷质量的恶化，而且也会造成银行资产负债表信用风险的上升。除美国之外，其他国家的证券化活动情况也是如此。Dionne 和 Harchaoui（2008）实证分析了加拿大银行业 1988—1998 年的相关数据，同样得出证券化活动会降低商业银行的资本充足率并增加银行风险的结论。Haensel 和 Krahnen（2007）则利用 1997—2004 年欧洲银行业的财务数据进行事件研究，结果发现在发行证券化产品（以债务担保证券 CDO 为例）之后，商业银行的系统性风险将会显著增加，尤其是对于那些财务状况不佳的商业银行而言，用银行业股票的 β 系数所衡量的系统性风险会有明显的上升趋势。

（三）证券化的金融传染

如前所述，证券化活动有加剧金融体系风险的问题，但因特殊的运作模式和特征，其作用机制与传统的风险传导机制有着较为显著的差别。其中，最为突出的表现便是证券化的金融传染（Contagion）。

其一，抵押品扣减比例（Haircuts）的重要作用（这里的抵押品主要是指各类证券化产品和工具）。在美国 2007 年爆发次贷危机期间，由于抵押品价值的剧烈波动，抵押品扣减比例出现了大幅上升，甚至有些证券化产品失去了作为抵押品的资格（Gorton and Metrick，2010）。针对这一金融传染现象，Gorton 和 Metrick（2012a）认为，正是出于对未来的高度不确定性，尤其是担忧抵押品市场的流动性问题，投资者会不断地要求增加抵押品的扣减比例，但这一行为又加剧了预期的自我实现过程，即抵押品价值会因此而在短期内快速下滑至内在价值以下，最终导致原本健康的金融机构和市场也因缺少流动性而出现违约的现象。① 同时，传统银行业与以影子银行体系为代表的证券化活动间的相互融合也为上述金融传染提供了现实可能。

其二，顺周期性的放大作用。在外部冲击的背景下，一旦债务的证券化与顺周期性相结合，将会放大金融体系的系统性风险。通过构建"证券化活动如何加剧金融机构的高杠杆率与债务的顺周期性"的理论模型，Shleifer 和 Vishny（2010）指出，证券化活动一方面通过债务的顺周期性提高了社会投资的总体水平，但另一方面降低了金融机构的信贷质量。正是在金融体系脆弱性上升的环境下，一个看似不起眼的外部冲击就极有可能导致投资者对证券化产品的需求在短期内显著下降，并进而引发金融市场的挤兑，最终导致总产出下滑或引发金融危机（Gorton and Ordonez，2014）。②

其三，隐性担保的负面作用。2008 年国际金融危机使得不少金融机构（特别是部分系统重要性金融机构）濒临破产倒闭或需要政府救助，其主要原因在于隐性担保（或交叉持有）无法有效保证证券化活动实现风险的转移和隔离，从而导致金融机构普遍存在风险缓冲（Buffer）的不足。有学者就认为，证券化活动尽管能将商业银行表内的信贷资产转化为表外的证券化产品，但隐性担保（像隐性追索权等）的存在仍然使得有关证券化产品的基础资产的风险隐藏在商业银行的内部（Calomiris and Mason，2004）。因而在这种情况下，金融机构所承担的实际风险并没有实现真正的转移和隔离，但资本充足率的降低使得金融机构的风险缓冲远不足以应对可能出现的突发事件（Stein，2010）。

---

① 关于这方面内容的理论模型部分，可参见第五章第三节"关于债务证券化的理论模型"。

② 这里的挤兑，是指由撤回回购协议而造成"证券化的银行业"（Securitized Banking）的挤兑，也被称为"回购挤兑"，而传统的银行挤兑则是由储户提取存款所造成的。

四 文献评述

如前所述，已有的国内外文献在方法和理论上对本书的研究提供了诸多有益的帮助和信息，不过，以往的研究也存在不少局限性。比如，国外研究的框架并不适用于我国的现实情况，特别是中国的金融体制和环境跟其他国家的差异很大，直接照搬容易导致"橘生淮南则为橘，生于淮北则为枳"的问题；再如，国内研究的水平和程度尚不足以称为全面和深入，尤其是对于债务特性这一新的研究对象而言，相关的国内研究仍很欠缺，亟待改进这方面的研究。为此，本书在国内外已有研究的基础上，试图就以下这些问题做更为深入的研究，以期能深刻揭示出中国在债务特性方面的表现特征、发展变化与深层原因。

具体而言，尚待解决的问题主要包括：在债务的顺周期性上，一是中国债务顺周期性的表现特征为何？二是债务的顺周期性如何导致金融体系从稳定状态转向不稳定状态？三是考察债务顺周期性的微观证据，即货币政策调控对中国微观企业融资结构的影响如何？在债务的可持续性上，一是中国中央政府债务的可持续性问题如何？二是中国地方政府债务的可持续性问题又是如何？三是政府债务对经济增长的影响如何？如何削减高企的政府债务？在债务的证券化上，一是全球影子银行体系发展的现状如何？中国和美国的证券化市场分别有哪些特征？二是证券化的 OTD 模式是如何导致部分银行出现流动性风险与金融传染的？三是中国影子银行体系对传统利率传导机制的宏观效应如何？

| 第三章 |

债务的顺周期性

本章的结构安排如下：首先，从放大机制（或金融加速器）和中国特色的金融体系两个维度来阐述债务顺周期性（以银行信贷为载体）的概念；其次，利用中国宏观经济数据来考察信贷周期与经济周期的数量性关系；再次，通过构建理论模型，从债务顺周期性的视角来研究债务的动态变化轨迹；最后，在一个自然实验的框架内，以中国人民银行 2010 年第 4 季度至 2011 年第 3 季度的货币政策调控为研究对象，从而给出债务顺周期性的微观证据。

第一节 关于顺周期性的定义

一 顺周期性的概念

根据金融稳定论坛（Financial Stability Forum）2009 年所给出的较为权威的定义，"顺周期性"（Pro-cyclicality）是指经济体中金融部门与实体部门之间的动态变化关系，主要体现为某种正反馈机制（Positive Feedback Mechanisms）（FSF，2009）。值得指出的是，该反馈机制的交互作用是双向的，一方面，金融体系容易放大对经济的各类内外生冲击（Shock Amplifier），从而加剧经济周期（特别是繁荣和衰退两个阶段）的波动；另一方面，经济周期的大幅波动也会加重金融体系的不稳定性和脆弱性。

对于经济周期而言，其波动性是通过一系列考察宏观经济变量增长率（以国内生产总值增长率为代表）的描述性统计指标（如峰位、谷位、波幅、平均位势以及持续时间等）来进行刻画的，其主要表现为峰位上升、谷位下降、波幅变大、持续时间缩短等。[1] 再者，对于金融体系而言，笔者认为这里的"不稳定性"类似于 Minsky 在 1971 年所提出的"Financial Instability"概念，即金融体系中的融资风险模式发生变化，最为典型的表现就是企业的对冲性融资比重开始下降、投机性融资和庞氏融资的比重开始上升。[2] 其中，具备顺周期性的金融变量主要包括以信贷为主的债务、资产价格、风险溢价等（Borio et al.，2003）。

顺周期性这一概念重点关注的是金融体系（或金融变量）在经济周期中围绕趋势上下波动的表现。顺周期性越强意味着波动幅度会越大，金融体系（或金融变量）的变化轨迹也将呈现高度的不确定性，诸如非线性（Non‑linearity）、非连续性（Discontinuity）等波动形式。基于此，Landau（2009）提出可以把顺周期性分解为三个部分：一是趋势本身的变动；二是围绕趋势的波动；三是实际值偏离均衡值的累积程度（Cumulative Deviations）。为便于考察，一般研究"放大机制"（Amplification Mechanism）或"金融加速器"（Financial Accelerator）来甄别顺周期性，因为放大机制往往会导致金融体系长期偏离均衡路径，以至于长期趋势本身也有可能会受到一定程度的影响。以 2007 年次贷危机前的美国经济为例[3]，自 21 世纪初的互联网泡沫破灭之后（即上一轮经济周期结束），美国经济进入了新一轮周期，在时任美联储主席格林斯潘（Greenspan）主导的低利率政策刺激下（美联储先后降息 17 次，联邦基金利率从 2000 年底的 6.5% 调降至 2003 年中期的 1%），经济的扩张期出现信贷激增（工商业贷款总额指数从 2002 年的 79.7 上涨至 2005 年的 102.5，以 2006 年为基期 100）、资产价格大幅上涨（以房地产价格为代表，标普/Case‑Shiller 全美房价指数从 2000 年的 104.78 上涨至 2006 年的 183.49，以 2000 年初为基期 100）、风险溢价保持低位（以 10 年期联邦政府债券收益率与同期联邦基金利率之

---

[1] 以上这些指标的具体定义详见本章第二节"中国现实：关于信贷的顺周期性"部分。

[2] 相关内容可详见第二章第二节"理论回顾"部分。

[3] 该部分数据均来源于美国圣路易斯联邦储备银行（Federal Reserve Bank of St. Louis），网址 https：//research. stlouisfed. org/fred2。

差衡量当期的风险溢价水平，从 2002 年的 3.37% 回落至 2005 年的 0.13%）的景象，尤其是以企业和消费者为主的借款人的风险偏好增加且外源融资约束下降，这些"放大机制"或"金融加速器"最终导致经济的非理性繁荣（Irrational Exuberance）；不过随后，美联储开始调整利率政策（即采取紧缩性的货币政策，从 2004 年中期开始，美联储先后加息 26 次，截至 2006 年中期，联邦基金利率上调至 5.25%），经济的收缩期出现借款人净值下降（表现为财务状况恶化、抵押品价值缩水等）、外源融资的代理成本上升等不利现象，这在金融体系与实体部门之间的"放大机制"或"金融加速器"作用下表现得尤为明显且极具破坏性，进一步加剧了经济衰退的深度，最终爆发了 2007 年的次贷危机，并引发了蔓延至全球范围的 2008 年金融海啸。[1]

如前所述，放大机制确实在经济周期中起着推波助澜的作用，而产生上述"放大机制"的主要来源是金融体系风险管理与衡量方法（Risk Management and Measurement）所存在的局限性（FSF，2009）。也正是因为按公允价值调整的会计准则、估值风险的 VaR 工具等一系列风险管理与衡量的手段具有较强的顺周期性，再加上市场参与主体在激励上的部分扭曲，金融机构的资本与杠杆变化也具备相应的顺周期性，从而加剧了经济的波动。

具体地，一是对于衡量传统的资产负债表上的杠杆率（即资本充足率，Capital Adequacy）而言，在实体经济的扩张期，按公允价值衡量的金融机构的资产负债表就显得较为稳健，且所度量的金融风险也比较低，为此，杠杆率便可以相应提高，从而加大信贷的扩张力度；相反地，在实体经济的收缩期，资产负债表上的信贷质量会明显恶化，且所度量的风险走高，这就要求杠杆率相应减少，进而加剧金融体系的不稳定性。

二是对于衡量金融交易方式上的杠杆率（如交易的保证金，Trade on Margin；抵押品的扣减比例，Haircuts on Collateral）而言，在金融市场上涨的时期，衡量资产价格的风险溢价会下降，交易的保证金与抵押品的扣减比例会相应减少；而在资产价格持续且大幅下降的时期，风险溢价会快速

---

① 对于本次危机的多视角考察与解读，可参见刘鹤（2013）。

上升，出于交易的安全考虑，对手方（Counterparties）对于交易的保证金与抵押品的扣减比例的要求也会大幅提高。

三是有关市场参与主体在激励（或动机）上的扭曲。现有的金融合同（或契约）安排未能完全解决资金供给者与使用者之间的利益冲突问题（如委托－代理问题，Principal－agent Problem）。有时，在动物精神（Animal Spirits）的作用下，个体利益与集体利益发生的冲突、市场上的羊群效应（Herd Behavior）、市场扩张期的冒险行为（Risk－taking Behavior）与收缩期的集体甩卖（Fire Sale）等因素的交互作用会加剧金融体系的顺周期性，使得危机前的信贷过于宽松、金融失衡严重，而危机之后市场又骤然出现流动性冻结（Liquidity Freezes）、信贷紧缩与资产价格泡沫破灭等现象。

在金融体系中，以商业银行的信贷活动为主要载体的债务具有鲜明的顺周期性。可以说，无论是数量上的信贷规模还是价格上的信贷溢价，这些债务因素都无一例外地促进顺周期性的形成并加剧实体经济周期性的波动。① 为此，债务的顺周期性具体表现为当实体经济处于扩张期时，商业银行通常会增加信贷规模、降低信贷溢价，从而导致经济繁荣乃至过热；但当实体经济步入收缩期时，商业银行则会收缩信贷规模、提高信贷溢价，最终使得经济衰退的程度进一步加深。同时，在前面所述的放大机制的作用下，债务的顺周期性尤为明显。

二　中国特色的顺周期性

目前中国的金融体系仍处于"新兴加转轨"的发展阶段，从宏微观两个层面来看，金融资源的配置方式与商业银行的经营模式是"中国特色"金融体系下最为重要的两个基本点。因此，中国金融体系的顺周期性以及债务的顺周期性将会深受该发展阶段的影响，并且有着特殊的表现形式。

（一）金融资源的配置方式

自改革开放以来，中国的金融改革主要是从"存量"和"增量"两个方面来展开的。在存量改革上，以政府所主导的强制性制度变迁的方式来

---

① 该信贷溢价用来衡量市场风险的价格指标。

对银行业进行市场化的改革，建立起了一批现代化的商业银行；在增量改革上，主要是构建起以资本市场（股票和债券市场）为核心的多层次金融市场体系，逐步改变之前相对单一、不合理的金融结构。① 但总体而言，目前中国的金融体系仍然是以"政府与银行主导型"的结构为主要特征。一方面，中央和地方政府对于金融体系的控制力是不可动摇的，外资和民营的占比几乎可以忽略不计（卡尔·沃尔特、豪伊，2013）。另一方面，金融资产集中在银行业，以银行资产与资本市场的市值之比为例，2003—2015 年，中国该比例的平均值高达 5.47，不仅远高于典型的"市场主导型"国家（像美国、加拿大等国），而且超过巴西、俄罗斯等"金砖国家"的平均水平，仅次于德国（见图 3 - 1）。为此，中国的金融资源的配置方式以银行业的间接融资为主，即由商业银行提供信贷的方式来进行资源配置，但同时又与政府的行政干预和企业的政治关联十分紧密（邓建平、曾勇，2011；郭丽婷，2014；徐文舸、刘洋，2014）。

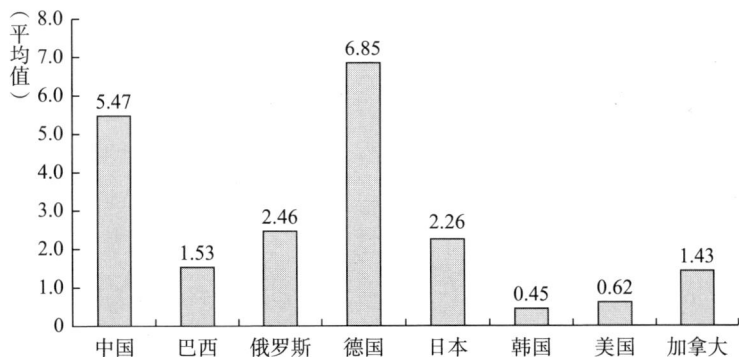

图 3 - 1　中国与其他国家的金融结构比较

注：1. 金融结构用银行资产与资本市场市值的比值来测度；2. 中国的数据为 2003—2015 年的均值，巴西的数据为 2000—2012 年的均值，俄罗斯的数据为 2009—2015 年的均值，其余国家的数据为 2000—2015 年的均值。

资料来源：世界银行数据库、各国中央银行网站。

---

① "十三五"前后（2014—2020 年），预计我国非金融企业直接融资占社会融资规模的比重将从 17.2% 提高到 25% 左右（周小川，2015）；《金融业发展和改革"十二五"规划》中所提出的目标是到"十二五"末，非金融企业直接融资占社会融资规模的比重提高至 15% 以上；而之前"十五"（2001—2005 年）和"十一五"（2006—2010 年）时期的年平均分别只有 5.03% 和 11.08%。

　　也正是基于这种金融资源的配置方式，中国金融体系的顺周期性在"信贷热潮""信贷配给与信贷拥挤"等现象上有最为集中的体现。

　　其一，所谓的"信贷热潮"（Credit Booms）现象，是指持续期较长的信贷扩张（徐璐、钱雪松，2013）。在顺周期性的作用下，尽管信贷热潮有助于为实体经济的发展提供资金支持，但也容易催生资产泡沫，加大银行体系发生呆坏账的风险，甚至会引发金融危机，像1997年的东南亚金融危机以及2007年的美国次贷危机的爆发等都与危机之前的信贷热潮密切相关（Tornell and Westermann，2002；Dell' Ariccia et al.，2012）。自2000年以来，中国经济共有两次信贷热潮，分别是2002—2004年和2009—2010年。虽然这两次并未造成金融动荡，但也产生了一系列严重的经济问题，特别是2009—2010年银行信贷的大量投放，加剧了产能过剩的周期性失衡，并进一步扭曲了金融资源的配置效率。①

　　其二，"信贷配给"（Credit Rationing）与"信贷拥挤"（Credit Crowding）现象是两个相对的概念，前者表示部分行业和企业没有获得所希望得到的贷款，但后者正好相反，部分行业和企业集中远超实际需求的大量贷款，从而出现了过度借款（童士清，2010）。正是基于顺周期性，作为放大机制的主要来源之一，金融体系风险管理与衡量方法所存在的信息不对称、羊群效应等局限性产生了信贷配给与信贷拥挤的问题。不过，令人诧异的是信贷配给与信贷拥挤往往又是同时出现的，很显然，这表明信贷资源的配置方式是十分不合理的。对于中国的信贷市场而言，信贷配给与信贷拥挤的严重程度则更为突出一些，而这背后既有政府对信贷投放的行政干预，也涉及"所有制歧视"和"大而不倒"等因素的作用（宋文昌、童士清，2009）。②

---

① 中国人民银行金融机构本外币信贷收支表的数据显示：贷款余额仅2009年一年便增长了创纪录的10多万亿元，达到42.6万亿元，而2008年末的贷款余额规模还只有32万亿元。这一直接后果便是加剧了地方政府债务快速累积以及房地产泡沫膨胀等经济风险。

② 对该问题的具体论述，可参见本章第四节"中国现实：关于债务顺周期性的微观证据"。

（二）商业银行的经营模式

中国的商业银行在短短的三十多年间先后经历了从"国有专业银行向国有商业银行再到国家控股的股份制商业银行"的巨大转变，除了自身财务指标的显著改善之外（详见表 3 - 1），这一市场化改革的最大成果便是中国经济在次贷危机爆发之后，在全球各经济体纷纷遭遇金融市场动荡和经济增长乏力的时期依然有着十分坚挺的表现，与此同时，商业银行的整体强势也令欧美银行相形见绌。在 2017 年英国《银行家》杂志所发布的"全球 1000 家顶级银行排名"（The Banker's Top 1000 World Banks Ranking）榜单中，我国共有 126 家中资银行入围，并且有 17 家中资银行跻身前 100名。其中，四大国有商业银行均跻身前十位，按一级资本排名，工行、建行、中行、农行分别位列第 1、第 2、第 4 和第 6 位。

表 3 - 1　四大国有商业银行改制与上市前后的主要经营指标比较

单位：%

		平均资产回报率	平均股东权益回报率	资本充足率	不良贷款率
建行	2004 年	0.9	17.7	11.29	3.92
	2012 年	1.47	21.98	14.32	0.99
中行	2004 年	0.61	10.04	10.04	5.12
	2012 年	1.19	18.10	13.63	0.95
工行	2005 年	0.59	13.3	9.89	4.69
	2012 年	1.45	22.93	13.66	0.85
农行	2008 年	0.84	17.72	9.41	4.32
	2012 年	1.16	20.57	12.61	1.33

资料来源：笔者按四大国有商业银行各年年报自行整理而成。

不过，在这一亮丽成绩单的背后，中国银行业更像是经历了一场凤凰涅槃般的"重生"。在 1997 年，中国银行业的不良贷款比例高达 50%，占整个银行业资产 68% 的四大国有商业银行均被认为资不抵债，相比在欧债危机最为严重的 2012 年，欧元区银行业的不良贷款率也不过只有 5%（BIS，2013）。因此，当时有许多经济学家都悲观地认为，四大国有商业银行陷入"技术性破产"已是既成事实，而中国金融体系也即将面临崩溃

(Caprio and Klingebiel, 2002)。审视中国银行业近十多年的变化，其在经营模式上依然存在一些沉疴积弊，尚未完全从根本上堵住不断制造风险源的"黑洞"，甚至有学者（张杰，2008）就直接指出："单方面通过注资追求资本充足率是没有任何意义的，国家试图通过注资先让国有商业银行拥有一个完整的资本结构，然后再让其按照商业化规则运作，这只是一种良好的愿望……无论是剥离问题贷款还是重新注资，都无法有效改变国有商业银行'轻率'信贷行为赖以产生的制度基础。"以下就列举两个重要的方面。

一是关于商业银行经营导向（或目标函数）的问题。在市场经济的环境下，商业银行的经营导向必定是以实现利润最大化为首要原则，但基于时间的维度，其有着短期利润最大化与长期利润最大化的区别。对于中国的商业银行而言，短期利润最大化一直是其最主要的经营导向，尽管在短期内做大做强是最好的盈利模式，但这并不是长期可持续的，也不符合社会和经济均衡发展的要求（肖钢，2010）。[1] 在利率尚未市场化的背景下，中国商业银行的经营导向便是在短期内做大资产规模，以此来尽可能地获取由存贷利差所产生的利润（也可视为经济学上所讲的租金）。不过，这一短期利润最大化导向（或资产规模最大化导向）使得商业银行具有更为强烈的顺周期倾向（盛松成，2006）。具体而言，当经济处于扩张期，商业银行易于降低贷款标准，此时做大资产规模的动机会变得更为强烈；而当经济步入收缩期以及政府实施紧缩性政策来抑制经济过热时，商业银行为控制短期风险，转而对贷款投放实行过于严苛的标准，其信贷规模会急剧收缩。此外，在整个经济周期的各个阶段，这一导向的商业银行也还存在信贷大幅波动的突出问题。例如，在改革初期，由于中国人民银行对商业银行的信贷额度进行直接管理，这就导致各家银行为扩大下一年度的贷款规模基数而出现在年底突击发放贷款的"抢基数"现象；相反地，在当前取消信贷额度管理之后，各家银行则为了追求"早放贷、早收益"而集中在年初发放贷款，造成了新

---

① 详见《中国日报》，2010 年 8 月 25 日。

的季节性波动（童士清，2010）。

二是商业银行在经营上所扮演的政治角色。中国的商业银行与政府以及国有企业之间的关系是非常微妙的，因为除追求自身利润最大化的目标之外，同时还需要兼顾政治利益。从改革伊始，各级政府便利用银行行政管理体制上的种种缺陷，通过行政干预以及合谋等方式，直接影响银行的信贷投放和经营管理，并从中获取大量的金融资源。[①] 最具代表性的案例就是2009—2010年的信贷热潮，尽管有2008年全球金融海啸的国际因素，但中国银行业的贷款余额仅2009年一年便增长了创纪录的10.6万亿元，同比增长32.98%，达到42.6万亿元，而2008年末的贷款余额规模还只有32万亿元，这背后的直接原因就是为了配合当时政府所采取的积极的财政政策和适度宽松的货币政策。在这种信贷热潮中，商业银行也并非被动地进行放贷，反而是积极促成。一方面，贷款带给政府和国有企业的风险相对较小，因为其背后有国家信用的支持，特别是在大部分竞争性行业和民营企业的贷款风险不断上升的经济下行周期尤为明显的情况下；另一方面，政府和国有企业也是商业银行积极争取的客户，其所拥有的大量存款正是银行极力争取的"蛋糕"，为此，这便容易达成两者各取所需的"利益交换"（罗林，2014）。不过，这样的负面结果便是资源配置的扭曲与投资效率的损失，即融资约束小、治理结构差、政企关系强的政府融资平台和国有企业出现"过度投资效应"，而亟待缓解融资约束的中小企业及民营企业却身陷"融资难、融资贵"的窘境（应千伟、罗党论，2012；张祥建、郭丽虹、徐龙炳，2015）。

综上所述，金融体系的顺周期性（特别是债务的顺周期性）对于实体经济的损害是十分显著的，其既加剧了经济周期的波动，又扭曲了金融资源的配置。对于"中国特色"金融体系而言，这一顺周期性更是在信贷微观运行与宏观效应上得以充分体现。

---

① 最初由于银行机构是按照行政区划（省、地、市、县）来进行设置的，故银行的所有权名义上是属于国家，但实际使用权在一定程度上受制于各级政府，特别是各级政府对辖区内银行机构具有人事权。直到现在，国有商业银行的高层人事任命仍是由政府组织部门来安排的。

第二节　中国现实：关于信贷的
顺周期性

本节将利用信贷周期与经济周期的关系来详细考察中国债务的顺周期性。在分析之前，需要给出两点说明。

一是关于周期的划分，笔者把一个完整的周期划分为复苏、繁荣、放缓和衰退四个阶段（见图3-2），有别于马克思主义经济学将经济周期分为危机、萧条、复苏和高涨四个阶段，这里旨在突出经济增长周期的阶段性表现。为此，笔者按照"谷－谷"法来对一个完整的周期进行界定，其中，复苏与繁荣阶段属于波谷到波峰的扩张持续期，放缓与衰退阶段属于波峰到波谷的收缩持续期。[①] 另外，繁荣与放缓阶段位于该周期的平均位势之上，而复苏与衰退阶段则处在平均位势之下。

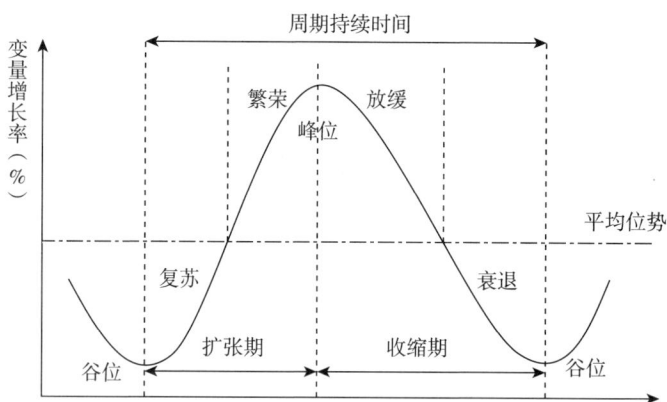

图 3-2　周期的四个阶段划分

资料来源：引自刘恒（2003），第70页。

二是关于分析方法，经典的周期性特征分析方法主要是通过考察宏观经济变量增长率的描述性统计来展开的。其中，具体涉及五个基本要素：峰位、谷位、波动幅度、平均位势以及持续时间。从图3-2可见，峰位是

[①] 这里的收缩期主要表现为经济增长速度减缓，而非古典周期所强调的经济绝对量的下降或出现负增长。

指周期内波峰的增长率，以波动的高度来刻画该周期的扩张强度；与峰位相对的是谷位，表示周期内波谷的增长率，以波动的深度来刻画周期的衰退程度；峰位与谷位的差距就等于周期的波动幅度（又称波幅或振幅），反映周期内波动的剧烈程度；平均位势（又称波位）是指周期内的平均增长率，反映出该周期的总体增长水平；持续时间则刻画了周期持续的长短，一般是把从波谷到波峰与从波峰到波谷的时间跨度分别称为扩张持续期和衰退持续期。

一　中国信贷周期与经济周期的年度考察

首先，关于年度数据的说明，主要涉及五个经济变量，具体包括国内生产总值、金融机构人民币资金运用的各项贷款（简称贷款余额）、工业增加值、按支出法生产总值核算的居民消费（简称居民消费）和固定资本形成总额。其中，金融机构人民币资金运用的各项贷款以年末值先按以1978年为基期的居民消费价格指数换算成实际值，后计算实际同比增长率，而国内生产总值、工业增加值、居民消费和固定资本形成总额分别以各自相应的指数（上年为基期）来计算同比增长率。值得指出的是，对于缺失数据的处理，2016年的居民消费指数是以当年居民消费水平除以当年居民消费价格指数计算而得的，2005—2016年的固定资本形成总额指数是以当年固定资本形成总额除以当年固定资产投资价格指数计算而得的。具体数据源自《中国国内生产总值核算历史资料（1952—2004）》、《新中国60年统计资料汇编》、中国经济统计数据库以及《中国统计年鉴（2016）》。

其次，笔者利用所整理的国内生产总值与贷款余额的实际同比年增长率数据绘制成图表来做简单的描述性说明。从图3－3可知，自1978年改革开放至今，按照"谷－谷"法，中国经济增长与信贷增长分别经历了六轮和七轮的周期，且目前均处在新一轮周期的放缓阶段。[1]

结合表3－2可以看出，尽管信贷周期与经济周期有轮次上的差异，但

---

[1]　由于这里计算增长率，故不包含1978年的数据，以下同。

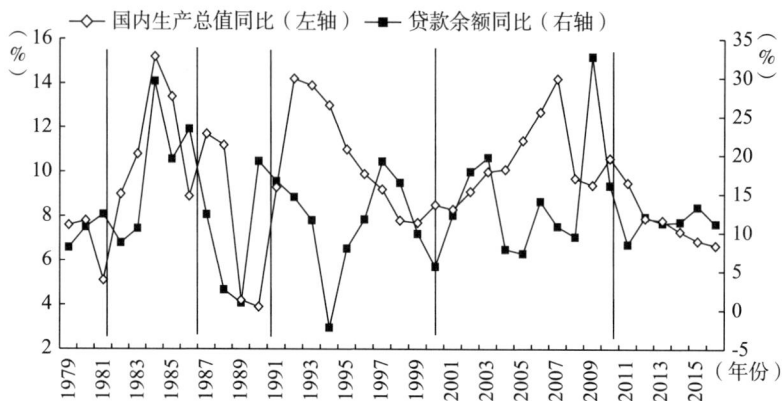

图 3 - 3　经济周期与信贷周期（1979—2016 年，实际同比年增长率）

注：黑实线为经济周期的分界线。

两者基本上仍有相互重合的部分，尤其在整个 20 世纪 80 年代，两者的顺周期性是十分显著的。之后的 90 年代，恰逢中国银行业的大规模市场化改革，诸如 1994 年先后成立三家政策性银行（国家开发银行、中国进出口银行和中国农业发展银行）、1995 年相继出台《中国人民银行法》和《商业银行法》等举措，使得信贷周期与经济周期出现了一定程度的背离，即一是持续时间缩短，二是峰位与谷位同时出现。[①] 这一现象一直持续到 21 世纪初，因为自 2003 年开始，中国政府在金融领域内主导了一场迄今为止规模最大的市场化改革，也就是完成四大国有商业银行的股份制改革，这些内部因素的剧烈变化无疑会影响信贷市场和信贷活动的正常开展。此外，外部冲击（特别是 1997 年的东南亚金融危机与百年一遇的 2008 年全球金融海啸）对中国的改革和发展进程造成了不同程度的影响。因此，内外部因素的变化同时也集中反映在信贷周期与经济周期的变化趋势上。

---

① 以 1993—1994 年同时出现"经济周期的峰位、信贷周期的谷位"的状况为例，因 1992 年邓小平南方视察之后，全国范围内掀起了一股经济建设的热潮（如开发区热、房地产热），过分的扩张使得物资和资金双双出现供不应求的紧张局面，这也最终导致了第二年的银行业支付危机，按《关于 1993 年银行信贷计划的说明》，"银行长期性资金占用大量增加，导致银行信贷资金周转困难、业务经营风险加大、信贷资产质量下降"（中国金融年鉴，1993）。

表 3-2 中国经济周期与信贷周期的年度透视（1979—2016 年）

单位：%

经济周期	年份	国内生产总值同比	信贷周期	年份	贷款余额同比
第一轮	1979	7.6	第一轮	1979	8.11
	1980	7.8		1980	10.74
	1981	5.1		1981	12.37
第二轮	1982	9		1982	8.71
	1983	10.8	第二轮	1983	10.55
	1984	15.2		1984	29.54
	1985	13.4		1985	19.47
	1986	8.9		1986	23.35
第三轮	1987	11.7		1987	12.33
	1988	11.2		1988	2.62
	1989	4.2		1989	0.92
第四轮	1990	3.9	第三轮	1990	19.20
	1991	9.3		1991	16.62
	1992	14.2		1992	14.57
	1993	13.9		1993	11.61
	1994	13		1994	-2.26
	1995	11	第四轮	1995	7.97
	1996	9.9		1996	11.72
	1997	9.2		1997	19.16
	1998	7.8		1998	16.43
	1999	7.7		1999	9.87
第五轮	2000	8.5		2000	5.59
	2001	8.3	第五轮	2001	12.24
	2002	9.1		2002	17.84
	2003	10		2003	19.66
	2004	10.1		2004	7.87
	2005	11.4		2005	7.32
第六轮	2006	12.7	第六轮	2006	14.03
	2007	14.2		2007	10.81
	2008	9.7		2008	9.48
	2009	9.4		2009	32.68
	2010	10.6		2010	16.07
	2011	9.5		2011	8.50
	2012	7.9	第七轮	2012	12.04

续表

经济周期	年份	国内生产总值同比	信贷周期	年份	贷款余额同比
第六轮	2013	7.8	第七轮	2013	11.24
	2014	7.3		2014	11.38
	2015	6.91		2015	13.44
	2016	6.7		2016	11.24

再次，笔者一同加入工业增加值、按支出法生产总值核算的居民消费和固定资本形成总额的实际同比增长率。由图 3-4 可知，除居民消费走势相对稳定之外，工业增加值与国内生产总值的走势相仿但波幅较大。这是由于工业是我国目前各行业中发展最为成熟、体系最为完备的支柱性行业，自 1978 年改革开放以来，我国工业增加值占当年国内生产总值的比例始终保持在 30%—40% 的水平，同时，工业也易受经济周期和政府调控的影响。[1] 此外，固定资本形成总额和贷款余额的走势较为相近，这与中国融资结构主要以银行贷款为主的间接融资相关，在 2016 年，间接融资占当年社会融资规模新增与存量的比重仍分别高达 66.69%、69.10%。[2]

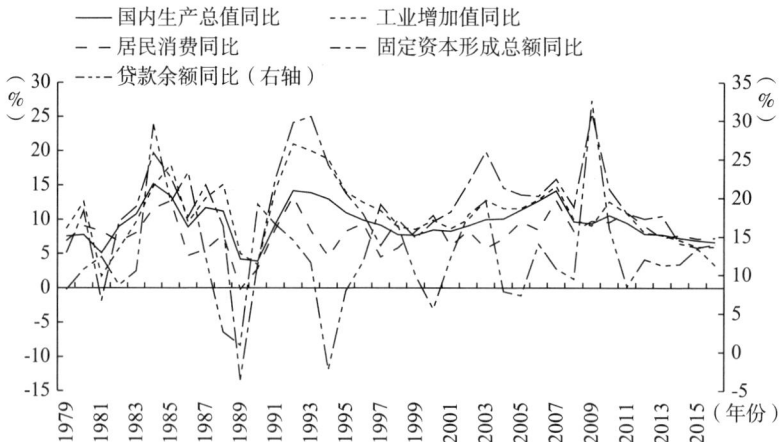

图 3-4 经济周期、信贷周期及其他（1979—2016 年，实际同比年增长率）
注：以上数据均为实际同比年增长率。

---

① 数据源自中国经济统计数据库。
② 数据源自中国人民银行。

进一步地，根据陈昆亭等（2011）的研究，只有考察消去趋势之后的纯周期部分，才能真正得到信贷与经济之间的周期性波动关系。为此，笔者运用滤波工具对信贷周期与经济周期间的关系做进一步的分析。[①]图 3 - 5显示，信贷对宏观经济的影响具有十分明显的阶段性特征，即信贷周期与经济周期"多数阶段有顺周期性、部分阶段呈逆周期性"的特征。针对逆周期性，其往往出现在如上文所述的内外部因素发生剧烈变化的时点上。以 2008 年全球金融海啸为例，由于受到外部经济下滑的拖累，中国经济也从 2007 年的高点 14.16% 大幅下滑至 2009 年的 9.21%，为此，中国政府适时推出规模高达四万亿元的"扩大内需十项措施"等经济刺激政策，短期内信贷投放量激增，2009 年新增贷款增速为 32.64%，贷款余额一年便增长了创纪录的近 10 万亿元，而 2008 年末的贷款余额规模还不过32 万亿元。

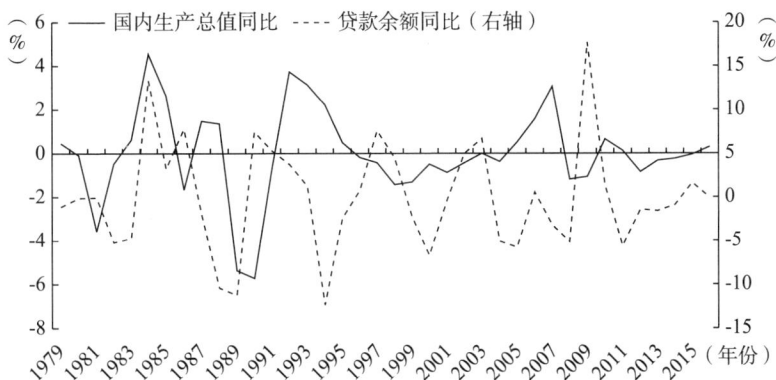

图 3 - 5　经济周期与信贷周期（1979—2016 年，消去趋势的纯周期部分）
注：以上数据均利用 HP 滤波法消去趋势。

如前所述，尽管经济周期与信贷周期并没有很强的一一对应的顺周期性，但是从表 3 - 3 的 Granger 因果性检验结果可知，信贷周期还是对经济周期具有一定的引导作用。针对此，笔者认为这主要有两方面的原因。一是年度数据的小样本特性（仅有 38 个样本）令顺周期等有价值的信息隐

---

① 关于消除趋势的具体处理方法，可详见下文"矩分析"部分。

藏于频率更短的月度（或季度）时间序列之中。二是银行信贷市场受到极具"中国特色"的逆周期政府调控框架的影响，除了扩张性或紧缩性的调控政策一般会导致银根时而宽松时而收紧之外，更为重要的是中国银行业对于信贷投放不仅要在经济上而且还需要在行政上全力配合中央政府所主导的宏观调控。这也是中国的信贷周期较经济周期的持续时间更短且波动更为剧烈的主要原因。

表 3 – 3   Granger 因果性检验结果

原假设 H_0	滞后期	F 统计量	P 值	结论
贷款余额同比不是国内生产总值同比的 Granger 原因	滞后 5 阶	2. 5556	0. 0588 *	拒绝 H_0
国内生产总值同比不是贷款余额同比的 Granger 原因		1. 2071	0. 3401	接受 H_0

注：* 表示在 10% 的显著性水平上拒绝原假设；关于滞后期的选择，笔者是利用 VAR 模型的最优滞后阶数来确定的；所检验的数据均是消去趋势的纯周期部分。

二　中国年度经济数据的矩分析

基于前文的分析，笔者有必要在数据和方法上进行拓展，对中国债务的顺周期性特征做更深入的考察。一方面，在数据上，笔者尽量考察频率更短的月度（或季度）时间序列（详见下文的具体论述）；另一方面，在方法上，采用矩分析方法来研究更为标准的周期性特征。

现代周期理论利用宏观经济变量时间序列的不同阶矩来刻画经济周期的一系列特征（Baxter and King, 1995；Hodrick and Prescott, 1997）。其主要包括经济周期的波动性、持续性（或逆转性）和协同性。具体而言，波动性（Volatility）反映宏观经济变量的波动幅度，以该变量的标准差（Standard Deviation）来表示。持续性（Persistence）或逆转性（Reversibility）表示宏观经济变量会在一段时间内始终保持某种状态（如位于长期趋势之上）或者也可能会由某种状态转变成另一种相反的状态（如开始落于长期趋势之下），通常是以该变量的一阶自相关系数（Autocorrelation）来衡量。若自相关系数为正，则说明该变量具有一定的持续性；反之，变量就表现出逆转的特性。协同性（Co-movement）是指在一个周期内，各个宏观经济变量与总产出之间存在正向（或负向）协同变化的关系，通常由宏观经济变量两两之间的截面相关系数（Cross-sectional Correlation）来反映。若截面相关系数为正，则说明该变量与总产出之间呈现正向的协同变化（也就是顺周期性）；反之，两者就出现负向的协同变化（即逆周期性）。

（一）数据说明及处理

在这一部分的分析中，笔者共考察八个宏观经济变量，分别是国内生产总值、金融机构人民币资金运用的各项贷款（简称贷款余额）、工业增加值、按支出法生产总值核算的居民消费（简称居民消费）和固定资本形成总额、就业人员数、全国公共财政支出、出口额。这里仍以金融机构人民币资金运用的各项贷款代表信贷周期，国内生产总值代表经济周期，剩余变量作为拓展两个周期的其余形式。具体数据源自《中国国内生产总值核算历史资料（1952—2004）》、《新中国 60 年统计资料汇编》、中国经济统计数据库以及《中国统计年鉴（2016）》。

对于原始数据要分三个步骤进行预处理，一是剔除价格波动，二是取自然对数，三是消除趋势（Detrend）。

首先，关于价格波动的剔除，国内生产总值、工业增加值、按支出法生产总值核算的居民消费和固定资本形成总额分别以国内生产总值指数、工业增加值指数、全国居民消费指数和固定资本形成总额指数换算成以 1978 年为基期的实际值，金融机构人民币资金运用的各项贷款（先转化成当年新增贷款的数值）、全国公共财政支出和出口额则是利用历年的居民消费价格指数换算成以 1978 年为基期的实际值。同样地，2016 年的居民消费指数与 2005—2016 年的固定资本形成总额指数还是由前面的计算方法得到。

其次，在消除趋势之前，为考察时间序列的平稳性，预先要对宏观经济变量进行单位根检验（Augmented Dickey – Fuller test，ADF），然后才能根据检验结果有针对性地消除趋势，并最终得到退势平稳序列。Nelson 和 Plosser（1982）认为，宏观经济变量一般并不具备一个确定性的时间趋势，而更多地表现出随机游走，也就是一个单位根过程。总之，单位根检验的结果表明：在考察期内，除就业人员数之外，其他各变量均是单整非平稳序列（见表 3 - 4）。

表 3 - 4　各宏观经济变量的单位根检验（年度数据）

变量		ADF统计量	P 值	结论	变量		ADF统计量	P 值	结论
国内生产总值	原序列	- 0.433	0.892	非平稳，I（1）	固定资本形成总额	原序列	0.183	0.968	非平稳，I（1）
	一阶差分	- 3.797	0.007	平稳，I（0）		一阶差分	- 3.834	0.006	平稳，I（0）
贷款余额	原序列	- 1.290	0.624	非平稳，I（1）	就业人员数*	原序列	- 3.165	0.031	平稳，I（0）
	一阶差分	- 6.044	0.000	平稳，I（0）	全国公共财政支出	原序列	0.716	0.991	非平稳，I（2）
工业增加值	原序列	- 1.109	0.700	非平稳，I（1）		一阶差分	- 2.358	0.161	非平稳，I（1）
	一阶差分	- 3.348	0.021	平稳，I（0）		二阶差分	- 6.173	0.000	平稳，I（0）
居民消费	原序列	1.006	0.996	非平稳，I（1）	出口额	原序列	- 1.805	0.372	非平稳，I（1）
	一阶差分	- 4.318	0.002	平稳，I（0）		一阶差分	- 5.684	0.000	平稳，I（0）

　　注：＊从序列图中可以看出，就业人员序列是一个带有均值和斜率突变的退势平稳序列，该指标在 1990 年比前一年突然多出近 1 亿人，存在较为明显的结构突变特征。为此，只要消除时间趋势，该误差序列即是平稳的，而单位根检验的功效则会大大降低（张晓峒，2000）。在这里，笔者通过构建由时间趋势项、时间虚拟变量以及两者交互项所组成的回归式来进行退势。

　　最后，选择消除趋势的方法，由于所考察的年度数据样本量有限（只有 38 个），为此，本节选择 HP 滤波法（Hodrick and Prescott，1997）。若采用 BK 滤波法（Baxter and King，1995），则将会相应地损失掉两倍于截断长度数量的样本量。[①] 其中，关于选取 HP 滤波法中的平滑参数（smoothing parameter）λ，文中参照郭庆旺和贾俊雪（2004）的结论，即 $\lambda = 25$ 是对中国宏观经济年度数据的最优取值。

（二）数据分析

　　表 3 - 5 列示出了各变量的标准差与自相关系数。一是在波动性上，贷款余额的波动最为剧烈，较其他变量显得大起大落；对于国内生产总值的

---

　　① 有关滤波算子的比较与选择，可参见陈昆亭等，2004。

三个重要组成部分，出口和投资的波动性较大，而消费保持相对稳定；工业增加值和财政支出的波动性高于总产出；就业人员数是所有变量中波动最小的。二是在持续性（或逆转性）上，所有宏观经济变量均具有滞后一期的持续性，各自滞后一期的自相关系数都为正且绝对值远大于零，但贷款余额的自相关系数是相对最小的，这也进一步佐证了前面"贷款余额的波动程度最为剧烈"的结论；除就业人员数之外，部分变量在滞后第二期以及多数变量在滞后第三期的系数为负并表现出相应的逆转性，这说明中国经济波动较为频繁且经济周期也相对较短。

表 3 - 5　各变量的标准差与自相关系数（1978—2016 年）

	标准差 σ	自相关系数 ρ（滞后阶数）			
		1	2	3	4
国内生产总值	0.03	0.67	0.09	−0.35	−0.57
贷款余额	0.27	0.23	−0.34	−0.44	−0.23
工业增加值	0.04	0.61	0.01	−0.38	−0.54
居民消费	0.02	0.47	−0.16	−0.31	−0.36
固定资本形成总额	0.07	0.60	0.03	−0.45	−0.65
就业人员数	0.01	0.86	0.68	0.48	0.26
全国公共财政支出	0.06	0.59	−0.06	−0.51	−0.63
出口额	0.10	0.27	−0.15	−0.09	−0.15

　　除考察变量自身的时间序列特征之外，表 3 - 6 反映出各变量与国内生产总值的协同性特征。从当期来看，各变量与国内生产总值的当期相关系数均为正，这表明随着中国经济的高速增长，各项经济指标也一同发生相应的变化。从前后期来看，贷款余额对国内生产总值具有一定的先导作用，其先行指标（$j = +1$，$+2$）的相关系数大于滞后指标（$j = -1$，-2）的相关系数；相反地，财政支出和出口则落后于国内生产总值的变化，这说明逆周期的财政政策已成为中国政府进行宏观调控的重要手段之一。此外，其余变量的当期相关系数较高，也再次证明具备同步指标的特性。

表 3 - 6　各变量与国内生产总值的截面相关系数（1978—2016 年）

国内生产总值的滞后阶数 j	- 2	- 1	0	+ 1	+ 2
贷款余额	- 0.071	0.123	0.298	0.307	0.172
工业增加值	0.032	0.561	0.928	0.662	0.082
居民消费	0.282	0.638	0.735	0.294	- 0.226
固定资本形成总额	0.274	0.746	0.831	0.746	- 0.085
就业人员数	0.061	0.164	0.180	0.013	- 0.122
全国公共财政支出	0.200	0.389	0.274	0.012	- 0.251
出口额	0.353	0.346	0.167	- 0.079	- 0.191

注：截面相关系数的数学表达式为 $corr\ (x_t,\ y_{t+j})\ =cov\ (x_t,\ y_{t+j})\ /\sigma_{x_t}\sigma_{y_{t+j}}$。

三　中国信贷周期与经济周期的月度与季度考察

（一）中国信贷周期与经济周期的月度考察

关于月度数据的说明，这里考察三个经济变量，即规模以上工业企业增加值、金融机构人民币资金运用的各项贷款与货币和准货币（M₂，也称货币供应量），其分别代表经济周期、信贷周期与货币周期。[①] 其中，金融机构人民币资金运用的各项贷款是以月末值计算同比增长率，而货币和准货币（M₂）的期末同比增速与规模以上工业企业增加值的当月同比实际增速可直接获取。值得指出的是，由于中国正式推行市场经济是在 20 世纪 90 年代中期，再加上货币和准货币（M₂）的月度数据最早只能追溯到 1996 年 1 月，故月度数据的考察期涵盖 1996 年 1 月至 2016 年 12 月。具体数据源自中国经济统计数据库。

首先，从月度数据中，笔者归纳出有关经济周期的三大特征（见表 3 - 7）。一是周期的持续时间明显变长，以周期四的"繁荣与放缓"阶段为例，该阶段的持续时间长达 5 年之久，共计 65 个月。[②] 二是经济周期的波

[①]　由于国家统计局是按季度来发布国内生产总值，故在这里考察月度数据时，笔者以"规模以上工业企业增加值"作为相应的替代指标。

[②]　按周期持续时间的长度，一般可分为四种类型（逄锦聚等，2007）。一是基钦周期（又称次周期），大约是 3—5 年，与商品库存变动的周期相一致；二是朱格拉周期（又称主周期），约为 10 年，与固定资产投资的周期相一致；三是库兹涅茨周期（又称建筑周期），约为 20 年，与建筑业投资周期相一致；四是康德拉捷夫周期（又称长波），约为 50 年，主要受到技术进步和创新的影响。

动表现出"陡升缓降"的非对称性。特别是之前周期五的衰退显得十分缓慢，持续时间长达 46 个月，直到 2016 年初才到达谷位，出现所谓"短起长落"与"大起缓落"并存的现象（刘树成，2000）。三是周期的波幅逐步变大，具体表现为峰位上升、谷位下降。同时，周期各个阶段的平均位势水平则明显升高。

表 3-7　中国经济周期的月度透视（1996.1—2016.12）

单位：月，%

周期起始		所处阶段	持续时间	平均位势	波幅	峰谷位
周期一	1996.1—1997.7	放缓	18	12.7	11.3	16.9（峰）
	1997.7—1998.2	衰退	8	9.3		5.65（谷）
周期二	1998.3—1998.8	复苏	6	7.6	4.5	11.5（峰）
	1998.9—1998.12	繁荣	4	10.8		
	1999.1—1999.8	放缓	8	9.4		7.0（谷）
	1999.9—1999.10	衰退	2	7.6		
周期三	1999.11—2000.1	复苏	3	8.0	4.9	12.8（峰）
	2000.2—8	繁荣	7	12.1		
	2000.9—2001.4	放缓	8	11.2		7.9（谷）
	2001.5—2001.11	衰退	7	8.96		
周期四	2001.12—2003.2	复苏	14	12.6	15.5	19.8（峰）
	2003.2—2008.6	繁荣与放缓*	65	16.6		4.3（谷）
	2008.7—2009.2	衰退	8	8.4		
周期五	2009.3—2009.7	复苏	5	9.2	15.2	20.6（峰）
	2009.8—2010.2	繁荣	7	17.3		
	2010.3—2012.3	放缓	25	13.9		5.4（谷）
	2012.4—2016.1	衰退	46	8.3		

周期起始		所处阶段	持续时间	平均位势	波幅	峰谷位
周期六**	2016.2— 2016.12	复苏	11	6.1	—	—

注：为剔除中国春节因素的影响，将1—2月的数据做均值处理；* 周期四的繁荣期与放缓期很接近，故将两者合并为"繁荣与放缓"；** 由于周期六正在形成中，目前尚难以界定具体特征，故以 2016.2—2016.12 这段时间作为复苏阶段。

其次，在经济周期的基础上，笔者逐一加入代表信贷周期与货币周期的经济变量。从图 3-6 可见，信贷周期确实与经济周期有较强的顺周期性，尽管部分月度有差异，但两者的走势大体一致，尤其是在 2008 年国际金融危机之后，信贷周期对经济周期还具有一定的先导作用。

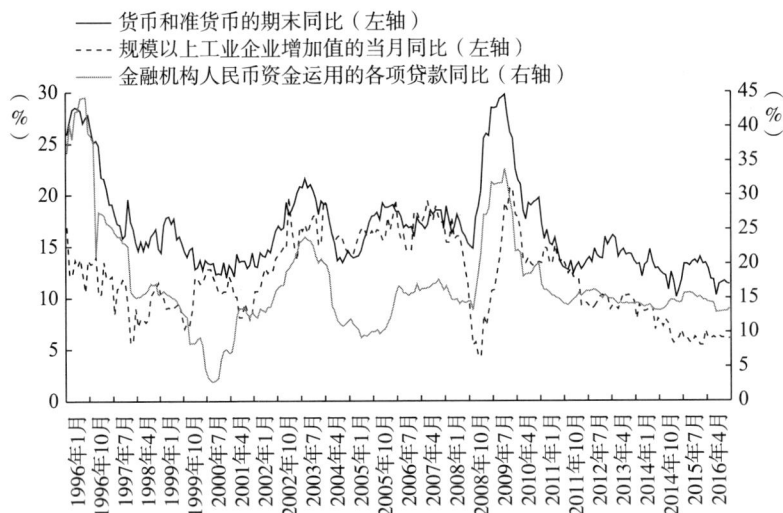

图 3-6　经济周期、信贷周期与货币周期（1996—2016 年，月度数据）

此外，信贷周期与货币周期的内在经济关系也反映在月度数据的走势图上，两者的走势几乎是同步的。以周期四为例，不管是持续时间还是平均位势水平，两者的统计数据都惊人相似（见表 3-8）。如前所述，对于经济周期、信贷周期和货币周期的描述性分析可以说明三者之间存在一定的顺周期性。

表 3-8 中国的信贷周期与货币周期月度透视（1996.1—2016.12）

单位：月,%

信贷周期		持续时间	平均位势	所处阶段	货币周期		持续时间	平均位势
周期一	1996.1—1996.8	8	41.4	繁荣	周期一	1996.1—1996.4	4	27.5
	1996.9—1997.12	16	27.3	放缓		1996.5—1997.6	14	24.5
	1998.1—2000.9	33	12.6	衰退		1997.7—2000.10	40	15.4
周期二	2000.10—2002.7	22	10.2	复苏	周期二	2000.11—2002.8	22	13.5
	2002.8—2003.8	13	19.4	繁荣		2002.9—2003.8	12	18.8
	2003.9—2004.5	9	21.1	放缓		2003.9—2004.6	10	19.1
	2004.6—2005.5	12	11.4	衰退		2004.7—2004.10	4	14.1
周期三	2005.6—2006.5	12	10.6	复苏	周期三	2004.11—2005.7	9	14.6
	2006.6—2007.10	17	16.4	繁荣		2005.8—2006.1	6	18.1
	2007.11—2008.5	7	15.7	放缓		2006.2—2008.5	28	17.7
	2008.6—2008.11	6	14.2	衰退		2008.6—2008.11	6	15.8
周期四	2008.12—2009.11	12	27.5	复苏与繁荣*	周期四	2008.12—2009.11	12	25.7
	2009.12—2010.12	13	22.0	放缓		2009.12—2010.12	13	21.3
	2011.1—2014.10	46	14.8	衰退		2011.1—2015.4	52	13.8
周期五	2014.11—2015.9	11	14.6	复苏与繁荣*	周期五	2015.5—2016.1	9	13.0
	2015.10—2016.12	15	14.2	放缓		2016.2—2016.12	11	11.9

注：*周期四和周期五的复苏期与繁荣期很接近，故将两者合并为"复苏与繁荣"。

（二）中国信贷周期与经济周期的季度考察

（1）数据说明及处理

这一部分采用前面的矩分析方法来刻画经济周期的波动性、持续性（或逆转性）与协同性的一系列特征。

鉴于反映经济周期的两个变量——国内生产总值与规模以上工业企业增加值均未提供月度数据，仅提供季度数据，为此，笔者以季度数据来进行考察。[①] 所考察的经济变量涵盖国内生产总值、规模以上工业企业增加值（简称工业增加值）、货币和准货币（M_2，又称货币供应量）、金融机构人民币各项贷款余额、社会消费品零售总额、固定资产投资完成额（不含农户）、全国公共财政支出、出口额这八个经济变量，考察期设定为 1996 年第 1 季度至 2016 年第 4 季度。[②] 上述数据均源自中国经济统计数据库。

关于数据处理方法的步骤，一是剔除价格波动，二是取自然对数，三是消除趋势。[③] 此外，由于季度数据表现出季节因素的特征，故笔者利用最新的美国人口普查局 X – 13 – ARIMA – SEATS 方法对数据进行季节调整。值得说明的是，在调整季节因素时，采用以下处理方式：若原数据序列非平稳，采用"季节差分"；若原数据序列中有零和负值，采用"加法模型"；若原数据序列尽管都为正值，但有接近零的值，则采用"伪加法模型"。因此，遵循之前的数据处理方法，具体详见表 3 – 9。

表 3 – 9　关于季度数据处理方法的汇总

经济变量	数据类型	处理方法
国内生产总值、工业增加值	季度累计值	先计算出当季值，再利用合成的季度 CPI（以月度数据计算的算术平均数）得到实际值
货币供应量、金融机构人民币各项贷款余额	期末值	先由月度存量变成月度流量，再用月度 CPI 得到实际值，然后累加成季度值

---

① "规模以上工业企业增加值"只提供同比增长率数据，而未提供原始数据；其余变量则需要将月度数据累加成季度数据。

② 因统计口径变动较大，故对"就业人员数"不予考察。

③ 因部分数据为负，故贷款余额与货币供应量不取自然对数。

续表

经济变量	数据类型	处理方法
全国公共财政支出	月度值	先用月度 CPI 得到实际值，再累加为季度值
社会消费品零售总额	月度值	先利用月度商品零售价格指数得到实际值，再累加为季度值
固定资产投资完成额（不含农户）	月度累计值	先利用季度固定资产投资价格指数除累加的季度值、月度 CPI（以月度数据计算的算术平均数）除剩余的月度数据得到实际值，再综合成季度实际值*
出口额	月度值	先利用月度的人民币对美元期末汇率以及人民币对美元平均汇率换算成人民币计价，再用月度的出口商品价格指数得到实际值，然后累加为季度值

注：* 1996 年第 1—3 季度数据是按固定资产投资完成额（不含农户）月度数据先累加得到季度数据，再用工业生产者出厂价格指数（PPI）月度数据通过算术平均数换算成季度数据计算得到实际值；1996.12—1997.12 的季度数据是按固定资产投资完成额（不含农户）月度数据先利用 PPI 月度数据（该数据最早源自 1996 年 10 月，并替换固定资产投资价格指数当季数据）换算成实际值，后累加得到季度值；1998—2003 年的半年数据（即 6 月和 12 月）是按固定资产投资完成额（不含农户）月度数据先累加得到季度数据，再用固定资产投资价格指数当季数据（1998 年才开始，并且在 1998—2003 年仅公布 6 月和 12 月的当季数据）换算成实际值；1998—2003 年剩余的两个季度数据（即 3 月和 9 月）是按固定资产投资完成额（不含农户）月度数据先累加得到季度数据，再用固定资产投资价格指数当季数据（对前后 6 月和 12 月的当季数据取均值）换算成实际值；2004—2016 年的季度数据是按固定资产投资完成额（不含农户）月度数据先累加得到季度数据，再用固定资产投资价格指数当季数据换算成实际值。

在消除趋势前，先进行单位根检验，其结果显示变量均是单整非平稳序列（详见表 3-10）。接着，笔者还是选择 HP 滤波的方法，按月度数据的最优取值，设定平滑参数 $\lambda = 1600$（Hodrick and Prescott，1997）。

表 3-10　各宏观经济变量的单位根检验（月度数据）

变量		ADF统计量	P 值	结论	变量		ADF统计量	P 值	结论
国内生产总值	原序列	-0.112	0.944	非平稳，I(1)	固定资产投资完成额（不含农户）	原序列	-0.340	0.913	非平稳，I(1)
	一阶差分	-10.734	0.000	平稳，I(0)		一阶差分	-6.541	0.000	平稳，I(0)
金融机构人民币各项贷款余额	原序列	-2.476	0.125	非平稳，I(1)	货币供应量	原序列	-0.922	0.776	非平稳，I(1)
	一阶差分	-11.658	0.000	平稳，I(0)		一阶差分	-8.558	0.000	平稳，I(0)

续表

变量		ADF 统计量	P 值	结论	变量		ADF 统计量	P 值	结论
工业 增加值	原序 列	−0.538	0.877	非平稳， I（1）	全国公共 财政支出	原序 列	−1.199	0.671	非平稳， I（1）
	一阶 差分	−8.068	0.000	平稳， I（0）		一阶 差分	−8.210	0.000	平稳， I（0）
社会消费 品零售 总额	原序 列	0.802	0.994	非平稳， I（1）	出口额	原序 列	−1.762	0.396	非平稳， I（1）
	一阶 差分	−8.798	0.000	平稳， I（0）		一阶 差分	−6.393	0.000	平稳， I（0）

（2）数据分析

表 3–11 的标准差与自相关系数的结果反映了变量的波动性与持续性（或逆转性）。一是在波动性上，贷款余额与货币供应量的波动剧烈，远比其他变量来得更为显著，相反地，国内生产总值的波动却很小。二是在持续性（或逆转性）上，宏观经济变量大多具有一定的持续性，各变量滞后多期的自相关系数仍是正值；反映货币政策与财政政策的变量——贷款余额、货币供应量以及财政支出，在滞后期内均表现出相应的逆转性，这说明自 20 世纪 90 年代中后期开始，中国政府的逆周期调控措施已逐渐成为一种正式的制度安排（郭庆旺、赵志耘、何乘才，2004）。

表 3–11 各变量的标准差与自相关系数（1996 年
第 1 季度至 2016 年第 4 季度）

	标准差 σ	自相关系数 ρ（滞后阶数）			
		1	2	3	4
国内生产总值	0.02	0.43	0.29	0.13	0.07
金融机构人民币各项贷款余额	0.92	0.29	0.03	−0.11	−0.11
规模以上工业企业增加值	0.02	0.63	0.37	0.16	0.07
社会消费品零售总额	0.02	0.64	0.40	0.13	−0.01
固定资产投资完成额	0.06	0.21	0.21	0.07	0.04
货币和准货币	0.84	−0.11	−0.06	−0.10	−0.16
全国公共财政支出	0.05	0.38	−0.02	−0.27	−0.11
出口额	0.07	0.79	0.53	0.28	0.07

　　表 3 - 12 的结果反映出各变量与国内生产总值的协同性特征。类似年度数据的结论，一是从当期来看，各变量与国内生产总值的当期相关系数都为正，这表明顺周期性对于中国经济而言是一种较为普遍的经济规律；二是从前后期来看，部分变量（如贷款余额）对国内生产总值具有先导的作用，其先行指标（$j = +1, +2$）的相关系数大于滞后指标（$j = -1, -2$）的相关系数。

表 3 - 12　　各变量与国内生产总值的截面相关系数
（1996 年第 1 季度至 2016 年第 4 季度）

国内生产总值的滞后阶数 j	- 2	- 1	0	+ 1	+ 2
金融机构人民币各项贷款余额	0.014	0.153	0.384	0.225	0.118
规模以上工业企业增加值	0.317	0.467	0.812	0.480	0.373
社会消费品零售总额	- 0.087	0.025	0.201	0.212	0.244
固定资产投资完成额	0.248	0.181	0.116	- 0.032	- 0.003
货币和准货币	0.011	0.080	0.212	0.170	0.116
全国公共财政支出	0.273	0.370	0.423	0.252	0.096
出口额	0.025	0.363	0.444	0.370	0.312

注：该相关系数的数学表达式为 $corr(x_t, y_{t+j}) = cov(x_t, y_{t+j}) / \sigma_{x_t} \sigma_{y_{t+j}}$。

　　总之，不管是年度数据还是季度（或月度）数据，相对于经济周期而言，信贷周期的波动更剧烈且持续性比较短，但同时，信贷周期与经济周期具有一定的顺周期性，并发挥着相应的引导作用。

第三节　　关于债务顺周期性的理论模型

　　这一节通过构建宏观动态模型来描述债务的动态变化轨迹，也就是从债务顺周期性的视角研究其如何导致金融体系从稳定状态到不稳定状态的整个过程。值得说明的是，在这个融入债务的宏观动态模型中，厂商的投资需要利用以银行贷款为主的外源融资，而银行贷款又是债务最主要的一种表现形式。

一 微观基础：厂商的投资决策

（一） 生产函数与劳动力需求函数

对于代表性厂商，笔者假定生产函数采取如下柯布－道格拉斯的形式：$Y_t = B\,(\widetilde{A_t}L_t)^{\alpha}K_t^{1-\alpha}$。其中，$Y_t$ 为产出（t 表示时期的下标），K_t 为资本存量[①]，L_t 是厂商雇佣的劳动，$\widetilde{A_t}$ 表示劳动力效率，其动态变化反映了技术进步（$\widetilde{A_t}L_t$ 通常被称为有效劳动），B 是非时变参数（time－invariant parameter）。

令参数 $A^{(1-\alpha)/\alpha} \equiv B^{1/\alpha}$，化简得到劳动力需求：

$$L_t = \frac{1}{\widetilde{A_t}}\left(\frac{Y_t}{BK_t^{1-\alpha}}\right)^{1/\alpha} = \frac{1}{B^{1/\alpha}} \times \frac{Y_t}{\widetilde{A_t}}\left(\frac{Y_t}{K_t}\right)^{(1-\alpha)/\alpha}$$

$$= \frac{Y_t}{\widetilde{A_t}}\left(\frac{Y_t}{AK_t}\right)^{(1-\alpha)/\alpha} \qquad (3-1)$$

定义产能利用率 U_t 为：

$$U_t = \frac{Y_t}{AK_t} \qquad (3-2)$$

将式（3-2）代入式（3-1），得到劳动力需求函数：

$$L_t = \frac{Y_t}{\widetilde{A_t}}(U_t)^{(1-\alpha)/\alpha} \qquad (3-3)$$

由此可见，劳动力需求 L_t 由产出 Y_t 正向决定，由劳动力效率 $\widetilde{A_t}$ 负向决定，并受产能利用率 U_t 的影响。

（二） 用产能利用率 U_t 表示的成本函数

鉴于生产函数只包括劳动与资本两个要素，这里便不考虑其他中间投入品（如原材料等），为此，厂商的实际总成本可以写成如下形式：

---

① 这里的资本存量 K_t 是按 t 期的期初值来衡量，为此，其能提供 t 期的产能。

$$C_t = L_t W_t + vK_t \tag{3-4}$$

其中，C_t 表示厂商的实际生产总成本，W_t 表示厂商支付的实际工资率。[①] 值得指出的是，劳动力成本 $L_t W_t$ 被视为可变成本，随产出而变化；vK_t 为固定成本，v 是一个固定比例的参数，不随产出而变化。

将式（3-3）代入式（3-4），可得：

$$C_t = \frac{W_t Y_t}{\widetilde{A_t}}(U_t)^{(1-\alpha)/\alpha} + vK_t \tag{3-5}$$

为简化处理，笔者假定实际工资率 W_t 与劳动力效率 $\widetilde{A_t}$ 呈同比例增长，从而使得 $W_t/\widetilde{A_t}$ 为常数 ω，即 $W_t/\widetilde{A_t} = \omega$。为此，可化简得到总成本函数：

$$C_t = \omega Y_t(U_t)^{(1-\alpha)/\alpha} + vK_t \tag{3-6}$$

基于总成本函数，可以进一步推导出一系列成本函数（边际成本、平均成本、平均可变成本、平均固定成本等）。边际成本的表达式 $mc_t \equiv \partial C_t/\partial Y_t$ 为

$$mc_t = \omega(U_t)^{\frac{1-\alpha}{\alpha}} + \frac{1-\alpha}{\alpha}\omega Y_t(U_t)^{\frac{1-\alpha}{\alpha}-1}\frac{1}{AK_t}$$

$$= \frac{\omega}{\alpha}(U_t)^{(1-\alpha)/\alpha} \tag{3-7}$$

平均成本的表达式 $c_t \equiv C_t/Y_t$ 则为

$$c_t = \omega(U_t)^{(1-\alpha)/\alpha} + \frac{v}{A}(U_t)^{-1} \tag{3-8}$$

其中，$\omega(U_t)^{(1-\alpha)/\alpha}$ 是平均可变成本 AVC，$(v/A)(U_t)^{-1}$ 是平均固定成本 AFC。

鉴于 $\partial AVC/\partial U > 0$，$\partial AFC/\partial U < 0$，可以证明，平均成本最小的产能利用率 U^* 既是平均可变成本 AVC 与平均固定成本 AFC 的交点，同时也是平均成本 c_t 与边际成本 mc_t 的交点。因此，上述所有成本函数可以用产能利用率来进行表示（详见图 3-7）。

---

① 在模型部分，笔者把价格假定为1，为此，所有变量都以实际值来进行衡量。

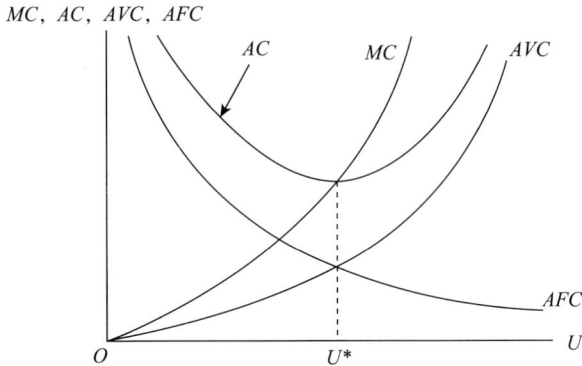

图 3 - 7　以产能利用率表示的各种成本函数

注：MC 为边际成本，AC 为平均成本，AVC 为平均可变成本，AFC 为平均固定成本。

（三）厂商的投资决策

因为投资需要前一期投入才能提供下一期的产能，所以笔者假定厂商在 0 期做出投资决策之时，对未来拥有一系列的预期。其中，包括需求的预期序列 $E\{Y_t\}_{t=0}^{\infty}$、技术的预期序列 $E\{\hat{A}_t\}_{t=0}^{\infty}$、实际工资率的预期序列 $E\{W_t\}_{t=0}^{\infty}$ 与利率的预期序列 $E\{r_t\}_{t=0}^{\infty}$。给定这些预期序列，厂商的投资决策问题就可以表示为：选择一个从现在到未来的投资序列 $\{I_t\}_{t=0}^{\infty}$，使折现后的净现金流之和达到最大，即

$$\max_{\{I_t\}_{t=0}^{\infty}} E \sum_{t=0}^{\infty} \beta^t \{[Y_t - c(U_t)Y_t] - I_t - r_t D_t\} \qquad (3-9)$$

满足资本累积与债务累积两个约束条件

$$K_{t+1} = (1-\delta)K_t + I_t \qquad (3-10)$$

$$D_{t+1} = (1+r_t)D_t + I_t - [Y_t - c(U_t)Y_t] \qquad (3-11)$$

其中，β 是折现因子，$Y_t - c(U_t)Y_t$ 是厂商利润，作为厂商内源融资的来源；$c(\cdot)$ 是平均成本函数；D_t 是厂商在 t 期所积累的债务（按 t 期的期初值衡量），这部分属于厂商的外源融资（即银行贷款）；r_t 是贷款利率。

经化简得到厂商投资决策的优化问题：

$$\max_{\{K_t\}_{t=1}^{\infty}} E \sum_{t=0}^{\infty} \beta^t \{ Y_t - c[Y_t/(AK_t)] Y_t - K_{t+1} + (1-\delta) K_t - r_t D_t \}$$

$$s.t. \, D_{t+1} = (1+r_t) D_t + K_{t+1} - (1-\delta) K_t - \{ Y_t - c[Y_t/(AK_t)] Y_t \}$$

$$(3-12)$$

【命题1】假定 $\beta=1$（即厂商无时间偏好），厂商投资决策的最优解为

$$U_t = \left[\frac{\delta + v + r_t}{\omega A (1-\alpha)/\alpha} \right]^{\alpha} \qquad (3-13)$$

证明过程详见数学附录（3-1）。

命题1表明较高的贷款利率 r_t 将导致较高的产能利用率 U_t。其背后的经济学原理指出，在 $(t-1)$ 期，厂商预期的贷款利率 r_t 越高，所进行的投资 I_{t-1} 就会越低，进而导致产能 AK_t 减少，在预期需求 Y_t 给定的条件下，预期的产能利用率 U_t 就必然会上升。

尽管命题1给出了利率和产能利用率之间的关系，但由于平均生产成本是产能利用率的复杂 U 形函数（见图3-7），因此，有必要考察利率和平均生产成本之间的关系。

【命题2】贷款利率和平均成本的关系为

$$\frac{\partial c[U(r)]}{\partial r} > 0 \qquad (3-14)$$

其中，$c(\cdot)$ 与 $U(\cdot)$ 分别由式（3-8）和式（3-13）给出。证明过程详见数学附录（3-2）。

该命题表明，高利率不仅会推升利息支出，同时高利率也造成了投资需求的下跌，产能利用率上升，并进而带动平均生产成本增加。由图3-7可知，平均成本曲线是关于产能利用率的 U 形函数，为此，当实际的产能利用率超过 U^* 后，平均成本将随之不断增加，特别是当平均生产成本因高昂的利率而远大于1时，企业将不得不宣布破产。[1]

---

[1] 详见本节"动态分析：债务的非正常状态"部分。

二 融入债务变化的宏观动态模型

（一）总量经济（Aggregate Economy）

假定全社会的总产出 Y_t 按支出法分为两部分：消费 C_t 与投资 I_t。若 $C_t = (1-s)Y_t$，则化简可得

$$Y_t = \frac{1}{s}I_t \qquad (3-15)$$

其中，s 表示平均储蓄倾向。

对 t 期资本累积的约束条件等式（3-10）两边都除以 K_{t-1}，化简得到

$$k_t = (1-\delta) + \frac{I_{t-1}}{K_{t-1}} \qquad (3-16)$$

其中，$k_t \equiv K_t/K_{t-1}$ 为资本存量的总值增长率（Gross Growth Rate）。

综合等式（3-15）和产能利用率的定义，式（3-16）可进一步化简为

$$k_t = (1-\delta) + sAU_{t-1} \qquad (3-17)$$

同理，产出的总值增长率 $y_t \equiv Y_t/Y_{t-1}$ 可化简为

$$y_t = \frac{k_t U_t}{U_{t-1}} \qquad (3-18)$$

（二）债务滚动

接下来，我们考察债务率的动态变化。将 t 期债务累积的约束条件式（3-12）两边同除以 K_t 可得

$$\frac{D_{t+1}}{K_t} = (1+r_t)\frac{D_t}{K_t} + \frac{K_{t+1}}{K_t} - (1-\delta) - \left[A\frac{Y_t}{AK_t} - c\left(\frac{Y_t}{AK_t}\right)A\frac{Y_t}{AK_t} \right] \qquad (3-19)$$

将债务率 $d_t \equiv D_t/K_t$ 代入式（3-19）①，整理后得到

$$k_{t+1}d_{t+1} = (1+r_t)d_t + k_{t+1} - (1-\delta) - AU_t[1 - c(U_t)] \qquad (3-20)$$

———————————

① d_t 能如实反映出厂商的资本结构（即债务 - 股权的比例关系）。

再将等式（3-17）代入式（3-20），最终得到债务率的动态变化为

$$d_t = \frac{(1 + r_{t-1}) d_{t-1} - AU_{t-1}[1 - s - c(U_{t-1})]}{1 - \delta + sAU_{t-1}} \qquad (3-21)$$

（三）贷款利率的决定

一般而言，贷款利率是由基准利率（the Benchmark Interest Rate）和风险溢价（Risk Premium）两个部分共同决定的。所谓基准利率，是指商业银行从货币市场拆借资金的利率，也是一国中央银行制定货币政策时的中间目标之一。在市场经济国家，以联邦基金利率、贴现率为代表的基准利率通常是由货币政策来决定的，其变动表现为逆周期性，即与产出的总值增长率 y_t 呈正相关。假定基准利率 r_t^* 服从如下的货币政策规则[①]：

$$r_t^* = r^* + \theta(y_{t-1} - y^*) \qquad (3-22)$$

其中，r_t^* 是基准利率，r^* 是均衡利率水平，y^* 是潜在产出水平。

在基准利率之上，商业银行需要考量借款者的违约风险，这通常与借款者的债务率 d_t 相关，即债务率 d_t 越高，借款者的违约风险就越大，进而商业银行给出的贷款利率也就会越高。[②] 因此，商业银行所设定的贷款利率 r_t 服从

$$r_t = \begin{cases} m + r_t^*, & d_{t-1} < d^* \\ m + r_t^* + \mu(d_{t-1} - d^*), & d_{t-1} \geq d^* \end{cases} \qquad (3-23)$$

其中，m 是正常情况下（$d_{t-1} < d^*$）商业银行在基准利率上给出的一个加成（Margin）；借款者的债务率超过正常范围（$d_{t-1} \geq d^*$），意味着该借款者的违约风险增大，从而导致商业银行设定的贷款利率也将随之调高；d^* 表示债务率的临界点，即区分债务正常状态与非正常状态的临界点。值得说明的是，这里的商业银行现实中经常体现为一些影子银行，而不一定是正规的商业银行。当债务率超过正常范围后，企业也许很难从正规的商业银行获得贷款，从而不得不转向一些影子银行（如民间借贷公司等）以更高的利率获得贷款。

---

① 为了与前面保持一致，此处是忽略价格条件的泰勒规则（Taylor Rule），详见 Taylor and McCallum（1993）。

② 详见第一节"关于顺周期性的定义"部分。

为此，综合上述两等式（3 - 22）、（3 - 23），可以得到

$$r_t = \begin{cases} m + r^* + \theta(y_{t-1} - y^*), & d_{t-1} < d^* \\ m + r^* + \theta(y_{t-1} - y^*) + \mu(d_{t-1} - d^*), & d_{t-1} \geqslant d^* \end{cases} \quad (3-24)$$

综上所述，理论模型的宏观经济系统是由等式（3 - 8）、（3 - 13）、（3 - 17）、（3 - 18）、（3 - 21）与（3 - 24）构成的，涉及的主要经济变量包括平均成本 c_t、产能利用率 U_t、资本存量的总值增长率 k_t、产出的总值增长率 y_t、债务率 d_t 和贷款利率 r_t。

三 动态分析：债务的正常状态 $d_{t-1} < d^*$

（一）模型的集约型（Intensive Form）

在债务正常状态 $d_{t-1} < d^*$ 下，由等式（3 - 24）可知，贷款利率的动态变化为

$$r_t = m + r^* + \theta(y_{t-1} - y^*) \quad (3-25)$$

综合等式（3 - 13）、（3 - 17）与（3 - 18）可以推出

$$y_t = \left[\frac{1-\delta}{(\delta + v + r_{t-1})^\alpha} + \kappa \right] [\delta + v + m + r^* + \theta(y_{t-1} - y^*)]^\alpha \quad (3-26)$$

其中，

$$\kappa = \frac{sA}{[\omega A(1-\alpha)/\alpha]^\alpha}$$

为此，等式（3 - 25）与（3 - 26）一同构成了关于贷款利率 r_t 和产出总值增长率 y_t 的标准动态系统（Dynamic System）。给定贷款利率 r_t 和产出总值增长率 y_t 的动态变化，平均成本 c_t、产能利用率 U_t、资本存量的总值增长率 k_t 与债务率 d_t 的动态轨迹分别可以从等式（3 - 8）、（3 - 13）、（3 - 17）与（3 - 21）中得出。

更为重要的是，尽管债务率 d_t 受到贷款利率 r_t、平均成本 c_t 与产能利用率 U_t 的影响，但其自身变化并未对由产能利用率 U_t、资本存量的总值增长率 k_t、平均成本 c_t 和产出的总值增长率 y_t 所组成的经济系统有正向反馈

的作用。这似乎从宏观经济的视角证实了"MM 理论"的不相关命题。

（二）稳定状态的求解

联立上述模型的集约型等式（3 - 25）与（3 - 26），求解经济系统的稳定状态。

【命题3】假定模型的结构参数 α、δ、v、θ 等在合理范围内赋值，则经济系统等式（3 - 25）与（3 - 26）可具有唯一的经济学意义的稳定状态 $(\bar{r}, \bar{y})$，即

$$\begin{cases} \bar{r} = \sigma + \theta\kappa(\delta + v + \bar{r})^{\alpha} \\ \bar{y} = 1 - \delta + \kappa(\delta + v + \bar{r})^{\alpha} \end{cases} \tag{3-27}$$

其中，$\sigma = m + r^* + \theta(1 - \delta - y^*)$。

值得指出的是，由于该经济系统存在非线性，从而数学意义上的稳定状态 $(\bar{r}, \bar{y})$ 也许不是唯一的（如有可能包括复数和负值等）。我们这里强调的是具有经济学意义上的稳定状态则有可能是唯一的（见后文模拟中给出的具体例子）。

（三）稳定性分析

命题 4 是分析关于经济系统集约型等式（3 - 25）与（3 - 26）的稳定性，详细证明由数学附录（3 - 3）给出。

【命题4】令 J 为动态系统的等式（3 - 25）与（3 - 26）在稳定状态 $(\bar{r}, \bar{y})$ 下的雅可比矩阵（Jacobian Matrix），$\lambda_{1,2}$ 为 J 的两个特征根。假定 $\bar{y} < 2(1 - \delta)$ 成立，则在合理的取值范围内，存在一个 θ，使得在 θ^* 附近。

1. $\lambda_{1,2}$ 是一对共轭复根。

2. 按结构参数的不同数值组合，该共轭复根的模 $|\lambda_{1,2}|$ 既可以大于 1 也可以小于 1。特别地，

（a）当 $\theta < \theta^*$ 时，$|\lambda_{1,2}| < 1$；

（b）当 $\theta = \theta^*$ 时，$|\lambda_{1,2}| = 1$；

（c）当 $\theta > \theta^*$ 时，$|\lambda_{1,2}| > 1$。

命题 4 告诉我们：该经济系统可表现为周期性波动，既时而收敛又时而发散，其主要取决于结构参数（如 θ）的具体取值。特别是当 $\theta = \theta^*$ 时，

系统经历了一个霍普夫分岔（Hopf Bifurcation），从而模型允许有限循环（Limit Cycle）的存在。[①]

（四）数值模拟（Numerical Simulation）

基于上面的稳定性分析，这一部分利用数值模拟方法来详细论证系统的稳定性特征。表 3-13 给出了用于数值模拟的结构参数的具体取值，而计算得到的经济系统的稳定状态则由表 3-14 给出。

表 3-13　数值模拟所使用的结构参数的取值

α	s	δ	ω	θ	A	r^*	m	v	y^*	μ	d^*
0.64	0.20	0.07	0.70	0.25	0.15	0.02	0.02	0.05	1.04	0.24	1.00

表 3-14　计算得到的稳定状态

$\bar{r}$	$\bar{y}$	$\bar{U}$	$\bar{c}$	$\bar{k}$
0.03298	1.01192	0.91027	0.78600	1.01192

给定表 3-14 模拟所使用的结构参数，等式（3-27）可以写成

$$\bar{r} = 0.0125 + 0.0681(0.12 + \bar{r})^{0.64}$$

令 $f(r) = 0.0125 + 0.0681(0.12 + r)^{0.64} - r$，很容易发现，当 r 大于 0 时，$f'(r) < 0$。[②] 这实际上意味着在（0，$+\infty$）区间内，$\bar{r}$ 具有唯一解。借助数值算法，我们可以计算出：$\bar{r}$ 为 0.03298。

结合给定结构参数的取值，笔者对经济系统的动态变化进行了模拟，并得到经济变量贷款利率 r_t、产能利用率 U_t、资本存量的总值增长率 k_t、平均成本 c_t 与产出的总值增长率 y_t 的演化轨迹。如图 3-8 所示，若 $\theta = 0.25$，经济系统则呈周期性变化且收敛至稳定状态。若 $\theta = 0.26$ 且其他结构参数取值及初始条件不变，经济系统则仍然呈周期性变化，但是发散的，如图 3-9 所示。综上所述，分叉点 θ^* 的取值范围是 0.25—0.26，即 $\theta^* \in$（0.25，0.26）。

[①] 关于二维空间内离散性动态系统的霍普夫分岔的存在性定理，详见 Guckenheimer and Holmes（1986）。

[②] 事实上，可以很容易地验证，即使将区间扩大至（-0.1，$+\infty$）时，仍然成立。

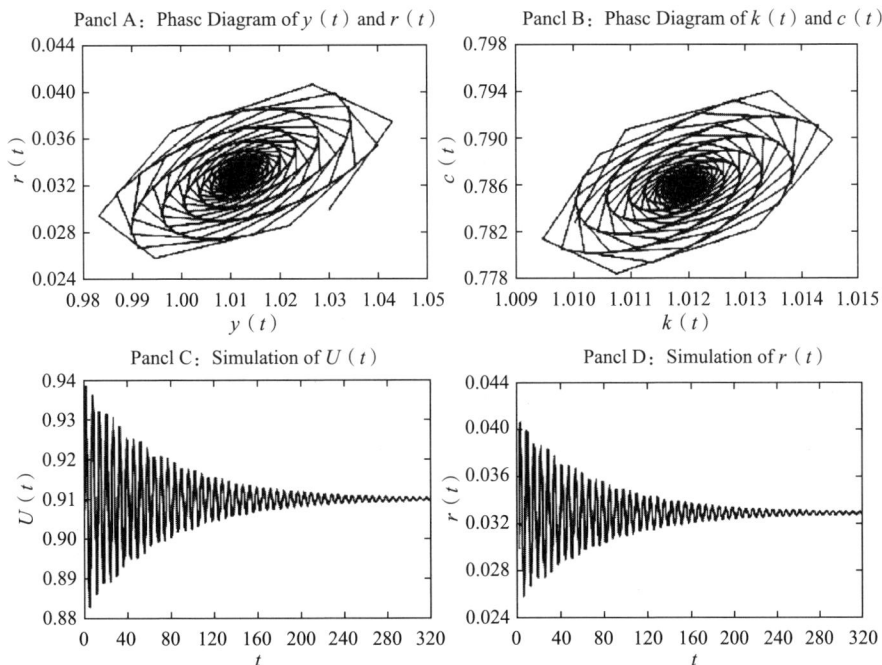

图 3-8 经济系统的动态变化（$\theta < \theta^*$ 情况）

注：模拟所用的初始条件 $r_0 = 0.03$、$y_0 = 1.03$、$k_0 = 1.01$，c_0 和 U_0 分别由等式（3-8）和（3-13）求出。左上方的图形模拟了产出的总值增长率 y_t 与贷款利率 r_t 的演化轨迹，左下方的图形模拟了产能利用率 U_t 的演化轨迹，右上方的图形模拟了资本存量的总值增长率 k_t 与平均成本 c_t 的演化轨迹，右下方的图形模拟了贷款利率 r_t 的演化轨迹。

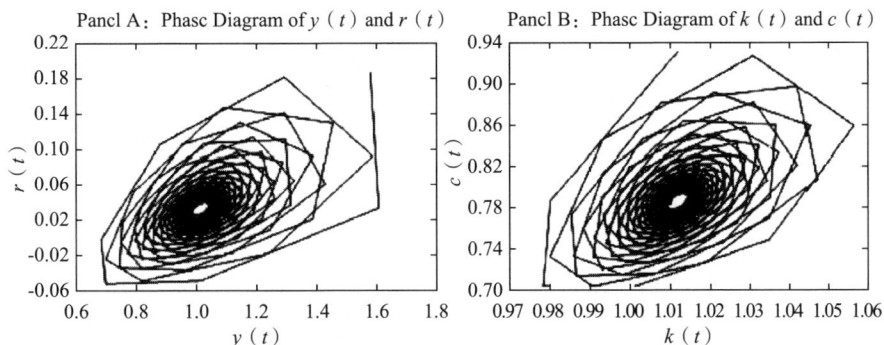

图 3-9 经济系统的动态变化（$\theta > \theta^*$ 情况）

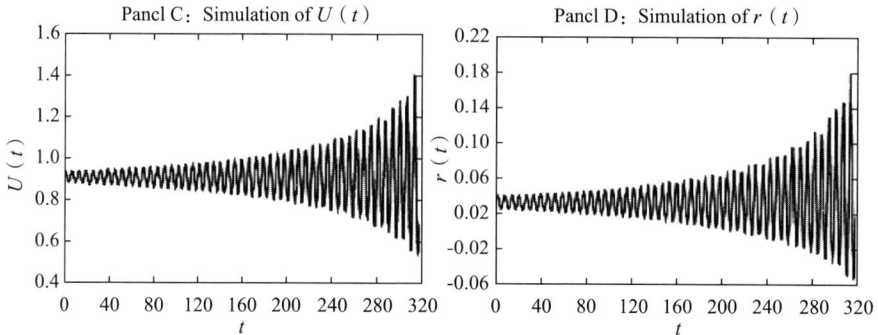

图 3 - 9　经济系统的动态变化（$\theta > \theta^*$ 情况）（续图）

注：模拟所用的初始条件同图 3 - 8。

（五）债务率 d_t 的动态变化

如前所述，若政策参数 θ 设定为 $\theta < \theta^*$，经济系统则可以稳定增长（即 $\bar{y} > 1$）。不过，这其中并没有分析债务率 d_t 的动态变化。现给定 r_t、y_t 和 U_t 的动态变化，笔者可以从等式（3 - 21）中推导出债务率 d_t 的动态变化。

图 3 - 10 模拟了债务率 d_t 的变化轨迹，其中，结构参数的取值仍由表 3 - 13 给出，而初始条件也与图 3 - 8 一致。唯一的区别只是债务率 d_t 的初始状态 d_0 设定不同。如图 3 - 10 所示，当初始条件 $d_0 = 0.2$ 时，债务率 d_t 向负无穷发散，这表明净资产在持续不断累积；而当初始条件 $d_0 = 0.3$ 时，

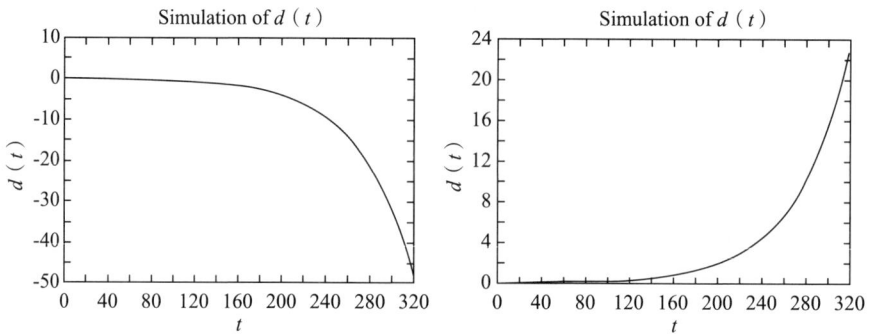

图 3 - 10　债务率 d_t 的动态变化

注：左右两图分别是初始条件 $d_0 = 0.2$ 与 $d_0 = 0.3$ 的情况。

尽管经济体的其他方面都是健康的（如具有稳定的经济增长率），但债务率 d_t 则在不断上升。命题 5 便给出了上述的数学表述，具体证明详见数学附录（3-4）。

【命题 5】假定经济系统是渐进稳定的。当 $1-\bar{y}>\bar{r}$ 时，即稳定状态下经济的增长率小于实际利率时，债务率 d_t 能收敛于其稳定状态 $\bar{d}$。否则，就债务率 d_t 而言[①]，存在一个临界值 d_0^*，

（a）当 $d_0<d_0^*$ 时，$d_t\to-\infty$；

（b）当 $d_0>d_0^*$ 时，$d_t\to+\infty$。

上述分析得到如下重要结论：如果经济的增长率长期大于实际利率，则经济的债务率将最后稳定，从而不存在债务危机的可能性；否则，当债务率大于某个临界值时，债务有可能会持续不断地积累，以至于使 d_t 发散至无穷大。

显然按照表 3-14，有 $1-\bar{y}<\bar{r}$，从而当存在某一债务冲击，使得债务率从 0.2 上升至 0.3 时，债务率 d_t 就会不断升高（见图 3-10）。当债务率 d_t 很高时，难道债务还会对实体经济没有影响吗？

四　动态分析：债务的非正常状态 $d_{t-1}\geq d^*$

如前所述，当初始条件 $d_0>d_0^*$ 时，债务在持续不断地累积以至于债务率 d_t 逐渐增大，并最终超越债务率的临界点 d^*（即区分债务正常状态与非正常状态的临界点）。而在此时，整个经济系统进入债务的非正常状态，这意味着债务开始对实体经济产生负反馈作用。

在债务非正常状态 $d_{t-1}\geq d^*$ 下，由等式（3-24）可知，该贷款利率为

$$r_t=m+r^*+\theta(y_{t-1}-y^*)+\mu(d_{t-1}-d^*) \tag{3-28}$$

等式（3-28）背后的经济学含义是，在债务的非正常状态下，商业银行更加关注借款者的违约风险，便以提高贷款利率的方式来显示其风险

---

① 债务率为负意味着企业的现金流量大于其债务。由于本书没对贷款利率和存款利率进行区分，从而现金流量也以贷款利率的速度上升。

溢价的水平。根据前面命题 1 和命题 2 的结论，随着贷款利率的升高，厂商的产能利用率会上升，进而促使平均生产成本增加，尤其是当平均成本接近（或超过）1 时，厂商将不得不面临破产倒闭的困境（图 3 – 11 对上述情况进行了模拟）。

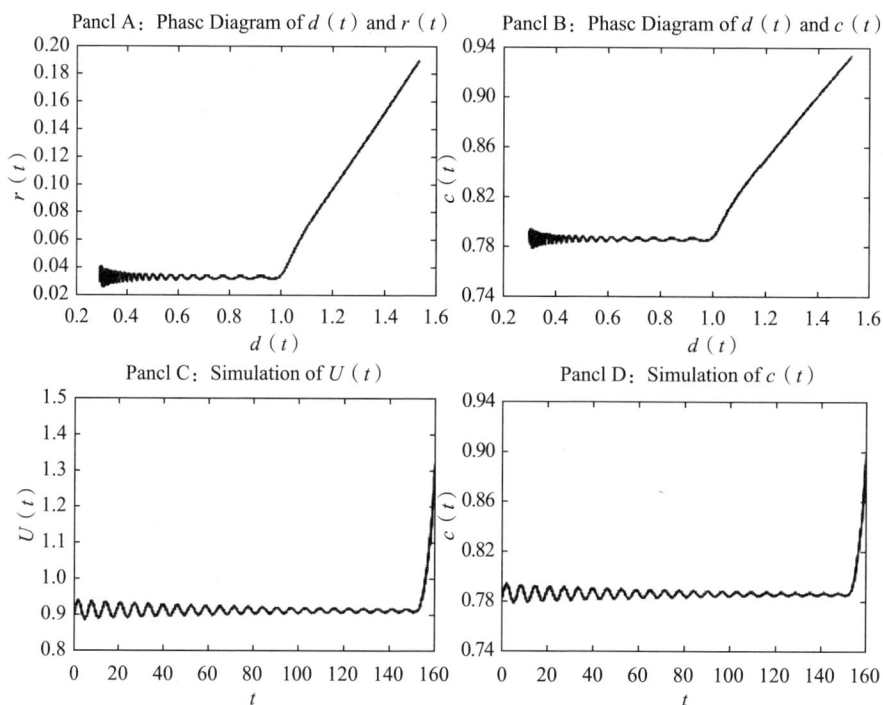

图 3 – 11　经济系统的动态变化（债务非正常状态 $d_{t-1} \geq d^*$）

注：模拟所用的结构参数同表 3 – 13 的取值，而除设定债务率的初始条件为 $d_0 = 0.3$ 之外，其他初始条件的取值同图 3 – 8 的取值。左上方的图形模拟了债务率 d_t 与贷款利率 r_t 的演化轨迹，左下方的图形模拟了产能利用率 U_t 的演化轨迹，右上方的图形模拟了债务率 d_t 与平均成本 c_t 的演化轨迹，右下方的图形模拟了平均成本 c_t 的演化轨迹。

由此可见，尽管经济增长一开始是较为稳定的，但当债务率 d_t 突破 d^*（这里以取 1 为例）时，贷款利率开始上升，厂商的产能利用率与平均成本均大幅增加，进而最终导致经济的急剧恶化，并且这种恶化的速度极快，类似金融加速器机制。

综上所述，按照债务率 d_t 的高低，笔者将宏观经济的运行状态分为两类：一是债务的正常状态（$d_t < d^*$），二是债务的非正常状态（$d_t \geq d^*$）。在债务正常状态下，负债率 d_t 对经济没有反馈作用。但尽管如此，经济的运行对债务却有反馈作用。特别地，当经济增长率长期小于利率（即 $1 - \bar{y} < \bar{r}$）时，只要债务率大于临界值（即 $d_0 > d_0^*$），债务有可能会随经济的增长而不断累积扩大，从而使经济体从债务正常状态转向非正常状态。当经济进入债务非正常状态之后，高负债率 d_t 开始对经济运行产生负反馈作用，尤其是商业银行因担忧债务违约而惜贷或提高贷款利率，这就使得厂商投资减少且现有的产能利用率上升，并导致平均成本高企，特别是当平均成本接近（或超过）1 时，厂商将不得不破产倒闭，宏观经济也因而出现快速下滑。

可见，这揭示出一个很重要的经济学启示：债务危机的本源在于利率大于经济的增长率，即 $1 - \bar{y} < \bar{r}$。因此，要使经济不发生债务危机，银行的贷款利率不能太高，不能高于经济增长率。否则任何一个债务冲击（如本书中使债务率从 0.2 上升至 0.3）将可能引发债务危机。遗憾的是，现实中贷款利率通常总是大于经济的增长率，从而经济体总是面临发生债务危机的风险。

第四节　中国现实：关于债务顺周期性的微观证据

本节以中国人民银行（以下简称为"人民银行"）2010 年第 4 季度至 2011 年第 3 季度的货币政策调控为研究对象，在一个"自然实验"（Natural Experiments）的框架内，采用倍差法（Difference – in – Differences）的检验策略，重点考察货币政策的调控对中国制造业上市企业融资结构的影响，以此来给出债务顺周期性的微观证据。

为统一以下理论术语，本节用外源融资和外源融资占比的融资结构分别表示债务与负债率。

一　机制梳理与命题提出

（一）对货币政策调控影响企业融资结构的机制梳理

对于"货币政策短期内如何影响经济"，理论界分为两种主流观点。一种是传统的货币观（也称利率渠道，the Interest Rate Channel），该观点认为，货币当局通过调控短期利率（如联邦基金利率）来影响资金成本，进而影响以家庭消费和企业投资为主的总需求，并最终影响总产出，整个传导机制可简单概括为"政策调控→短期利率→资金成本→总需求→总产出"（Bernanke and Blinder, 1992）。另一种是信贷观（也称信贷渠道，the Credit Channel），其将不完美信息等金融摩擦引入信贷市场，由此产生异质性借款企业在微观行为上的差异，进而提高了货币政策作用的解释力。相比前一种观点，后者的解释力更强。信贷观强调，外源融资溢价（External Finance Premium，也称代理成本）的内生变化会增强货币政策在调控利率上的直接效应，换言之，货币政策调控将会同时作用于短期利率和外源融资溢价，并放大在资金成本上的调控影响（Bernanke and Gertler, 1995）。[①]

信贷观具体表现为两种传导机制，即银行贷款渠道（the Bank Lending Channel）和资产负债表渠道（the Balance Sheet Channel，也称广义信贷渠道）。随着金融创新和混业经营的发展，前者的重要性已大不如前，而后者正逐渐扮演起重要的角色，该渠道强调货币政策调控对于借款企业的资产负债表（包括负债率、担保比例和现金流比率等）有着十分重要的影响，并且这最终会影响企业的投融资决策。以紧缩性货币政策为例，资产负债表渠道的传导机制可概括为"首先是内源融资：政策调控→现金流↓→内源融资↓；其次是外源融资：政策调控→现金流↓、担保比例↑→外源融资溢价↑→外源融资↓"。

对于阐释企业融资结构（尤其是内外源融资占比）的变化（也就是债务顺周期性的微观基础），最为经典的理论框架便是权衡理论和啄序理论。前者认为政策调控导致企业倾向于用内源融资来代替外源融资，结果是外源融资占比将会下降；与之相反，后者则支持企业优先考虑债务融资，也就意味着内源融资占比将会下降。之所以两种理论会得出不同的结论，主要还是在于"企业家信心"这一关键变量，也就是在政策调控下企业家对

---

① 所谓"外源融资溢价"，是指企业在外源融资（以银行信贷为主）和内源融资（企业的留存收益）间的成本差异，外源融资的成本一般会高于内源融资，而这两者间的差额大小则反映出信贷市场上的不完美程度与借款企业的异质性特征。

于未来预期的变化会极大地影响企业对融资方式的选择（苏冬蔚、曾海舰，2011）。

总之，在货币政策调控机制中，以债务为主体的融资结构始终占据着十分重要的位置，即"政策调控→融资结构变化→投资变化→产出变化"。

（二）研究命题的提出

如前所述，企业的融资结构是货币政策调控机制中的核心变量和微观基础，本节尝试从货币政策调控与企业融资结构入手来进行探讨，试图厘清这一货币政策传导机制中的微观基础，尤其是考察异质性企业在货币政策调控前后融资结构的变化。这里需要强调的是，企业的异质性一方面会影响外源融资溢价的大小，另一方面也在政策调控的过程中使得融资结构这一微观基础的重要性更加凸显。

对于企业的异质性，笔者主要从所有制和规模两个维度来进行刻画。

其一，关于所有制性质。这涉及信贷配置的"所有制歧视"，即银行更倾向于向国有企业提供外源融资（苟琴、黄益平、刘晓光，2014）。特别是在中国由国有银行占据信贷市场主导的金融体系下，"所有制歧视"现象是十分普遍的（Allen et al.，2005；饶品贵、姜国华，2013a），并在货币政策调控时期表现得尤为明显（叶康涛、祝继高，2009；饶品贵、姜国华，2013b）。

其二，关于企业规模。"大而不倒"（Too Big to Fall）现象也是企业在寻求外源融资的过程中所经常遇到的难题。大企业拥有多样化的融资渠道，受政策调控的影响较小，而小企业则更依赖于传统的银行信贷，一旦进行政策调控其便首当其冲（Holmstrom and Tirole，1997）。

总之，基于融资的代理成本角度，银行对民营企业和中小企业授信需要克服信息不对称的问题，这就增加了代理成本，特别是在政策调控阶段，其外源融资溢价也将显著上升。为此，银行会采取"降低民营企业和中小企业的信贷比例、提高国有企业和大企业的信贷比例"的策略，这一现象也被称为"安全投资转移"（a Flight to Quality）（Bernanke et al.，1996）。①

---

① "安全投资转移"是金融投资中的一个概念，是指在整个投资环境不利的时候，为保证收益的安全性，投资者会把资金从风险较高的投资产品转移至较为安全的投资产品。

根据上述分析，笔者就此提出如下两个待检验的假设命题。

假设命题一：紧缩性的货币政策环境将导致民营企业的融资结构发生明显的变化，即外源融资占比与企业有息债务率出现下降的趋势，而对国有企业的融资结构变化则影响不显著。

假设命题二：紧缩性的货币政策环境将导致中小企业的融资结构发生明显的变化，即外源融资占比与企业有息债务率出现下降的趋势，而对大企业的融资结构变化则影响不显著。

笔者认为，如果货币政策调控对企业融资结构没有实质性影响，那么上述两个假设命题将会被拒绝；但如果两个假设命题都通过了检验，那么就可以得到货币政策调控对企业融资结构有实质性影响的结论。

二 研究框架

(一) 研究样本

根据研究需要，本节将 2009 年第 1 季度至 2013 年第 4 季度（共 20 个季度）作为考察的时间窗口。同时，鉴于制造业是中国目前各行业中发展最为成熟、体系最为完备的支柱性行业，且制造业企业的投融资活动也是最为普遍和频繁的[①]，故笔者选取在沪深交易所上市的制造业企业 2009—2013 年的季度数据作为样本，从而能充分利用大样本的信息来保证实证研究结果的可靠性。制造业企业的季度数据均来源于 CCER 中国经济金融数据库系统之一般企业财务数据库，而文中涉及的宏观经济数据则来源于国家统计局数据库、中国人民银行发布的货币政策执行报告和《中国金融年鉴》。

此外，为了使企业数据在考察期内具有可比性，笔者进行了一系列剔除工作：一是剔除股票交易状态为"非正常交易"的企业，即在股票简称前带有 ST（特别处理，Special Treatment）和 PT（特别转让，Particular Transfer）之类的企业；二是剔除最终控制人类型变更，且只保留国有控股

---

① 自 2000 年以来，我国制造业增加值占当年国内生产总值的比例始终保持在 30% 以上，远高于同一时期主要发达国家的水平。

以及民营控股的企业；三是剔除财务数据出现异常或存在缺失的企业，像净资产为负、资产负债率大于 1 的企业等。最后，合计得到 625 家上市的制造业企业，共 12500 个季度样本，其中，最终控制人类型为国有控股的有 363 家、民营控股的有 262 家。

（二）核心变量

（1）货币政策环境的界定

针对人民银行所采取的特定货币政策调控方式，并且参考 Romer 和 Romer（1990）及 Boschen 和 Mills（1995）的叙述性方法[①]，这里定义所表示的货币政策环境的虚拟变量（mp）基于以下三点考虑。[②]

一是从人民银行所采用的货币政策工具来看，在 2010 年第 4 季度至 2011 年第 3 季度期间，人民银行采取了一系列紧缩性的货币政策来进行调控。其中，人民银行先后 5 次上调基准利率，1 年期贷款利率从 5.31% 上调至 6.56%，并且贷款加权平均利率更是从调控之初（2010 年 9 月）的 5.59% 大幅上升了 2.47 个百分点，至 2011 年 9 月的 8.06%；在同一时期，人民银行也连续 9 次上调存款准备金率，大中型金融机构的存款准备金率从 17% 上调至历史最高点 21.5%，累计上调 4.5 个百分点。

二是在人民银行的数量型中间目标上，人民币贷款和货币供应量（M_2）的增速也同样自 2010 年底开始恢复到一个相对合理增长的轨道上来（王国刚，2012）。[③] 如图 3-12 所示，新增人民币贷款的增速从高位回落，尤其是在 2010—2011 年各自新增贷款 7.95 万亿元和 7.47 万亿元，分别同比少增 1.65 万亿元和 3901 亿元；而货币供应量的增速也从 2010 年之前远

[①] 叙述性方法在界定紧缩性的货币政策环境上是非常有用的，并且还能揭示出大量的政策信息（卡尔·瓦什，2012）。

[②] 在人民银行进行货币政策调控时，操作目标、中间目标、最终目标各自的表现和反应有着时间上的先后差异。从相关规则来看，最为灵活的是操作目标，其反应几乎没有时滞，人民银行可以审时度势地对其进行调整；其次是最终目标，在每季度发布的货币政策执行报告中，人民银行必须对外公布货币政策取向和政策目标；最慢的是中间目标，以货币供应量（M_2）为例，其目标值一般是在每年两会的《政府工作报告》中才得以提出。

[③] 值得指出的是，"社会融资规模"从 2011 年才开始成为人民银行宏观监测的重要指标之一，也就是中间目标之一（中国货币政策执行报告，2011 年第一季度），故本书不予采纳。

高于人民银行所提出的目标值水平大幅降至目标值附近的区间。

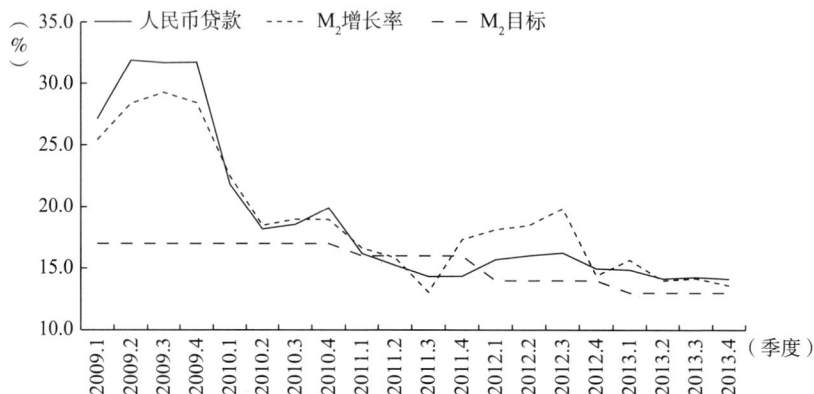

图 3 - 12　人民银行数量型中间目标的增速（2009—2013 年）
资料来源：中国人民银行发布的货币政策执行报告。

　　三是对于人民银行的政策取向和政策目标而言，2010 年第 4 季度是一个十分明显的分界点。在 2009—2013 年人民银行所发布的历次货币政策执行报告中，人民银行对货币政策取向的措辞从"适度宽松"转向"稳健"以及货币政策目标从"保持经济平稳较快发展"转向"保持物价总水平基本稳定这一宏观调控的首要任务"的转折点都是在 2010 年第 4 季度（详见表 3 - 15）。此外，人民银行每季度公布的"货币政策感受指数"与"银行贷款审批指数"也都表明 2010 年第 4 季度是货币政策的拐点，即两个指数分别从 2010 年第 3 季度的高点 69.5 和 45.5 急剧下滑至 2011 年第 1 季度的低点 39.4 和 33.1。①

表 3 - 15　中国货币政策取向（2009 年第 1 季度至 2013 年第 4 季度）

日期	政策取向	政策目标	日期	政策取向	政策目标
2009 年第 1 季度	适度宽松	经济增长	2011 年第 3 季度	稳健	稳定物价
2009 年第 2 季度	适度宽松	经济增长	2011 年第 4 季度	稳健	稳定物价

---

　　① "货币政策感受指数"是指在全部接受调查的银行家中，判断货币政策"适度"的银行家所占的百分比；"银行贷款审批指数"是反映银行家对贷款审批条件松紧的扩散指数。两者的数值越小，表示该季度的货币政策越为紧缩。

日期	政策取向	政策目标	日期	政策取向	政策目标
2009 年第 3 季度	适度宽松	经济增长	2012 年第 1 季度	稳健	经济增长 + 物价稳定
2009 年第 4 季度	适度宽松	经济增长	2012 年第 2 季度	稳健	经济增长
2010 年第 1 季度	适度宽松	经济增长	2012 年第 3 季度	稳健	经济增长
2010 年第 2 季度	适度宽松	经济增长	2012 年第 4 季度	稳健	经济增长
2010 年第 3 季度	适度宽松	经济增长	2013 年第 1 季度	稳健	经济增长
2010 年第 4 季度	适度宽松	经济增长	2013 年第 2 季度	稳健	经济增长
2011 年第 1 季度	稳健	稳定物价	2013 年第 3 季度	稳健	经济增长
2011 年第 2 季度	稳健	稳定物价	2013 年第 4 季度	稳健	经济增长

资料来源：中国人民银行发布的货币政策执行报告。

有鉴于此，笔者以 2010 年第 4 季度作为货币政策环境的分界点，即把 2010 年第 4 季度至 2013 年第 4 季度定义为紧缩时期，而把 2010 年第 4 季度之前定义为宽松时期。[①] 尽管目前关于如何最为准确地定义我国货币政策的松紧区间学术界还未取得共识，但相较于以往的文献（Shu and Ng，2010；叶康涛、祝继高，2009），笔者在这个议题上进行了更为细致且全面的分析。

（2）企业组别的分类

对于所考察企业的组别，笔者按所有制性质与规模大小两个维度对样本企业进行分类。

所有制性质，是以企业最终控制人来进行划分的，也就是以该企业第一大股东的控股类别为判断标准，主要可以分为国有企业（国有控股）和民营企业（民营控股）两大类。结合前面的分析，笔者将民营企业作为处理组，而将国有企业作为对照组。

就企业规模而言，笔者参照以往文献的做法（Oliner and Rudebusch，1996；曾海舰、苏冬蔚，2010），以企业的总资产或营业总收入作为分类的标准。以总资产为例，笔者将取对数后的总资产（2009 年第 1 季度的数

---

① 关于货币政策效应的持续期，有研究发现其将至少持续两年的时间（Romer and Romer，1990；Bernanke and Blinder，1992）。

值）进行排序，把低于中位数的样本作为小企业（处理组），高于中位数的样本作为大企业（对照组）。

（3）因变量的选取

由于研究对象是微观企业的融资结构，为此，对于因变量的选取主要是侧重于不同融资方式的度量，笔者将融资方式分为内源融资与外源融资两类。

一是关于内源融资的度量，前者只涉及企业自身对于经营活动产生的现金流量净额和可抵押资产的所有权部分的融资；二是对外源融资的度量，本书按"是否直接对外支付利息"把外源融资分为有息债务和无息债务两类，其中，有息债务包括以长短期借款为主的银行信贷，而无息债务则是指企业之间的商业信用（饶品贵、姜国华，2013b）。这一安排更有利于对企业融资结构的变化以及融资方式的差异做进一步的研究。

（三）检验策略

笔者通过倍差法的检验策略来考察假设命题，即紧缩性的货币政策环境将会对企业的融资结构造成影响。[①] 为此，建立如下的模型设定：

$$y_{i,t} = \alpha + \beta_1 mp_t + \beta_2 group_i + \beta_3 mp_t \times group_i + \gamma x_{i,t-1} + \lambda_t + \varepsilon_{i,t}$$

其中，$y_{i,t}$ 表示企业的融资结构和方式；mp_t 表示货币政策环境，紧缩时期为 1，宽松时期为 0；$group_i$ 表示所考察企业的组别，包括企业的所有制性质与规模两类；倍差变量为 $mp_t \times group_i$。此外，$x_{i,t-1}$ 表示一系列企业层面的控制变量，为避免产生内生性问题，这些控制变量均取滞后一期；λ_t 表示时间效应的虚拟变量，包括年度与季度的虚拟变量，以及一些为检验事件发生之前是否存在共同时间趋势的交互项。详细的变量设置说明参见表 3 – 16。

特别地，笔者重点关注倍差变量的系数 β_3，其反映了所要考察的样本处理组平均变化与样本对照组平均变化的差异，可以用如下的数学表达式进行解释：

---

① 虽然货币政策作为一种宏观政策会影响到所有样本企业的融资结构，但不同类型的企业影响应该是具有差异的，而倍差法正好适用于甄别不同组别样本的差异性影响效应。

$$\beta_3 = \left[E(y_{i,t} | mp_t = 1, group_i = 1, x_{i,t-1}, \lambda_t) - E(y_{i,t} | mp_t = 0, group_i = 1, x_{i,t-1}, \lambda_t) \right]$$
$$- \left[E(y_{i,t} | mp_t = 1, group_i = 0, x_{i,t-1}, \lambda_t) - E(y_{i,t} | mp_t = 0, group_i = 0, x_{i,t-1}, \lambda_t) \right]$$

其中，前一个方括号表示样本处理组在事件发生前后的平均变化，而后一个方括号则是样本对照组在事件发生前后的平均变化。为此，根据检验命题，当处于紧缩性的货币政策环境时，不管是按所有制性质还是规模分类，笔者都预测在"外源融资占比"和"有息债务"方程中系数 β_3 均显著为负。

总之，为了得到较为稳健的估计结果，本书将按照"先解释变量，再控制变量，后虚拟变量"的顺序逐一地加入估计模型，同时，本书的所有估计模型对标准误均在企业层面进行聚类处理。[①]

表 3-16   变量设置说明

符号	变量定义	计算方法	文献
		因变量	
$ef1$		有息债务率 =（短期借款 + 长期借款）/前一期总资产	曾海舰和苏冬蔚（2010）
ef	外源融资	总债务率 = 有息债务率 + 无息债务率 其中，无息债务率 =（应付款项 - 应收款项）/前一期总资产	饶品贵和姜国华（2013b）
$efif$	外源融资占比	外源融资占比 =（短期借款 + 长期借款）/（经营活动产生的现金流量净额 + 可抵押资产 + 短期借款 + 长期借款） 其中，可抵押资产 =（货币资金 + 0.715 × 应收账款 + 0.547 × 存货 + 0.535 × 固定资产）	Bernanke and Gertler（1995） Almeida and Campello（2007）
		解释变量	
mp	货币政策环境	以 2010 年第 4 季度为分界点：2010 年第 4 季度至 2013 年第 4 季度（紧缩期）取 1，2010 年第 4 季度之前（宽松期）取 0	
pro	企业所有制性质	以上市公司的最终控制人来确定：民营企业（处理组）取 1，国有企业（对照组）取 0	

---

① 由于倍差法在实际应用中会出现序列相关的问题，这就会高估估计参数在统计上的显著性水平（Bertrand et al.，2004）。为此，本书通过对企业进行聚类处理来消除序列相关问题的影响。

符号	变量定义	计算方法	文献出处
解释变量			
size	企业规模	以取对数后的总资产（2009 年第 1 季度的数值）来区分：低于中位数的数值作为小企业（处理组）取 1，而高于中位数的数值作为大企业（对照组）取 0	
控制变量			
lroa	盈利能力	ROA（资产回报率）＝净利润/总资产	祝继高和陆正飞（2009）
lgrow	企业未来的发展状况	取对数后的营业总收入的增长率	Gertler and Gilchrist（1994）
lnass	企业规模	取对数的总资产	叶康涛和祝继高（2009）
lguarant	担保比例	担保比例＝固定资产净额/前一期总资产	曾海舰和苏冬蔚（2010）
lcf	现金流比率	现金流比率＝经营活动产生的现金流量净额/前一期总资产	祝继高和陆正飞（2009）
虚拟变量			
dy2009 – dy2013	年度虚拟变量	考察当年取 1，其余年度取 0	李青原和王红建（2013）
dq2 – dq4	季度虚拟变量	考察当季取 1，其余季度取 0	
dy2009 × size 或 *dy2009 × pro*	交互项	年度虚拟变量与考察组的交互项	曾海舰和苏冬蔚（2010）

三　实证分析

（一）描述性统计

首先，表 3－17 汇总了全样本及各企业分类组别的描述性统计。对于全样本而言，在融资结构方面，外源融资占比、总债率和有息债务率的均值（中位数）分别为 30.4%（32.3%）、23.6%（22.1%）和 24.3%（23.8%）。这说明两点，一是整体的外源融资占比不高，仅及内源融资的一半；二是有息债务几乎占到企业总债务的大部分。在经营行为方面，反映盈利能力的资产回报率均值（中位数）为 3.2%（2.1%），企业的担保比例均值（中位数）在 31%（24%）以上，现金流比率均值（中位数）有 2.5%（1.6%）。从分组类别来看，不同所有制性质和规模的企业存在显著差异。在反映融资结构的三项指标上，国有企业组和大企业组（对照组，以下同）均分别高于民营企业组和小企业组（处理组，以下同）。上述现象也在企业经营行为上得到体现，尤其是企业的担保比例和现金流比率，对照组的表现水平均远高于处理组。这表明对照组运用外源融资的能力更强。不过，对照组在反映盈利能力的资产回报率上还是略逊于处理组。

表 3-17 描述性统计结果

变量		efif	ef	efl	lroa	lgrow	lnass	lguarant	lcf
全样本	样本量	8330	8339	8339	11866	11223	12500	9988	11248
	均值	0.236	0.243	0.243	0.032	0.006	21.891	0.319	0.025
	中位数	0.221	0.238	0.238	0.021	0.019	21.764	0.248	0.016
	标准差	0.176	0.153	0.153	0.057	0.042	1.186	3.944	0.326
民营企业组（处理组）	样本量	3129	3130	3130	4975	4701	5240	4185	4715
	均值	0.202	0.240	0.240	0.038	0.006	21.478	0.258	0.023
	中位数	0.189	0.238	0.238	0.026	0.020	21.419	0.238	0.018
	标准差	0.168	0.145	0.145	0.067	0.044	0.980	0.153	0.076
国有企业组（对照组）	样本量	5201	5209	5209	6891	6522	7260	5803	6533
	均值	0.257	0.245	0.245	0.028	0.006	22.189	0.363	0.027
	中位数	0.245	0.238	0.238	0.017	0.019	21.997	0.257	0.014
	标准差	0.178	0.157	0.157	0.049	0.041	1.231	5.172	0.423
小企业组（处理组）	样本量	3360	3364	3364	5944	5621	6260	4999	5633
	均值	0.189	0.227	0.227	0.033	0.006	21.045	0.264	0.020
	中位数	0.174	0.212	0.212	0.022	0.020	21.032	0.240	0.013
	标准差	0.166	0.149	0.149	0.066	0.045	0.663	0.246	0.080
大企业组（对照组）	样本量	4970	4975	4975	5922	5602	6240	4989	5615
	均值	0.268	0.254	0.254	0.031	0.006	22.739	0.375	0.031
	中位数	0.260	0.254	0.254	0.019	0.018	22.549	0.264	0.018
	标准差	0.176	0.154	0.154	0.047	0.040	0.968	5.575	0.455

其次，表 3-18 列出了按企业所有制性质和规模大小的分类组别在不同货币政策环境下进行均值比较的检验结果。很显然，不管是处理组还是对照组，其在货币政策紧缩环境下的外源融资状况均显著低于货币政策宽松环境下的外源融资状况。特别是在反映融资结构的三项指标上，这一差异都是十分显著的。

表 3-18　分组均值的比较检验

变量	民营企业组			国有企业组		
	$mp = 0$	$mp = 1$	差异	$mp = 0$	$mp = 1$	差异
$efif$	0.335	0.286	0.050 *** (9.166)	0.323	0.300	0.022 *** (4.626)
ef	0.246	0.185	0.061 *** (9.502)	0.284	0.246	0.039 *** (7.080)
efl	0.283	0.225	0.058 *** (10.707)	0.270	0.235	0.035 *** (7.117)
变量	小企业组			大企业组		
	$mp = 0$	$mp = 1$	差异	$mp = 0$	$mp = 1$	差异
$efif$	0.328	0.276	0.052 *** (9.537)	0.327	0.309	0.018 *** (3.778)
ef	0.233	0.175	0.058 *** (9.124)	0.291	0.258	0.033 *** (6.182)
efl	0.270	0.213	0.057 *** (10.199)	0.277	0.244	0.033 *** (6.777)

注：均值检验采用 T 检验，括号内的数值为 t 值；*** 表示参数在 1% 的显著性水平下显著异于零。

再次，图 3-13 给出了各企业分类组别在外源融资上的变化趋势，可以看到，自 2011 年开始各组之间的走势有比较大的差距，处理组比对照组的下跌幅度更大，前者的最大降幅甚至一度超过 10%。此外，各分类组别的融资结构变化在趋势上是极为相似的，这说明对于影响企业融资结构变化的其他经济因素而言，人民银行所主导的货币政策调控是外生的。

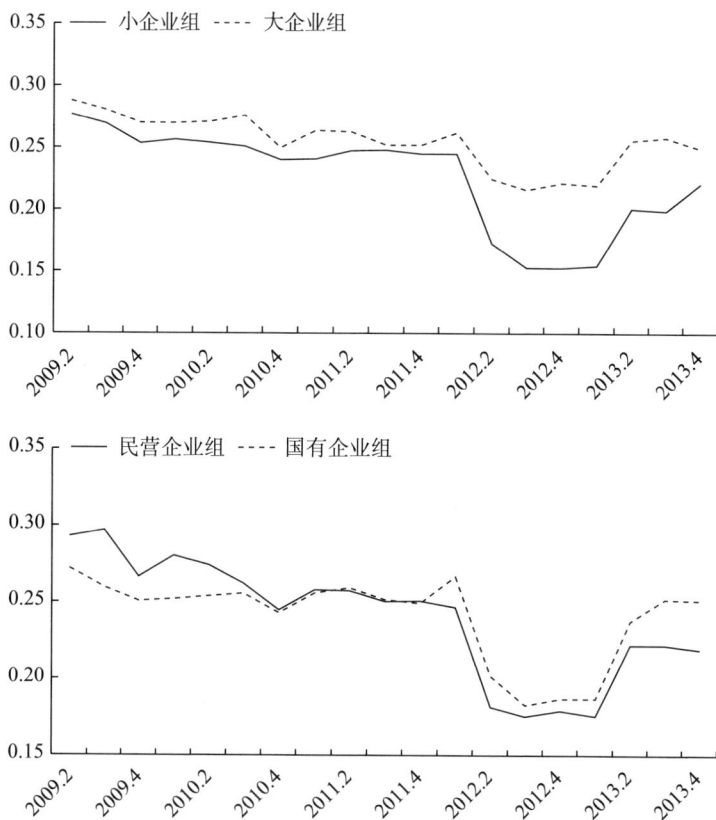

图 3 - 13　企业融资结构变化的趋势分析（以有息债务率为例）
注：图中的数据均以各组别的中值标识。

（二）基于企业所有制的估计结果

先对命题一进行考察，即紧缩性的货币政策调控是否导致民营企业的融资结构发生明显的变化，而对国有企业的融资结构变化则影响不显著。表 3 - 19 的估计结果显示，紧缩性的货币政策环境确实对民营企业的融资结构产生了深远的影响，其倍差变量的估计系数一直为负，且均通过 1% 的显著性水平。这说明当货币政策环境趋紧时，民营企业的外源融资占比相较于国有企业有明显下降的趋势。特别是通过逐一加入控制变量和虚拟变量，也并没有明显改变该估计系数的符号和大小。值得指出的是年度虚拟变量与考察组的交互项（即 $dy2009 \times pro$）的系数不显著，这表明对照组和处理组在人民银行实施紧缩性的货币政策之前具有基本一致的时间趋势，同时也满足了倍差法适用的前提条件（曾海舰、苏冬蔚，2010）。

对于控制变量，$lroa$ 在 1% 水平下显著为负，说明当资产回报率较好时，企业会更多地利用自有资金，进而降低外源融资的比重；$lgrow$ 则在 1% 水平下显著为正，表明未来发展状况好转的企业将会增加外源融资的比重来积极开展投融资活动；$lnass$ 也显著为正，说明规模较大的企业更易于增加外源融资的比重；$lguarant$ 和 lcf 分别在 1% 水平下显著为正与为负，反映了具有较高担保比例和较低现金流比率的企业也易于增加外源融资的比重。

表 3 - 19　货币政策调控对企业外源融资占比的影响（按所有制性质）

按所有制性质	$efif$			
$mp \times pro$	- 0.027 *** (- 3.73)	- 0.031 *** (- 4.25)	- 0.029 *** (- 4.04)	- 0.029 *** (- 3.28)
mp	- 0.022 *** (- 3.78)	- 0.023 *** (- 3.99)	0.014 ** (2.25)	0.014 ** (2.19)
pro	0.013 (0.96)	0.043 *** (3.55)	0.044 *** (3.68)	0.044 *** (3.47)
$lroa$		- 1.061 *** (- 9.12)	- 1.210 *** (- 9.87)	- 1.210 *** (- 9.87)
$lgrow$		0.319 *** (10.67)	0.500 *** (2.78)	0.500 *** (2.78)
$lnass$		0.024 *** (4.70)	0.023 *** (4.67)	0.023 *** (4.67)
$lguarant$		0.031 *** (4.51)	0.032 *** (4.60)	0.032 *** (4.60)
lcf		- 0.366 *** (- 4.53)	- 0.378 *** (- 4.72)	- 0.378 *** (- 4.71)
$dy2009$			0.080 *** (8.87)	0.080 *** (8.26)
$dy2010$			0.069 *** (8.44)	0.069 *** (8.44)
$dy2011$			0.065 *** (10.78)	0.065 *** (10.78)
$dy2012$			0.014 *** (3.84)	0.014 *** (3.84)
$dq2$			- 0.027 (- 1.64)	- 0.027 (- 1.64)

续表

按所有制性质	efif			
$dq3$			-0.068^{***} (-13.04)	-0.068^{***} (-13.04)
$dq4$			-0.059^{***} (-18.06)	-0.059^{***} (-18.05)
$dy2009 \times pro$				0.0003 (0.05)
$constant$	0.323^{***} (35.53)	-0.192^{*} (-1.71)	-0.206^{*} (-1.84)	-0.206^{*} (-1.84)
$R-square$	0.0108	0.1635	0.1991	0.1991
样本量	8319	7133	7133	7133

注：表中数据为变量的回归系数，括号内的数值为 t 值；***、**、* 分别表示在 1%、5% 和 10% 水平上显著；以上说明在表 3-20 至表 3-27 中是一致的。

针对前面"民营企业外源融资占比下降"的现象，先对反映外源融资整体状况的"总债务率"进行考察。表 3-20 显示，该倍差变量的估计系数仍一直为负，且都通过了 1% 的显著性水平。这说明紧缩性的货币政策环境直接影响到民营企业整体的外源融资状况，其下滑的趋势是十分显著的。

表 3-20　货币政策调控对企业总债务率的影响（按所有制性质）

按所有制性质	ef			
$mp \times pro$	-0.022^{***} (-2.66)	-0.029^{***} (-3.52)	-0.028^{***} (-3.35)	-0.026^{***} (-2.58)
mp	-0.039^{***} (-6.17)	-0.038^{***} (-6.31)	0.016^{**} (2.58)	0.016^{**} (2.44)
pro	-0.038^{**} (-2.42)	0.010 (0.72)	0.013 (0.87)	0.011 (0.74)
$lroa$		-1.242^{***} (-11.47)	-1.420^{***} (-11.93)	-1.420^{***} (-11.93)
$lgrow$		0.345^{***} (10.70)	0.250^{**} (2.03)	0.250^{**} (2.02)
$lnass$		0.050^{***} (9.00)	0.049^{***} (9.04)	0.049^{***} (9.04)
$lguarant$		0.004 (0.87)	0.004 (0.85)	0.004 (0.85)
lcf		-0.048 (-0.86)	-0.047 (-0.83)	-0.047 (-0.82)

续表

按所有制性质	ef			
年度与季度虚拟变量			控制	控制
$dy2009 \times pro$				0.003 (0.37)
constant	0.284*** (27.65)	- 0.799*** (- 6.60)	- 0.852*** (- 7.04)	- 0.851*** (- 7.04)
$R - square$	0.0378	0.2082	0.2433	0.2433
样本量	8330	7145	7145	7145

笔者还考察了"有息债务率"来进一步揭示"民营企业外源融资占比下降"背后的深层原因。一般而言，企业的外源融资主要包括有息债务和无息债务两个部分，后者是企业应付款项减去应收款项的差额，属于商业信用的范畴（饶品贵、姜国华，2013b）。表 3 - 21 的估计结果显示，紧缩性的货币政策环境导致民营企业的有息债务率出现一定程度的下滑，其倍差变量的估计系数一直为负，且通过 1% 的显著性水平。这表明有息债务率的下滑是导致"民营企业外源融资占比下降"的主要原因。

表 3 - 21　货币政策调控对企业有息债务率的影响（按所有制性质）

按所有制性质	efl			
$mp \times pro$	- 0.024*** (- 3.24)	- 0.029*** (- 3.95)	- 0.027*** (- 3.75)	- 0.028*** (- 3.11)
mp	- 0.035*** (- 5.99)	- 0.032*** (- 5.57)	0.015** (2.58)	0.016** (2.57)
pro	0.013 (0.99)	0.045*** (3.50)	0.046*** (3.63)	0.047*** (3.48)
$lroa$		- 1.006*** (- 9.31)	- 1.151*** (- 9.95)	- 1.151*** (- 9.95)
$lgrow$		0.303*** (10.71)	0.446*** (2.92)	0.446*** (2.92)
$lnass$		0.025*** (4.94)	0.025*** (4.92)	0.025*** (4.92)
$lguarant$		0.019*** (3.10)	0.019** (3.18)	0.019** (3.18)
lcf		- 0.223*** (- 3.13)	- 0.229*** (- 3.28)	- 0.229*** (- 3.28)

续表

按所有制性质	*ef*1			
年度与季度虚拟变量			控制	控制
*dy*2009 × *pro*				− 0.001 (− 0.18)
constant	0.270 *** (28.62)	− 0.277 ** (− 2.47)	− 0.315 *** (− 2.80)	− 0.315 *** (− 2.80)
R − square	0.0177	0.1416	0.1757	0.1757
样本量	8339	7151	7151	7151

（三）基于企业规模的估计结果

笔者再对命题二进行考察，即紧缩性的货币政策调控是否导致中小企业的融资结构发生明显的变化，而对大企业的融资结构变化则影响不显著。按照前面对企业所有制的分析步骤，即从融资结构到总债务率再到有息债务率。从表3－22可知，紧缩性的货币政策环境使得中小企业的融资结构发生了大的变化，中小企业的外源融资占比相较于大企业呈现明显下降的趋势，其倍差变量的估计系数一直为负，且通过1%的显著性水平。同时，逐一加入控制变量和虚拟变量，也并没有明显改变该估计系数的符号和大小。其中，年度虚拟变量与考察组的交互项（即 *dy*2009 × *size*）的系数不显著，表明对照组和处理组在货币政策环境改变之前具有基本一致的时间趋势。此外，控制变量的估计结果与企业所有制性质下的情况几乎是一样的。

表3－22 货币政策调控对企业外源融资占比的影响（按企业规模）

按企业规模	*efif*			
mp × *size*	− 0.034 *** (− 4.64)	− 0.032 *** (− 4.33)	− 0.025 *** (− 3.35)	− 0.025 *** (− 2.77)
mp	− 0.018 *** (− 3.19)	− 0.016 *** (− 3.04)	0.014 ** (2.25)	0.014 ** (2.22)
size	0.0004 (0.03)	− 0.003 (− 0.22)	− 0.004 (− 0.31)	− 0.004 (− 0.28)
lroa		− 1.005 *** (− 8.59)	− 1.147 *** (− 9.35)	− 1.147 *** (− 9.35)

续表

按企业规模	efif		
lgrow	0.298 *** (9.89)	0.564 *** (3.03)	0.564 *** (3.03)
lguarant	0.031 *** (4.32)	0.031 *** (4.45)	0.031 *** (4.44)
lcf	− 0.357 *** (− 4.32)	− 0.369 *** (− 4.55)	− 0.369 *** (− 4.55)
年度与季度虚拟变量		控制	控制
dy2009 × size			− 0.001 (− 0.07)
constant	0.327 *** (36.00)	0.352 *** (40.35)	0.330 *** (28.71)	0.330 *** (28.20)
R − square	0.0170	0.1418	0.1758	0.1758
样本量	8319	7133	7133	7133

接着，对总债务率的研究结果如表 3 - 23 所示。倍差变量的估计系数基本显著为负，这说明货币政策调控导致中小企业整体的外源融资状况呈下滑的趋势。

表 3 - 23　货币政策调控对企业总债务率的影响（按企业规模）

按企业规模	ef			
mp × size	− 0.024 *** (− 2.92)	− 0.024 *** (− 2.72)	− 0.015 * (− 1.77)	− 0.015 (− 1.42)
mp	− 0.033 *** (− 5.66)	− 0.027 *** (− 4.71)	0.015 ** (2.27)	0.015 ** (2.22)
size	− 0.059 *** (− 3.80)	− 0.061 *** (− 4.12)	− 0.061 *** (− 4.18)	− 0.061 *** (− 3.95)
lroa		− 1.192 *** (− 10.67)	− 1.360 *** (− 11.14)	− 1.360 *** (− 11.14)
lgrow		0.316 *** (9.83)	0.394 *** (3.00)	0.394 *** (2.98)
lguarant		0.003 (0.71)	0.003 (0.68)	0.003 (0.68)
lcf		− 0.037 (− 0.66)	− 0.036 (− 0.64)	− 0.036 (− 0.64)
年度与季度虚拟变量			控制	控制
dy2009 × size				0.001 (0.06)

按企业规模	ef			
constant	0. 291 ***	0. 320 ***	0. 271 ***	0. 272 ***
	(28. 33)	(31. 08)	(22. 56)	(22. 24)
R - square	0. 0608	0. 1436	0. 1756	0. 1756
样本量	8330	7145	7145	7145

同样，继续考察有息债务率，估计结果如表 3 - 24 所示，倍差变量的估计系数一直为负，且基本显著。这表明紧缩性的货币政策环境导致中小企业的有息债务率出现一定程度的下降，也就是说中小企业或主动或被动地采取减少外源融资的策略来应对政策调控对其造成的不利影响。

表 3 - 24　货币政策调控对企业有息债务率的影响（按企业规模）

按企业规模	ef1			
mp × size	- 0. 024 ***	- 0. 022 ***	- 0. 015 *	- 0. 016 *
	(- 3. 28)	(- 2. 90)	(- 1. 92)	(- 1. 75)
mp	- 0. 033 ***	- 0. 028 ***	0. 012 **	0. 013 **
	(- 5. 96)	(- 5. 35)	(2. 06)	(2. 13)
size	- 0. 007	- 0. 010	- 0. 011	- 0. 009
	(- 0. 54)	(- 0. 76)	(- 0. 84)	(- 0. 68)
lroa		- 0. 948 ***	- 1. 085 ***	- 1. 085 ***
		(- 8. 72)	(- 9. 38)	(- 9. 38)
lgrow		0. 282 ***	0. 521 ***	0. 523 ***
		(9. 90)	(- 3. 29)	(- 3. 30)
lguarant		0. 018 ***	0. 018 ***	0. 018 ***
		(2. 89)	(2. 99)	(3. 00)
lcf		- 0. 213 **	- 0. 219 ***	- 0. 219 ***
		(- 2. 91)	(- 3. 09)	(- 3. 09)
年度与季度虚拟变量			控制	控制
dy2009 × size				- 0. 004
				(- 0. 54)
constant	0. 277 ***	0. 299 ***	0. 257 ***	0. 256 ***
	(29. 74)	(32. 05)	(22. 89)	(22. 57)
R - square	0. 0241	0. 1134	0. 1465	0. 1465
样本量	8339	7151	7151	7151

（四）稳健性检验

为保证估计结果的稳健性，笔者尝试从以下四个方面进行敏感性测试。

一是逐一加入不同变量。如各表所示，在每一个分类组别下，笔者均按照"先解释变量，再控制变量，后虚拟变量"的顺序逐一地加入估计模型，结果均显示倍差变量估计系数的符号和大小并没有发生明显的改变。

二是再定义因变量。笔者把内源融资占比（$ifef$）作为新的因变量进行分组估计。[①] 表 3-25 的结果显示：各组别的倍差变量估计系数一直为正，且通过 1% 的显著性水平，说明当人民银行实施紧缩性货币政策之后，民营企业和中小企业的内源融资占比均有明显上升的趋势。这一结论与前面的分析结果高度一致。

表 3-25　稳健性检验（以企业内源融资占比作为新的因变量）

按所有制性质	$ifef$		按企业规模	$ifef$	
$mp \times pro$	0.027 *** (3.73)	0.029 *** (3.28)	$mp \times size$	0.034 *** (4.64)	0.025 *** (2.78)
mp	0.022 *** (3.78)	− 0.014 ** (− 2.19)	mp	0.018 *** (3.19)	− 0.013 ** (− 2.04)
pro	− 0.013 (− 0.96)	− 0.044 *** (− 3.47)	$size$	− 0.0004 (− 0.03)	0.003 (0.22)
$lroa$		1.210 *** (9.87)	$lroa$		1.137 *** (8.85)
$lgrow$		− 0.500 *** (− 2.78)	$lgrow$		0.004 (1.15)
$lnass$		− 0.023 *** (− 4.67)	$lnass$		
$lguarant$		− 0.032 *** (− 4.60)	$lguarant$		− 0.050 ** (− 2.40)
lcf		0.378 *** (4.71)	lcf		0.353 *** (3.63)

① 其中，内源融资占比 =（经营活动产生的现金流量净额 + 可抵押资产）/（经营活动产生的现金流量净额 + 可抵押资产 + 短期借款 + 长期借款）。

续表

按所有制性质	*ifef*		按企业规模	*ifef*	
年度与季度虚拟变量		控制	年度与季度虚拟变量		控制
dy2009 × pro		− 0.00003 (− 0.05)	*dy2009 × size*		− 0.003 (− 0.35)
constant	0.677 *** (74.56)	1.206 *** (10.75)	*constant*	0.673 *** (74.04)	0.666 *** (56.99)
R − square	0.0108	0.1991	*R − square*	0.0170	0.1765
样本量	8319	7133	样本量	8319	7133

三是企业组别的新分类。笔者采用企业的营业总收入来重新衡量企业规模，具体是将取对数后的营业总收入（2009 年第 1 季度的数值）进行排序，把低于中位数的样本作为小企业（处理组），高于中位数的样本作为大企业（对照组）。新的估计结果与之前对企业规模按总资产分类的结论是一致的，即在紧缩性的货币政策环境下，中小企业的外源融资占比与有息债务率均有明显下降的趋势（见表 3 - 26）。

表 3 - 26 稳健性检验（按企业规模的新分类）

	efif	*ef*	*ef*1
mp × sizenew	− 0.032 *** (− 3.57)	− 0.029 *** (− 2.72)	− 0.024 *** (− 2.64)
mp	0.018 *** (2.89)	0.021 *** (3.24)	0.017 *** (2.78)
sizenew	0.012 (0.90)	− 0.047 *** (− 3.00)	0.000 (0.01)
lroa	− 1.157 *** (− 9.39)	− 1.393 *** (− 11.24)	− 1.096 *** (− 9.44)
lgrow	0.554 *** (2.98)	0.419 *** (3.14)	0.529 *** (3.31)
lguarant	0.031 *** (4.47)	0.004 (0.84)	0.019 *** (3.02)
lcf	− 0.370 *** (− 4.57)	− 0.045 (− 0.81)	− 0.221 *** (− 3.12)
年度与季度虚拟变量	控制	控制	控制
dy2009 × sizenew	− 0.006 (− 0.76)	− 0.008 (− 0.92)	− 0.013 * (− 1.76)

	efif	*ef*	*ef*1
constant	0.323 *** (28.18)	0.266 *** (21.81)	0.252 *** (22.37)
R – square	0.1732	0.1727	0.1458
样本量	7133	7145	7151

四是替换不同的控制变量。其一，借鉴李青原和王红建（2013）采用净资产回报率（*lroe*）作为企业盈利能力的替代指标；其二，使用固定资产与前一期总资产的比值（*lfixass*）作为企业担保比例的替代指标；其三，参照祝继高和陆正飞（2009）的研究，把现金持有比率（*lhcf*）作为企业现金流比率的替代变量，即现金持有比率 = 现金及现金等价物/（总资产 – 现金及现金等价物）。新的估计结果表明这些稳健性检验都与前面的主要结论保持一致，其中，企业所有制性质的显著性要高于企业规模（见表 3 – 27）。

表 3 – 27　稳健性检验（替换不同控制变量）

按所有制	外源融资占比		总债务率		有息债务率	
新定义的控制变量	系数	T 值	系数	T 值	系数	T 值
盈利能力（*lroe*）	– 0.026 ***	（– 2.90）	– 0.023 ***	（– 2.18）	– 0.025 ***	（– 2.70）
担保比例（*lfixass*）	– 0.030 ***	（– 3.37）	– 0.025 ***	（– 2.65）	– 0.029 ***	（– 3.26）
现金流比率（*lhcf*）	– 0.026 ***	（– 3.16）	– 0.024 **	（– 2.43）	– 0.026 ***	（– 3.01）
按企业规模	外源融资占比		总债务率		有息债务率	
新定义的控制变量	系数	T 值	系数	T 值	系数	T 值
盈利能力（*lroe*）	– 0.027 ***	（– 2.94）	– 0.018	（– 1.61）	– 0.019 *	（– 1.95）
担保比例（*lfixass*）	– 0.023 **	（– 2.54）	– 0.014	（– 1.39）	– 0.016 *	（– 1.72）
现金流比率（*lhcf*）	– 0.017 *	（– 1.92）	– 0.011	（– 1.01）	– 0.011	（– 1.17）

注：本表综合汇报了稳健性检验中"倍差变量"的估计结果，其中控制了其他变量，但限于篇幅，其他变量的估计结果没有汇报。

综上所述，研究结果表明，货币政策的调控确实对中国制造业上市企业的融资结构产生重要影响。债务顺周期性的微观证据主要表现为紧缩性的货币政策调控将导致民营企业和中小企业的融资结构出现较为明显的调整，即外源融资占比、企业总债务率以及有息债务率均呈现下降的趋势，民营企业表现得更为显著，而对国有企业和大企业的融资结构则影响不明显。

第五节　本章小结

本章主要考察债务（尤其是银行信贷）的顺周期性，涉及的研究内容包括顺周期性的定义、债务顺周期性的理论构建、中国债务的顺周期性在宏观与微观层面的经验证据等核心议题。

第一节"关于顺周期性的定义"，主要从国际和国内两个维度来界定顺周期性。前者是通过研究"放大机制"或"金融加速器"来甄别顺周期性，且根源都来自金融体系风险管理与衡量方法所存在的局限性，而以商业银行的信贷活动为主要载体的债务更是具有鲜明的顺周期性。后者是基于"中国特色"金融体系下的金融资源配置方式（以银行业间接融资为主的资源配置，但同时又与政府的行政干预和企业的政治关联等因素极为相关）与商业银行经营模式（以短期利润与资产规模最大化为导向且扮演相应的政治角色）来充分地体现出债务的顺周期性。

第二节"中国现实：关于信贷的顺周期性"，以信贷周期与经济周期的数量性关系为切入点来详细考察中国债务的顺周期性。一方面，在研究样本上，笔者分别利用月度、季度和年度的中国宏观经济数据来刻画经济周期、信贷周期与货币周期的数量性关系，以此来揭示出其背后所蕴含的关于债务（尤其是信贷）顺周期性的经济学含义；另一方面，在研究方法上，笔者依次采用经典的周期性分析方法（以"谷－谷"法为主）和研究现代周期理论的矩分析方法来表现中国宏观经济在周期维度上的一系列数量性特征，由此来深入探究中国债务顺周期性的表现特征。最后的研究发现，相对于中国的经济周期而言，中国信贷周期的波动更剧烈且持续性比较短，但同时两者具有一定的顺周期性，并发挥着相应的引导作用。

第三节"关于债务顺周期性的理论模型"，通过构建理论模型来描述债务的动态变化轨迹，也就是从债务顺周期性的视角研究其导致金融体系从稳定状态到不稳定状态的整个过程。具体地，笔者先建立起厂商投资决策的微观基础，然后将债务率的动态变化与贷款利率的决定融入宏观动态模型，最后按宏观经济运行的两种状态（即债务的正常和非正常状态）来分别展开动态分析。研究结果表明，一是在债务的正常状态下，经济运行对债务率 d_t 有反馈作用，而债务率 d_t 对经济运行没有相应的反馈作用。不过，当经济增长率长期小于实际利率（$\bar{y}-1<\bar{r}$）时，只要债务率的初始条件大于临界值（$d_0>d_0^*$），债务率 d_t 就会随着经济增长而不断累积，进而使经济体从债务正常状态转向非正常状态。二是进入了债务的非正常状态之后，负债率 d_t 开始对经济运行产生负向的影响，尤其是商业银行因担忧债务违约而惜贷或提高贷款利率，这就使得厂商投资减少且产能利用率上升，并导致平均成本高企，特别是当平均成本接近（或超过）1时，厂商将不得不破产倒闭，宏观经济也因而出现快速下滑。

第四节"中国现实：关于债务顺周期性的微观证据"是以中国人民银行 2010 年第 4 季度至 2011 年第 3 季度的货币政策调控为研究对象，在一个"自然实验"的框架内，采用"倍差法"的检验策略，重点考察货币政策的调控对中国制造业上市企业融资结构的影响，以此来给出债务顺周期性的微观证据。经验结果显示，货币政策的调控确实对中国制造业上市企业的融资结构产生重要影响。中国债务的顺周期性的微观证据主要表现为紧缩性的货币政策调控将导致民营企业和中小企业的融资结构出现较为明显的调整，即外源融资占比与有息债务率均呈现下降的趋势，尤其是民营企业表现得更为显著，而对国有企业和大企业的融资结构则影响并不明显。

第四章

债务的可持续性

正如上一章所讨论到的信贷这一类型的债务，其举债主体不管是家庭还是企业（或厂商）都会受到较为严格的借贷约束，这是因为几乎没有债权人会借钱给那些入不敷出的债务人。有别于此，政府却经常可以突破上述限制来举借债务，甚至是发行没有到期日的政府债券。[①] 不过，回顾政府债务的历史，借用休谟（Hume）的话来说，"不必未卜先知，就能猜出即将发生的灾难，二者必居其一：不是国家毁了公共信贷，就是公共信贷毁了国家"。可见，政府债务也并非不受约束。为此，本章将从政府债务的视角来考察债务的另一大特性——可持续性（Sustainability）。

本章的结构安排如下：首先，从跨期预算约束和宏观经济效应两个层面来界定债务可持续性（以政府债务为载体）的概念；接着，按国外和国内两个维度来回顾政府债务的历史演变过程；然后，基于中国现实，在跨期预算约束下分别对中央政府和地方政府债务可持续性的现状进行经验和实证上的考察；最后，借鉴国际经验，利用理论建模和计量方法，研究政府债务可持续性所具有的宏观经济效应。

第一节　关于可持续性的定义

在可持续性的语境下，举债主体应该可以在一个比较长的时期内不间

---

① 英国政府在1751年发行了一种没有到期日、只定期发放固定利息的特殊国债，史称"统一公债"（Consols）。在当时，该统一公债成为衡量其他国家债券风险的基准。

断地进行重复举债和偿债等经济活动。为保证这一举债活动的可持续，举债主体势必就既要满足自身的预算约束，又要减少给宏观经济所带来的负面影响。因此，债务（尤其是政府债务）的可持续性主要可以从上述这两个方面来进行概括。

一 跨期预算约束

作为一种规则，举债主体只有满足了跨期预算约束才能保证债务的可持续性，否则就会出现因流动性风险导致的暂时性违约，或因信用风险导致的长期违约。[①] 对于政府而言，政府债务的累积必须要满足跨期的政府预算约束（The Inter-temporal Government Budget Constraint，IGBC），即当期的债务余额应该等于前期到期的债务本息加上当期新增的财政赤字，用公式表达为 $D_t = (1 + r_t)D_{t-1} + (E_t - T_t)$。其中，$D_t$ 为 t 期的债务余额，r_t 为 t 期的债务利率，E_t 为 t 期的政府财政基本支出（不包括债务的利息支出），T_t 为 t 期的政府财政收入。可见，政府对债务工具的运用是与财政运作状况紧密相连的。以税收政策为例，Leeper（1991）按应对政府债务波动的反应程度，将税收政策分为积极（Active）与消极（Passive）两种类型。为了确保债务的可持续性，政府会采取以增税为代表的消极型税收政策；但相反，如果政府转而实施以降税为代表的积极型税收政策，从某种程度而言，这就暂时回避了可持续性的问题（贾俊雪，2012）。也正因为如此，有部分学者把"政府债务的可持续性"和"政府财政状况的可持续性"以及"政府赤字规模的可持续性"视作相类似的概念（邓晓兰、黄显林、张旭涛，2014）。

对此，学术界持有两类不同的观点。一类是基于财政运作的角度，认为政府债务的可持续性是要在未来某一时期能够保证财政收支的平衡，为此，实现政府债务可持续性的前提条件可归纳为当期政府债务余额不应超

[①] 前者的流动性风险主要包括资产流动性风险（因短期内甩卖资产导致资产价格急剧缩水）与资金流动性风险（短期内的现金流不足）两种类型；后者的信用风险也有两种类型，分别是债务人偿付能力不足的信用违约风险、债务人因信用状况恶化或信用评级下调的信用级差风险（Besancenot et al.，2004）。

过未来的财政基本盈余（减去的政府支出中不包括债务的利息支出）的现值之和（富田俊基，2011）。除财政要实现基本盈余之外，还有学者进一步指出，债务资金的使用结构也会对财政运作产生重要的影响，像政府债务资金投入到实物资产项目领域，其未来可通过该项目的运营产生一定的投资收益来偿还债务本息，相反地，那些直接用于政府消费用途的债务资金就没有相应的投资收益（李猛，2015）。

另一类是从债务运作的视角出发，按事前与事后的不同侧重点，将整个运作过程分为举债和偿债两个阶段。具体而言，政府债务的可持续性分别表现为在举债阶段，政府可以用不高于之前的利率来举借新的债务；而在偿债阶段，政府有能力在未来按期偿还到期的债务。此外，在债务运作的过程中，随着经济的持续增长，一国政府都有能力通过借新还旧的方式来吸纳一定数量的新增债务，这也使得部分学者把政府债务形象地比作某种可再生的资源（或污染物）（Sturm and Reinhard，2008）。不过，如果政府一味地靠借新还旧来运作债务，那么最终也会影响到其正常的债务清偿能力，以至于彻底违反"非庞氏博弈"（Non‑Ponzi Game）的条件。

二 宏观经济效应

前面的跨期预算约束主要是从时间路径上对政府债务的可持续性进行定义。除此之外，政府债务本身也存在相应的宏观经济效应，为此，下面就从这一角度对政府债务的可持续性给出定义，即通过政府债务的宏观经济效应来反映可持续性（伏润民、缪小林、师玉朋，2012）。在新帕尔格雷夫经济学大辞典（伊特韦尔等，1996）中，笔者经过梳理后归纳出两种截然相反的理论。

第一种理论是"促进论"，最典型的便是以凯恩斯主义为代表的政府债务观，其认为债务工具是在经济萧条时期政府唯一可以借此筹集资金的手段，并且也为政府加大财政政策的投入力度提供有力支持。可以说，在经济的下行周期，通过增加政府债务来实施逆周期的财政政策，确实可以刺激消费和投资，从而提振总产出与国民收入，对宏观经济产生积极的影响。在后凯恩斯宏观经济学理论的指导下，政府债务的这种促进作用更是发挥得淋漓尽致。对政府债务的运用已不仅仅局限于经济下行周期，在整个"大缓和"（the Great Moderation）时期，各国政府（尤其是发达国家）依靠举借债务用于经常性支出（包括公共消费以及转移支付等）和社会福利支出成了一种常态。①

然而，2008年国际金融危机以及随后爆发的欧洲债务危机却让人们重新意识到过分运用债务工具将会带来灾难性的后果。以新古典主义的政府债务观为主的另一种理论——"促退论"就认为，当经济体的总产出趋近潜在产出的时候，政府债务的不断累积只会导致利率的上升，进而挤出私人投资并影响资本积累，因此，从长期而言，政府债务的增加将会抑制经济增长。更为严重的是，那些靠政府债务资金支持的社会福利支出具有较强的"棘轮效应"（Ratchet Effect），再加上涉及普通民众利益和政治党派纷争，政府债务问题就如Schumpeter（1954）所言，成为一个"经济社会学"的问题，政治社会因素要远远超过经济分析本身，最终的结果便只有让下一届政府或下一代人来解决。② 不过，政府这种借新还旧的举债方式看似可以永续使用，但其对经济的促进作用减弱而促退效应凸显，导致过高的债务水平终将是不可持续的。此外，李嘉图等价定理（Ricardian E-quivalence Theorem）也证明了政府选取何种融资方式都不会影响居民的消费和资本的积累，也就是说发行政府债务的效果等同于政府征收一次性总付税收（Lump－Sum Tax）的作用，这表明政府债务的增长类似于紧缩性的财政政策，其将会抑制经济的增长（Ricardo，1821；Barro，1974）。

总之，在经济周期与财政状况的各个不同阶段，政府债务对宏观经济的影响是双重的，既有促进的效果也会起抑制的作用，这也最终会影响到债务的可持续性。③ 可以说，政府债务的可持续性表面上是从跨期预算约束出发来衡量政府是否满足了财政收支的平衡以及政府能否正常地举债或

---

① "大缓和时期"，是指自20世纪80年代初至2008年国际金融危机爆发之前全球经济所出现的长达20多年的繁荣时期。在这一时期，经合组织成员国（OECD）出现财政赤字的年份高于80%（姚枝仲，2017）。

② "棘轮效应"，是指某种习惯一旦形成之后便具有不可逆性，具体表现为易于同方向增加，但难于反方向调整。

③ 相关内容可详见本章第五节"国际经验：政府债务对经济增长的影响"部分。

偿债，但其本质仍在于政府债务所产生的宏观经济效应。

第二节　关于政府债务的历史演变

一　国外政府债务的历史

回顾历史，笔者发现私人债务的历史很长，早在公元前的古罗马时期就普遍存在。但相比之下，政府债务的历史则比较短暂，最早也只能追溯到 15 世纪佛罗伦萨等地中海沿岸的城市国家。不过，在当时的绝对王权时代，所谓的政府债务只不过是国王以个人名义而举借的私人债务，并且也因王位持续更迭与战争连绵不断而屡屡违约。因此，直到英国 1688 年的"光荣革命"之后，议会的出现才最终诞生了现代意义上的政府债务。1692 年，在"光荣革命"中即位的英王威廉三世（William Ⅲ）发行了总额为 100 万英镑、年利率为 10% 的政府债务，并以对酒类征收长期的物品税作担保，这才正式标志着现代政府债务的诞生（富田俊基，2011）。

从政府债务的发展历程来看，以下四大制度安排为其提供了有力的保障。

一是议会的诞生以及赋予其对政府预算的管理。议会作为政府的永久性机构，其所代表的政府信用不仅远远好于国王，而且也高于国内任何其他的举债主体。随着议会的出现，国王的私人债务变成了政府债务，可以说，政府债务是与议会一起诞生的。

二是政府需要为每次发行的债务提供担保。以"光荣革命"后的英国为例，除发行政府债务必须事先得到议会许可之外，议会每次还会为政府债务提供担保，主要是按照每年新增的债务创设某一税种以保证债务本息的正常支付。这意味着发行政府债务所筹集的资金应该不会超过新创设的税种在未来所带来的税收收入的现值之和。可以说，现代财政运作的规则就是将税收的集中管理与政府债务的发行紧密联系起来，通过金融市场来最优配置长期的金融资源，最终有助于国家财政能力的提升（He，2013），同时也是实现政府债务可持续性的前提条件之一。

三是政府发行标准化债务作为衡量其他债务风险的基准。在 1750—

1751 年奥地利王位继承战争后，英国政府为稳定物价将之前发行且尚未到期的政府债务置换成一种没有到期日、只定期偿付 3% 年息的特殊国债，史称"统一公债"（Consols），之后其逐步作为一种标准化债务而发行。正是随着标准化债务的出现，交易成本大幅下降（英国政府债务的利率从最初的 10% 下降至 18 世纪中叶的 3%），政府债务逐渐成为金融市场上最安全且信用等级最高的金融资产，以至于在 19 世纪成为衡量其他债券风险的基准，并极大地促进了债务市场的流动性。

四是进入 20 世纪之后，各国的货币制度逐渐地从金本位制转向主权货币制，中央银行开始以政府债务作为抵押品来发行本国货币。至此，政府债务的作用得到了最大程度的肯定和推崇，其作为一种国之利器深深地影响着一国经济的繁荣和社会的稳定，甚至在某种意义上成为一国市场经济发展与金融深化程度的重要标志之一。

由此可见，政府债务的诞生和发展有赖于相关制度安排的保障。其中，规范的财政运作方式与政府的可置信承诺是推动政府债务市场实现良性发展的关键（North and Weingast，1989）。

二　中国政府债务的历史

政府债务在中国出现得比较晚，清朝咸丰三年（1853 年）才有对外举借债务的明确记载。[①] 由于当时的清政府不注重经营债务，因此，对内正式举借债务的时间则更晚，直到甲午战争时期的 1894 年才首次进行尝试。[②] 不过，逐渐发展起来的政府债务市场迅速成为主导近现代中国金融市场的主角，其交易量几乎占到了当时整个金融市场交易量的 98%（匡家在，1994）。为此，笔者将分别从对外和对内两方面来逐一回顾近现代中国政府债务的发展历程。

首先是对外政府债务，具体是指由当时的中国政府向外国的政府、银

[①] 中国第一笔对外举借的政府债务发生于 1853 年，当时为镇压上海"小刀会起义"，苏松太道向上海洋商借款 12.77 万库平两（当时清政府征收的各项租税叫"库平"，而"平"是指称银两的标准秤）（陈争平，2011a）。

[②] 中国第一笔对内举借的政府债务发生于甲午战争爆发前夕的 1894 年，正是为了筹集战争军费，户部向京城商人举借 1102 万库平两（燕红忠，2015）。

行等组织举借的债务。在半殖民地半封建的旧中国，羸弱的政治结构和脆弱的金融基础远不足以应付对外战争与对内改革的双重挑战，当时的政府只能更多地依靠对外举债来勉强地维持捉襟见肘的窘境，但这些债务不仅被索要极高的利率（以1867—1881年举借的"西征借款"为例，由中间商胡雪岩经手后的债务利率高达15%，而当时洋商的借款利率也不过是年息10%），而且扣减比例也高得惊人（像1898年的英德续借款，其扣减比例高达17%），并且随着对外政府债务的不断累积，政府的债务负担变得越来越沉重，特别是中日甲午战争之后，清政府每年需支付的外债本息占到当年政府支出的20%—30%，而对外政府债务余额占国民总收入的比例也从1894年的0.3%大幅上升至1930年的7%（陈争平，2011a）。进一步地，笔者通过汇总近现代中国对外政府债务的资料可见（如表4－1所示），这些债务主要是用于军费开支和战争赔款，而对国内经济的作用是相当有限的，换言之，当时从国外借来的款最后是以双份的数量偿还，特别是那些向洋商借来的资金大多还是来自中国商人。可见，近现代的中国对外政府债务无疑充满了诸多的荒唐与不幸，不仅仅是存在不可持续的经济问题，更是国家主权以及政治和经济权益的丧失问题。

表4－1　近现代中国的政府债务之对外借款汇总（1853—1949年）

时期	借款笔数（笔）	借款金额	主要用途	主要债权国
甲午战争之前 （1853—1895年）	69	9651万两	战争与防务	英国
甲午战争之后 （1896—1911年）	139	12.09亿两	支付赔款	英国、德国、法国、俄国
北洋政府时期 （1912—1926年）	633	15.56亿银圆	军费和行政费用占比64.4%，实业借款占比35.5%	日本
南京国民政府时期 （1927—1949年）	108	44.97亿银圆	军政借款占比86.8%，实业借款占比8.2%	美国、苏联

资料来源：许毅（1996，2003，2004）、燕红忠（2015）。

　　其次是对内政府债务。因为清政府不重视对内债务，所以并没有发行多少政府债务，直到民国初年，当时的民国政府才逐渐开始大规模地对内举借政府债务，而同时政府财政对于国内债务市场的依赖度也变得越来越高，如

表 4-2 所示，其主要的借款形式就是对内发行公债。特别值得说明的是，南京国民政府对于之前清政府和北洋政府时期所举借债务的清理整顿赢得了国内外债权人的一致认可，使得当时中国政府的债信就此大为改观，不但延长了对内政府债务的发行期限，也降低了债务的融资成本，债务利率从之前北洋政府时期的 8% 降至当时的 4%—5%（千家驹，1984）。

表 4-2 近现代中国的政府债务之对内借款汇总（1912—1944 年）

时期	主要的借款形式	借款笔数（笔）	借款金额
北洋政府时期 （1912—1926 年）	公债	28	6.2 亿银圆
	短期国库券	88	1.03 亿银圆
南京国民政府之抗战前 （1927—1936 年）	公债	41	23.21 亿银圆
南京国民政府之抗战时期 （1937—1944 年）	公债	18	150 亿法币、3.2 亿美元

资料来源：杨荫溥（1985）。

在南京国民政府的"黄金十年"（1927—1937 年），中国历经了纷繁复杂的"废两改元"、"白银风潮"和"法币改革"之后，最终实现了货币制度的大一统①，并且现代的新式银行体系"四行两局体制"也基本构建成形②，

---

① "废两改元"，是指为改变当时仍在实行的不合时宜的"银两与银圆并用"的货币制度，南京国民政府于 1933 年 3 月 1 日颁布《废两改元令》，即"从当年 4 月 6 日起，所有公私款项收付和一切交易，一律改用银币，不得再用银两"，这促使中国的货币制度开始走向了统一。"白银风潮"，是指由于美国政府在 1933 年 12 月至 1934 年 5 月分别颁布《银购入法》和《白银法案》，计划在未来 4 年之内每年收购白银 2442 万盎司，以此来提高银价。显然，这一"白银风潮"严重地冲击到中国当时仍在施行的银本位制，也使政府对货币制度采取进一步的改革措施势在必行。"法币改革"，是指南京国民政府于 1935 年 11 月 3 日公布《法币实施办法》，就此在全国范围内推行纸币的方案。其中，规定法币 1 元等于英镑 1 先令 2 便士半，并在 1936 年 5 月与美国政府签订《白银协定》之后，法币同时也与美元挂钩，即法币 1 元等于 0.2975 美元。这表明法币既没有与银价挂钩也没有规定含金量，因此，其标志着中国的货币制度已经从银本位制正式转向主权货币制，最终实现了自清末以来历届政府为克服币制混乱而从未实现的货币制度大一统。
② "四行两局体制"，是指为统一全国金融和经济大权，南京国民政府于 1928—1935 年分别新建两家银行（中央银行和中国农民银行）与两家非银行类金融机构（邮政储金汇业局和中央信托局），并重新改组两家银行（中国银行和交通银行），以此来打造一套新的官僚资本金融体系。

共同促成了政府债务市场的发展和繁荣。① 在当时，政府债务市场与新式银行业和证券市场的联系十分紧密。一方面，政府债务的发行量与新式银行业资本间的相关系数高达 0.77（燕红忠，2015）；另一方面，政府债务的年交易额接近 50 亿元，远远超过同一时期中国企业在上海历年发行证券的总额（包括公司股票和企业债券，只有约 3 亿元）（匡家在，1994；张忠民，2000）。可见，政府债务市场已经发展成为当时中国最为主要的金融市场。不过，随后由日本发动的侵华战争则打断了这一发展的进程，大大推后了现代政府债务市场在中国最终确立的时间，令人感到分外惋惜。

新中国成立之初，为恢复和发展经济，政府在 1950—1958 年先后对内发行了多期"人民胜利折实公债"与"国家经济建设公债"，这两只公债也是新中国成立后最早举借的政府债务（高坚，2009）。② 然而，自 1958 年之后，中国政府停止了政府债务的发行，从 1958 年开始的 20 年间，再未发行任何债务，进入了一段"既无内债，也无外债"的特殊历史阶段。直到 1978 年改革开放之后，中国政府才陆续恢复了债务的发行，1979 年首次对外发行债务，1981 年也开始对内发行债务，这标志着中国政府重新开始以发行国债的方式筹集资金并完善现代国家的财政治理模式。从此，中国政府债务市场又开启了一段波澜壮阔的新历程。

第三节　中国现实：关于中央政府债务的可持续性

从各国公开发布的统计数据来看，具有较长时间序列且有可比性的指标一般都只涉及中央政府这一层面的数据。因此，这一部分将政府债务可持续性的研究对象选择为中央政府债务，并且涉及的统计指标主要是中央

---

① 关于这一时期的金融改革内容，具体可参见陈争平（2011b）。

② "人民胜利折实公债"，是指在 1949 年 12 月 2 日由政务院提出发行公债的提案，并正式通过《关于发行人民胜利折实公债的决定》，计划在 1950 年内分两期发行总额为 2 万万分的人民胜利折实公债。"国家经济建设公债"，是指为保障第一个五年计划的顺利实施，中央人民政府委员会于 1953 年底决定发行五期的国家经济建设公债，从 1954 年至 1958 年，计划共发行 30.3 亿元。

政府财政统计与中央政府债务统计这两类。若本节不做特殊说明，政府债务便是指中央政府债务。

一 对政府债务风险警戒水平的考察

按国际经验，衡量政府债务的可持续性（也就是债务风险），通常主要有三项指标，分别是负债率（年末债务余额/当年国内生产总值）、赤字率（当年财政赤字/当年国内生产总值）和债务率（年末债务余额/当年全国公共财政收入）。针对上述三项指标的风险警戒水平，各国都有不同程度的规定。① 结合中国自身的情况，按《全国政府性债务审计结果（2013 年 12 月 30 日公告）》的规定，将负债率与赤字率的风险警戒线分别设定为 60% 和 3%；而在《国务院关于提请审议批准 2015 年地方政府债务限额的议案》中，拟将债务率不超过 100% 作为我国整体的风险警戒线。

中国政府债务对内正式发行的时间以 1981 年全国人大审议通过《中华人民共和国国库券条例》为标志，为此，下面就从 1981 年开始来对中央政府债务的风险警戒水平进行考察。由表 4 - 3 可见，2016 年中央政府债务的风险水平并不高，除赤字率（3.8%）稍高于 3% 的风险警戒线之外，其余指标仍显示 2016 年的财政与债务状况与债务风险警戒线有一定距离。不过，以往的历史数据表明中国政府债务也曾有过急剧恶化的表现。例如，在 1997 年东南亚金融危机之后，中国政府采取了积极的财政政策，财政赤字与债务急剧攀升。其中，政府的赤字率从 1997 年的低点 0.7% 跃升至 2002 年的 2.6%，一度接近赤字率 3% 的警戒线；而同期的政府债务率也从 1997 年的 63.7% 大幅上升至 2003 年的高点 104.1%，一度超过债务率 100% 的警戒线。此外，自 1981 年以来，中国政府出现年度财政盈余只有 3 个年份，分别是 1981 年（37 亿元）、1985 年（1 亿元）、2007 年（1540 亿元）。更为重要的是，中国政府的财政赤字多半是政府支出的快速扩张所致，并非财政收入增长不足。在 1981—2016 年，尽管财政收入的年

---

① 以欧盟的《稳定与增长公约》为例，其规定各成员国的赤字水平不得超过 GDP 的 3%，公共债务水平不得超过 GDP 的 60%。

均增速高达 15.06% ，但财政支出的年均增速（15.71%）仍比其高出 0.65
个百分点。

表 4 - 3　中国政府债务可持续性的多角透视（1981—2016 年）

单位：亿元，%

年份	中央财政债务余额	国内生产总值	财政赤字	全国公共财政收入	负债率	赤字率	债务率
1981	49	4936	-37	1176	1.0	-0.8	4.1
1982	93	5373	18	1212	1.7	0.3	7.7
1983	135	6021	43	1367	2.2	0.7	9.8
1984	177	7279	58	1643	2.4	0.8	10.8
1985	238	9099	-1	2005	2.6	0.0	11.9
1986	294	10376	83	2122	2.8	0.8	13.8
1987	392	12175	63	2199	3.2	0.5	17.8
1988	559	15180	134	2357	3.7	0.9	23.7
1989	771	17180	159	2665	4.5	0.9	28.9
1990	890	18873	146	2937	4.7	0.8	30.3
1991	1060	22006	237	3149	4.8	1.1	33.7
1992	1283	27195	259	3483	4.7	1.0	36.8
1993	1541	35673	293	4349	4.3	0.8	35.4
1994	2286	48638	575	5218	4.7	1.2	43.8
1995	3300	61340	582	6242	5.4	0.9	52.9
1996	4361	71814	530	7408	6.1	0.7	58.9
1997	5509	79715	582	8651	6.9	0.7	63.7
1998	7766	85196	922	9876	9.1	1.1	78.6
1999	10542	90564	1744	11444	11.6	1.9	92.1
2000	13020	100280	2491	13395	13.0	2.5	97.2
2001	15618	110863	2517	16386	14.1	2.3	95.3
2002	19336	121717	3150	18904	15.9	2.6	102.3
2003	22604	137422	2935	21715	16.4	2.1	104.1
2004	25778	161840	2090	26396	15.9	1.3	97.7
2005	31849	187319	2281	31649	17.0	1.2	100.6

续表

年份	中央财政债务余额	国内生产总值	财政赤字	全国公共财政收入	负债率	赤字率	债务率
2006	34380	219439	1663	38760	15.7	0.8	88.7
2007	51467	270232	-1540	51322	19.0	-0.6	100.3
2008	52799	319516	1262	61330	16.5	0.4	86.1
2009	59737	349081	7782	68518	17.1	2.2	87.2
2010	66988	413030	6773	83102	16.2	1.6	80.6
2011	71411	489301	5373	103874	14.6	1.1	68.7
2012	76748	540367	8699	117254	14.2	1.6	65.5
2013	85836	595244	11002	129210	14.4	1.8	66.4
2014	94676	643974	11416	140370	14.7	1.8	67.4
2015	105467	689052	23609	152269	15.3	3.4	69.3
2016	118811	744127	28289	159552	16.0	3.8	74.5

资料来源：中央财政债务余额只包括国内债务，其中，1981—2004 年的数据来源于林双林（2010），2005—2016 年的数据来源于中经网；国内生产总值和全国公共财政收入均来源于中经网；财政赤字基于财政收入与财政支出计算而得。

不过，适用上述这些标准存在一定程度的局限性。可以看到，一方面，部分负债率超过 60% 的国家，比如，日本 2015 年的负债率就高达 198%，但其主权信用评级仍是最佳，尚无发生政府债务危机的迹象；另一方面，对于某些爆发政府债务危机的国家，其负债率尚未触及警戒线水平，例如，身陷欧债危机泥潭的西班牙和爱尔兰，当年的负债率分别只有 34.2% 和 48.93%，远低于 60% 的警戒线（李猛，2015）。特别是 Reinhart 等（2003）提出"债务不耐"（Debt Intolerance）的概念，用来描述那些爆发债务危机的国家，其在发生债务违约的时候，总体的债务水平以风险警戒线的标准来衡量尚在可控范围之内的现象。因此，并不能单纯依靠这些政府债务的风险警戒线来判断一国政府债务可持续性的状况。

二 从未来和动态演化的角度来考察政府债务的可持续性

如前所述，政府债务的风险警戒线并不是判断一国政府债务是否具有可持续性的充分条件。Besancenot 等（2004）认为，这一问题主要是一国政府未来的财政盈余状况并不稳定所致。为此，对于考察政府债务的可持续性而言，不仅仅要从历史和静态的视角入手，而且更为重要的是从未来和动态演化的角度来研究。以下便通过理论模型和协整检验的方法来考察政府债务动态演化的问题。

（一）理论模型

首先，给出跨期的政府预算约束（The Inter – temporal Government Budget Constraint，IGBC），同时也是政府债务的累积公式，为：

$$D_t = D_{t-1} + rD_{t-1} + (E_t - T_t) \qquad (4-1)$$

其中，D_t 为 t 期的政府债务，E_t 为 t 期的政府开支，T_t 为 t 期的政府收入。$(E_t - T_t)$ 表示政府 t 期的赤字（或盈余）水平，若该值为正，则表示政府当期赤字；反之，则表示政府当期盈余。令 $DEF_t = E_t - T_t$，该式可表示为：

$$DEF_t = def \times Y_t \times P_t \qquad (4-2)$$

其中，Y_t 为 t 期的实际产出，且 $Y_t = (1+y)Y_{t-1}$；P_t 为 t 期的价格水平，且 $P_t = (1+\pi)P_{t-1}$。为便于说明，这里假定债务利率 r、赤字率 def、实际产出增长率 y 和通胀率 π 保持不变。[①]

其次，推导出可持续性的前提条件。[②] 由前面跨期的政府预算约束（IGBC）可知，

$$D_t = D_{t-1} + rD_{t-1} + def \times Y_t \times P_t \qquad (4-3)$$

对等式（4-3）两边同时除以 $Y_t \times P_t$，得到

$$d_t = \frac{(1+r) \times d_{t-1}}{(1+y)(1+\pi)} + def \qquad (4-4)$$

将上式表示成差分 $\Delta d_t = d_t - d_{t-1}$ 的形式，化简得到

$$\Delta d_t = \left[\frac{r - y - \pi - y\pi}{(1+y)(1+\pi)} \right] d_{t-1} + def \qquad (4-5)$$

---

① 即使在上述参数不是常数的条件下，以下所推导出的结论也依然成立。

② 部分内容可参见 Fullwiler（2007）。

具体推导见数学附录（4 - 1）。

最后，令 $\mu = \left[\dfrac{r - y - \pi - y\pi}{(1 + y)(1 + \pi)} \right]$，且 d_0 已知，则第 n 期负债率的解为

$$d_n = (1 + \mu)^n \times d_0 + \sum_{t=1}^{n} \left[def(1 + \mu)^{n-t} \right] \tag{4-6}$$

该式的经济含义表明，为保证政府债务的可持续性，政府负债率 d 与赤字率 def 之间存在线性组合的稳定关系，同时，还需要满足 $r < y + \pi$，即债务利率不得长期高于经济的名义增长率。

（二）协整检验

由前面的理论模型得出，政府债务可持续性的前提条件是要求政府财政赤字（或盈余）与所借债务之间应当存在一个长期稳定的关系。也就是说，对于政府财政赤字（或盈余）与政府债务这两组时间序列的特征而言，或者两者都是平稳的时间序列，或者两者之间具有协整关系；反之，政府债务便不满足可持续性的前提条件。[①] 为此，笔者将对中国财政与债务的时间序列数据进行单方程的协整检验。

（1）方法与数据的说明

首先，按照 Engle - Granger 定理，若列向量 $Z_t \backsim I(1)$ 具有协整关系，并可表示为 $(1 - L)Z_t = C(L)u_t$ 的向量移动平均形式，则一定存在误差修正模型（Granger and Engle, 1987）。同时，如果两个变量间存在协整关系，那么，应用最小二乘法（OLS）得到的协整参数估计量与误差修正模型中的短期参数估计量都具有一致性的特性。

其次，鉴于需对政府新增债务与财政赤字两个变量进行协整检验，故下文将利用 EG（Engle - Granger）两步法来建立单方程误差修正模型。以两个变量为例，假定两个 $I(1)$ 协整变量 y_t 与 x_t 的关系为 $y_t = \beta x_t + u_t$，$u_t \backsim I(0)$，第一步便是利用最小二乘法（OLS）对 $y_t = \widehat{\beta} x_t + \widehat{u}_t$ 估计出协整向量 $(1, \beta)^T$；第二步是引入非均衡误差项 $\widehat{u}_t$，最终建立 $\Delta y_t = \alpha \Delta x_t + \gamma(y_{t-1} - $

---

① 相关的文献可参见 Hamilton 与 Flavin（1986）和 Gregor 与 Zin（1991）。

$\widehat{\beta}x_{t-1}) + v_t$ 的误差修正模型，其中，$\gamma(y_{t-1} - \widehat{\beta}x_{t-1})$ 是误差修正项。因此，笔者运用上述的 EG 两步法来详细考察政府新增债务与财政赤字的协整关系。

在改革开放之后，中国政府才陆续恢复了债务的发行，1979 年首次对外发行债务，1981 年也开始正式对内发行债务，这标志着中国政府重新开始以发行国债的方式筹集资金并完善现代国家的财政治理模式。图4－1 显示，在 20 世纪 90 年代以前，政府每年新增的债务与财政赤字的规模相对较小；不过从 90 年代开始，债务发行与财政赤字的规模都急剧增加，并且两者的变化趋势表现为同增同减；进入 21 世纪之后，两者总体呈现 U 形的变化走势，即先逐年递减但在拐点 2007 年之后便快速上升，而财政赤字在当前创下历史新高。这里用于协整检验的时间序列是1979—2016 年，新增债务的数据来自林双林（2010）和中经网公布的中央财政债务余额，并将债务余额转化为新增的债务数量（*ndebt*）；财政赤字（*chizi*）基于财政收支计算得到，而全国公共财政收支的数据来自中经网。

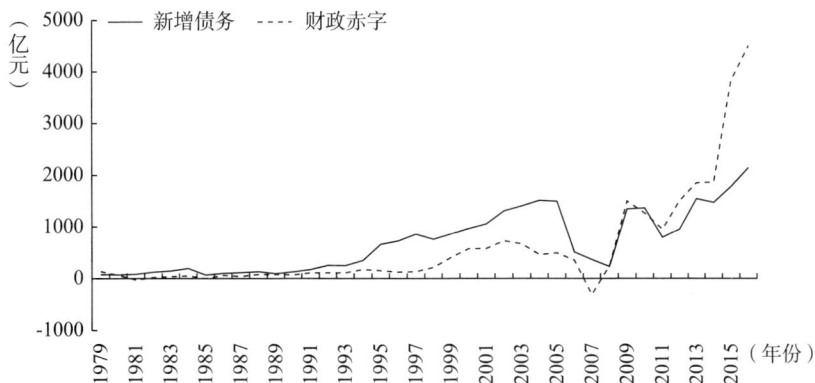

图 4－1 中国的债务发行与财政赤字（1979—2016 年）

注：自 2006 年起，中国开始实行债务余额管理，这就需要将国家统计局公布的债务余额转化并核算为新增的债务数量；上述两组时间序列数据都把当年价格变换成以 1978 年价格为基期的时间序列数据，即单位为亿元（以 1978 年价格衡量）。

资料来源：林双林（2010）和中经网。

（2）单方程的协整检验

如前所述，在应用 EG 两步法之前，先对新增债务与财政赤字两个变量剔除价格变化因素并进行平稳性检验。由表 4 - 4 可见，两者都是 I（1）变量，满足 EG 两步法适用的前提条件。

表 4 - 4　变量的单位根检验

变量	检验形式*	ADF 统计量	P 值	结论
$ndebt$	（C，0，0）	- 0. 2997	0. 9145	非平稳，I（1）
$dndebt$	（C，0，0）	- 9. 7067	0. 0000	平稳，I（0）
$chizi$	（C，T，0）	- 0. 9111	0. 9400	非平稳，I（1）
$dchizi$	（C，T，0）	- 4. 8675	0. 0030	平稳，I（0）

注：*在标准的检验形式（C，T，P）中，C 表示常数项，T 表示趋势项，P 表示滞后阶数；$ndebt$ 表示新增债务，$chizi$ 表示财政赤字。

接着，进行 EG 两步法的协整检验。第一步是对变量进行协整回归，由于受时间趋势的影响，其估计表达式为

$$chizi_t = -253.95 + 19.02t + 0.50ndebt_t + \hat{u}_t$$

$$(-2.18) \quad (2.13) \quad (2.82)$$

$$R^2 = 0.65, DW = 1.75, T = 36 \tag{4-7}$$

具体的估计结果见表 4 - 5。

表 4 - 5　协整回归的估计结果

变量	系数	标准差	t 值	P 值
c	- 253. 95**	116. 27	- 2. 18	0. 0362
t	19. 02**	8. 93	2. 13	0. 0408
$ndebt$	0. 50***	0. 18	2. 82	0. 0081

注：***、**、*分别表示在 1%、5%、10% 的显著性水平上拒绝原假设，以下同。

第二步是利用等式（4 - 7）的 $\hat{u}_t$ 做 EG 协整检验，其结果为

$$\Delta \hat{u}_t = -0.21\hat{u}_{t-1} - 0.02\Delta \hat{u}_{t-1}$$

$$(-5.19) \quad (-0.10)$$

$$R^2 = 0.10, DW = 1.98, T = 34 \qquad (4-8)$$

这里不能直接用 ADF 的临界值，而是采用按麦金农（Mackinnon）公式计算得到的临界值 -3.78， -5.19 小于临界值 -3.78。[①] 这表明该误差项通过协整检验，新增债务与财政赤字两个序列间确实存在协整关系，且协整向量为（1， -0.50）'。可以说，自中国政府 1979 年恢复债务发行以来，中央政府财政赤字（或盈余）与新增债务之间存在长期稳定的关系，基本维持 0.5 : 1 的比例。

最后，按照 EG 两步法的估计结果建立单方程误差修正模型。其单方程误差修正模型为

$$dchizi_t = -0.25 ECM_{t-1} + 0.68 dndebt_t$$
$$(-2.06) \qquad (5.54)$$
$$R^2 = 0.48, DW = 2.13, T = 35 \qquad (4-9)$$

误差修正项系数为 -0.25，并通过显著性检验。这说明误差修正项对 $dchizi_t$ 的修正强度是 0.25，其经济含义为当财政赤字偏离均衡状态的时候，将以偏离程度（即误差修正项）的 0.25 倍强度在下一期向着均衡点进行调整（具体结果见表 4-6）。

表 4-6　单方程误差修正模型的结果

变量	系数	标准差	t 值	P 值
ECM	-0.25 **	0.12	-2.06	0.0469
ndebt	0.68 ***	0.12	5.54	0.0000

综上所述，不管是从历史和静态的视角来考察政府债务风险警戒水平，还是从未来和动态演化的角度来考察政府债务的可持续性，我国中央政府债务的状况都是比较健康的，其可持续性条件能够得以满足。

---

① 因为 EG 两步法的第一步协整回归是 OLS 回归，会导致残差的方差很小，这就使得统计量的值位于临界值左侧，为此，EG 协整检验的临界值会不同于 ADF 的临界值。其中，EG 协整检验的临界值按麦金农（Mackinnon）公式计算得到，在文中便是 $C_{0.05} = -3.3377 - (5.967/34) - (8.98/34) = -3.78$。

第四节　中国现实：关于地方政府债务的可持续性

对于中国而言，除了中央政府债务之外，地方政府债务的可持续性正逐渐成为当前的主要风险源之一（李扬、张晓晶、常欣、汤铎铎、李成，2012），尤其是在中国政府为应对 2008 年国际金融危机而实施了一系列大规模的刺激性经济政策之后，地方政府债务的规模急剧膨胀更是受到各方的高度关注。有鉴于此，笔者将在本节对地方政府债务的可持续性进行研究。

首先需要指出的是，就地方政府而言，"政府性债务"这一概念是比较宽泛的。按审计署的口径，"政府性债务"既包含"地方政府债务"，也就是"政府负有偿还责任的债务"；又涉及"地方政府或有债务"，有"政府负有担保责任的债务"与"政府可能承担一定救助责任的债务"两类。不过，在实际应用中，地方政府债务必须要由地方财政资金来进行偿还，但对地方政府或有债务，一般只有在被担保人无力偿还或者债务人出现偿债困难的情况下，地方政府才承担偿债责任，而在正常情况下，主要还是由债务人来进行偿还。此外，按国内企业会计准则的规定，"未来发生的交易或事项形成的义务，不属于现时义务，不应当确认为债务"①，为此，地方政府或有债务属于政府承担的未来义务，而非现时义务。因此，笔者仅对最主要的"地方政府债务"来展开分析，并且在本节若不做特殊说明，"地方政府债务"便是指政府负有偿还责任的债务。

一　中国地方政府债务的历史演变与现状描述

（一）中国地方政府债务的历史演变过程

中国地方政府债务产生发展的历史，最早可追溯至 1979 年，有 8 个县

---

① 2007 年版的《企业会计准则——基本准则》第 23 条规定："负债是指企业过去的交易或者事项形成的、预期会导致经济利益流出企业的现时义务。其中，现时义务是指企业在现行条件下已承担的义务，未来发生的交易或事项形成的义务，不属于现时义务，不应当确认为债务。"

区在当年开始举借地方政府债务。自此，各级地方政府便先后开始举借债务（详见表4-7）。其中，在1981—1985年，省级政府（包含5个计划单列市）集中举借债务，这一时期共有28个省级政府开始举债；而市级和县级政府则集中在1986—1996年，该时期合计共有293个市级和2054个县级政府开始举借债务。到1996年底，所有的省级政府（36个）、90.05%的市级政府（353个）和86.54%的县级政府（2405个）都已举借了地方政府债务。截至2010年底，全国仅剩54个县级政府尚未举借地方政府债务。

表4-7　中国政府性债务发生起始年的情况汇总

单位：个,%

年度	省级政府			市级政府			县级政府		
	当期开始举借个数	累计个数	累计个数占比	当期开始举借个数	累计个数	累计个数占比	当期开始举借个数	累计个数	累计个数占比
1979—1980年	0	0	0	4	4	1.02	51	51	1.84
1981—1985年	28	28	77.78	56	60	15.31	300	351	12.63
1986—1990年	5	33	91.67	121	181	46.17	833	1184	42.61
1991—1996年	3	36	100	172	353	90.05	1221	2405	86.54

资料来源：审计署（2011）。

因受旧的《预算法》限制——"地方政府不允许发行市政债券，地方政府也不得采用向银行透支或借款来弥补赤字"，之前所谓的地方政府债务并不是指地方政府通过债券的形式来筹集资金。[①] 一般而言，地方政府债务主要分为中央政府代筹与地方政府自筹两种模式。其中，中央政府代筹模式包括两种方式，一是为应对1997—1998年东南亚金融危机而产生的国债转贷地方，即中央财政将部分新增国债项目资金转贷给地方，用于国家确定的国债资金建设项目，由地方政府还本付息，不列入中央预算，不

---

① 2014年通过的新《预算法》才适度松绑了部分约束，其规定：经国务院批准的省、自治区、直辖市的预算中必需的建设投资的部分资金，可以在国务院确定的限额内，通过发行地方政府债券举借债务的方式筹措。

作财政赤字处理；二是 2009 年开始试点的中央政府代理地方政府所发行的债券，即地方政府是发行和偿还主体，但由财政部代理发行并代办还本付息与支付发行费用（财政部预算司，2009）。地方政府自筹模式主要是通过地方政府投融资平台来进行运作，该平台是由地方政府及其部门和机构等通过财政拨款或注入土地、股权等资产设立的，承担政府投资项目融资功能，并是拥有独立法人资格的经济实体（引自国发〔2010〕19 号文）。

在地方政府债务近三十多年的发展历程中，学者们普遍把 2005 年作为发行地方政府债务的分水岭，尤其是以 2005 年起实施综合性财政改革为标志（龚强、王俊、贾珅，2011；范剑勇、莫家伟，2014）。在 2005 年之前，受 1994 年分税制改革所产生的地方政府财政紧张（特别是县乡两级政府财政困难）的影响，这一时期的地方政府债务主要是为了弥补财政赤字而被动形成的（杨志勇、杨之刚，2008）。在 2005 年之后，城镇化的进程进一步加快，国家统计局的数据显示，全国城市建城区面积从 2005 年的 32520.72 平方公里迅速扩张至 2015 年的 52102.31 平方公里，年均增幅高达 4.83%，而同期的城镇人口占总人口的比重也从 2005 年的 42.99% 增长至 2016 年的 57.35%，年均增长 1.31 个百分点。这就导致快速累积的地方政府债务逐渐表现为以市政公用基础设施建设投资为主的主动举债行为。特别是在 2003—2007 年的短短五年时间里，全国各地在基础产业和基础设施建设上的投资总额高达 18.3 万亿元，是 1978—2002 年投资总额的 1.6 倍（郑思齐、孙伟增、吴臻、武赟，2014）。由此可见，以现有预算内财政收入为主的传统模式已远远无法满足地方政府日益强烈的融资需求，为此，地方政府债务也就顺势扮演起为地方政府提供充足且持续资金来源的角色。

（二）中国地方政府债务的现状

受限于地方政府债务数据的可得性，笔者只能根据审计署历次的审计结果与国务院的部分材料整理得到相关数据（2010 年底、2012 年底、2013 年 6 月底和 2014 年底）。① 不过，从中可以总结出当前中国地方政府

---

① 这部分地方政府债务属于存量债务，从 2015 年起的新增债务则通过发行地方政府债券的方式，实施限额管理。

债务发展的趋势性特征。

一是债务规模在不断累积。不管是按宽口径（地方政府性债务）还是按窄口径（地方政府债务），2014 年底的债务规模都至少在 2010 年的基础上翻了一番（见表 4-8）。[①] 具体而言，地方政府性债务规模从 2010 年的 10.72 万亿元增长至 2014 年的 24 万亿元，而地方政府债务规模也从 2010 年的 6.71 万亿元上升至 2014 年的 15.4 万亿元。特别是地方政府债务在总体地方政府性债务中的比重达到了 64.17%，这表明政府所负有的直接偿还责任的压力正在与日俱增。另外，按新《预算法》的规定"除法律另有规定外，地方政府及其所属部门不得为任何单位和个人的债务以任何方式提供担保"，所以，地方政府或有债务的比重将会逐年减少。

表 4-8　中国地方政府性债务的规模

单位：万亿元,%

债务类型	2010 年		2012 年		2013 年 6 月		2014 年	
	金额	比重	金额	比重	金额	比重	金额	比重
地方政府债务	6.71	62.59	9.27	59.69	10.89	60.84	15.4	64.17
政府负有担保责任的债务	2.34	21.83	2.49	16.03	2.67	14.92	3.1	12.92
政府可能承担一定救助责任的债务	1.67	15.58	3.77	24.28	4.34	24.25	5.5	22.91
合计	10.72	100	15.53	100	17.9	100	24.0	100

资料来源：审计署（2011，2013b），国务院（2015）。

二是债务资金投向主要集中于市政公用基础设施建设项目。近年来，经济建设成为各级地方政府的工作重心，各级政府纷纷扮演起建设型政府的角色，尤其是自 2008 年国际金融危机以来，由地方投资占主导的特征构成了中国现阶段投资领域的重要趋势（李扬、张晓晶、常欣、汤铎铎、李成，2012）。从表 4-9 可见，跟"城镇化"相关的市政建设、交通运输、土地收储等建设领域占地方政府债务资金投向的比重远远超过 50%，如果把"其他投向"中的

---

① 全国人大批准的 2016 年度地方政府债务限额为 17.19 万亿元，而截至 2016 年末，全国地方政府一般债券余额、专项债券余额和非政府债券形式存量政府债务余额合计 15.32 万亿元。

"保障性住房" 也算上的话，则可接近四分之三的比重。这也就不难理解 "随着地方政府不断介入经济活动，会形成大量显性的地方政府债务"。

表 4 - 9　中国地方政府债务的资金投向占比

单位：%

资金投向	2010 年	2012 年	2013 年 6 月	2014 年
市政建设	41.94	28.1	37.5	31.0
交通运输	14.77	38.9	13.7	12.0
土地收储	15.96	10.3	16.7	11.0
其他	27.16	22.8	32.0	46.0
合计	100	100	100	100

注："其他" 包括教科文卫、保障性住房、农林水利建设、生态建设和环境保护、化解地方金融风险、工业等。2012 年的数据并不覆盖全国范围，而只是 36 个地方政府本级政府性债务的数据，为此，这里仅使用比例来大致代表全国的情况，以下同。

资料来源：审计署（2011, 2013a, 2013b），国务院（2015）。

三是举债方式和举债主体各自均呈现此消彼长的变化。具体地，就举债方式而言，银行贷款的比重出现大幅下滑、各类债券的发行开始增加；而对于举债主体，融资平台公司的比重开始减少、政府机构和事业单位的比重则相应增加。这说明中央政府对于地方政府债务的管控正在逐渐见效，尤其是自 2014 年以来，国务院分别就举债方式与举债主体作出了相应的规定。其中，对于举债方式，"对债务余额中通过银行贷款等非政府债券方式举借的存量债务，通过三年左右的过渡期，由地方在限额内安排发行地方政府债券置换"（国务院，2015）；而对于举债主体，"剥离融资平台公司政府融资职能，融资平台公司不得新增政府债务"（国务院，2014）（见表 4 - 10）。

表 4 - 10　中国地方政府债务的举债内容占比

单位：%

举债方式	2010 年	2012 年	2013 年 6 月	2014 年	举债主体	2010 年	2012 年	2013 年 6 月	2014 年
银行贷款	74.8	78.1	50.8	51.0	融资平台公司	46.8	45.7	37.4	39.0
发行债券	8.2	12.1	10.7	8.0	地方政府部门和机构	23.6	25.4	28.4	24.0

举债方式	2010 年	2012 年	2013 年 6 月	2014 年	举债主体	2010 年	2012 年	2013 年 6 月	2014 年
BT	—	—	11.2	—	经费补助事业单位	16.0	29.0	16.3	22.0
其他举债方式	17.0	9.9	27.4	41.0	其他单位	13.6		17.8	15.0
合 计	100	100	100	100	合 计	100	100	100	100

注:"其他举债方式"包括上级财政、其他单位和个人借款等;"其他单位"包括自收自支事业单位、公用事业单位、国有独资或控股企业等。

资料来源:审计署(2011,2013a,2013b),国务院(2015)。

其中,地方政府债务表现出两个显著的特征,一是地方政府债务的市场化发行正在逐步推开,二是地方政府投融资平台呈倒 U 形的扩张走势。

此外,地方政府债务的制度设计也在不断完善。一方面,地方政府债务的市场化发行正在逐步推开。从 2009 年首次由财政部根据国务院批准代为发行 2000 亿元的地方政府债券,到接下来连续三年(2009—2011 年)财政部常态化地代发每年 2000 亿元规模的地方政府债券,再到之后每年扩大发行规模——2012 年增至 2500 亿元,2013 年再增至 3500 亿元,2014—2015 年同比增加 1000 亿元的发行额度,2016 年和 2017 年分别发行 7800亿元、8300 亿元(胡海峰、陈世金,2014;李克强,2015)。除发行规模之外,试点地区也在逐步扩大,2011 年首先在上海市、浙江省、广东省和深圳市进行自发代还的试点,2013 年试点地区扩大至江苏和山东两省,从2014 年开始,地方政府债券进入各地自发自还的阶段。

另一方面,受全面规范地方政府债务管理的总体制度安排逐渐成形的影响,地方政府投融资平台随地方政府债务呈先高后低的走势。为应对2008 年国际金融危机,中央政府随即实施积极的财政政策和适度宽松的货币政策,中国银行业的贷款余额仅 2009 年一年便增长了创纪录的 10.6 万亿元,而同期的地方政府债务余额也比上年增长 61.92%,超过之前 1998年 48.20% 的增长高点。其中,通过地方政府投融资平台这一举债方式获得的债务占到 2010 年地方政府债务的 46.75%。这也说明在该期间由地方政府投融资平台所支持的投资项目纷纷上马。不过,随着地方政府债务发生违约风险的预期升温,再加上地方投融资平台也引发外界对其透明度较

低、融资上不计成本等不利因素的质疑，特别是占全部融资平台总数
72.4% 的县级政府融资平台管理能力、盈利方式与资产质量都相对较差且
风险隐患极大，从 2013 年开始，有关部门就对此进行摸底排查、控制规
模、监管整顿，现已得到了一定程度的抑制。2014 年 8 月全国人大常委会
通过新《预算法》和 2014 年 9 月发布《国务院关于加强地方政府性债务
管理的意见》（43 号文）后，全面规范地方政府债务管理的总体制度安排
正在逐渐地构建成形。同时，自 2015 年以来，中共中央、国务院先后出台
一系列与地方政府融资平台转型发展密切相关的改革文件，其中包括《关
于改革和完善国有资产管理体制的若干意见》、《关于深化国有企业改革的
指导意见》和《关于深化投融资体制改革的意见》等，地方政府融资平台
转型发展的方向进一步明确。

二　地方政府债务问题的理论框架

（一）关于地方政府债务问题的理论研究

环顾全球，产生地方政府债务问题的主要前提条件之一，是一国在财
政制度上或实行财政分权或具备财政联邦制的特征（龚强、王俊、贾珅，
2011）。而在中央高度集权的国家治理结构下，中央政府统一集中安排地
方政府的财政收支（即"高度集中、统收统支"），地方政府没有被赋予相
应的财政自主权，所以，也就不存在地方政府的债务问题。实行财政分权
或具备财政联邦制的国家，其地方政府之所以会出现财政收支失衡以及债
务融资的问题，主要有三种理论上的解释。

一是凯恩斯提出的"周期性财政收支平衡理论"。凯恩斯认为，政府
的财政政策需要采取逆周期的操作。具体而言，在经济的下行周期，特别
是经济萧条导致有效需求不足的时候，政府应该加大财政的投入力度，即
使出现一定的财政赤字，也可以适时适量地通过举借政府债务来弥补；而
在经济繁荣的时候，政府便可将新增加的财政收入用来偿还之前的政府债
务。按照凯恩斯的理论，对于财政赤字和政府债，我们不应以短期和静态
的观点来看当年的财政赤字，而是要从长期和动态的角度来看待整个经济周
期内的财政赤字，最终，财政收支会取得相应的平衡（厉以宁，2015）。

二是"公共支出理论"。政府的主要职能之一就是要向社会提供公共产品和服务，特别是那些无法由市场有效供给但对社会总体福利具有正外部性的产品和服务。根据不同公共支出对应的时间特征，一些当期投资当期便可收益的支出项目，可以由政府安排当期财政收入来进行支出；而那些当期投资要等未来几期才能收益的支出项目，除当期财政收入之外，政府需要通过政府债务的方式来筹措资金（王建军、周晓唯，2013）。因此，政府债务为公共支出项目融资是一种常见的政府运作方式。更进一步地，围绕公共产品的供给，各级地方政府之间是存在激烈竞争的。Tiebout（1956）指出，为避免流失本地区有税收创造能力的居民，地方政府间的竞争（也称为 Tiebout 竞争）对公共产品的提供是帕累托效率改进的，而上述竞争的背后主要体现为对现有财政收支与债务融资的有效安排。Oates（1999）也认为，在提供地方公共产品的有效性上，地方政府相对于中央政府处于一个更为有利的位置。

三是"委托–代理理论"。不管是单一制还是复合制（以联邦制为主）的国家治理结构，一旦牵涉到经济或财政分权的议题，必然就会涉及中央政府与地方政府、政府与官员间的"委托–代理"问题。对于中央政府与地方政府而言，一方面，作为上级政府的中央政府委托作为下级政府的地方政府来治理其各自所管辖的区域；另一方面，地方政府相应的经济或财政权力需要由中央政府授权赋予，其中包括举借地方债务的权力。对于政府与官员而言，一方面，政府委托官员代表其行使经济建设与社会管理的职能；另一方面，官员作为政府的代理人，受激励机制的作用，采取对上或对下负责的应对手段。不过，由于债务的期限结构一般较长（长于常见的四到五年的政治周期，即官员与政府的任期），固其在时间上存在权责的不对称。此外，本身委托人与代理人之间又有信息上的不对称，因此，在空间上也存在权责的分离（伏润民、王俊、贾珅，2012）。可见，地方政府财政的持续恶化以及债务增长的不可控等问题是有其制度根源的。

（二）关于中国地方政府债务问题的理论研究

前面的理论研究适用于解释国内外共性的因素，但短期内"野蛮生长"的中国式地方政府债务问题却仍需要适合中国的特定理论来给出解释。对此，现有的主流观点分为被动负债与主动负债两种。

被动负债的观点主要源自钱颖一、Weingast 等人提出的"中国特色的联邦主义"（Federalism，Chinese Style）理论，这一观点从政府体制改革的角度来阐释中国地方政府债务问题的产生和发展。自 20 世纪 80 年代中期开始，中国改革的重心从农村转向了城市，其中，最主要的城市改革便是中央政府逐步向地方政府下放经济管理的权力，使得地方政府开始拥有一定的事权（如相对自主的经济决策权）；而在同一时期，以各类财政包干制为主要内容的财政体制改革也将相应的财权下放给地方政府，这也极大地提升了地方政府对经济资源的配置能力。正是在事权和财权双双下放的激励之下，地方政府有很高的热情和能力去发展当地经济。不过，这一"分权让利"的结果使得中央政府出现了"两个比重"（财政收入占国内生产总值的比重与中央财政收入占财政收入的比重）的大幅下滑（周飞舟，2006）。随后在 1994 年便出台了分税制改革措施，就是在地方政府事权不变的前提下，财权被一定程度地上收。换言之，在财政分权的新框架下，地方政府面临的预算约束是"财政支出 − 财政收入 = 转移支付流入 + 新增地方债务"，由于地方减少了财政收入，但财政支出仍然不变并且财政转移支付又跟不上的话，那么，地方政府出现财政赤字或增加债务融资便是必然的结果（贾康、张鹏、程瑜，2009；龚强、王俊、贾珅，2011）。此外，为应对 2008 年国际金融危机，中央政府采取的积极的财政政策和适度宽松的货币政策也在一定程度上变相鼓励了地方政府大举负债的行为（魏加宁，2010）。很显然，为弥补地方政府财政收支差额而举借的债务便是典型的"被动负债"，在 2005 年之前，中国地方政府债务大多属于此类（杨志勇、杨之刚，2008）。

相反地，与被动负债相对应的观点就是主动负债，这主要跟地方政府官员的"晋升锦标赛"理论有关。晋升锦标赛是一种中央政府考核地方政府官员的选拔机制。自改革开放以来，中国地方政府官员在任期内的经济绩效（如 GDP 增长率、出口创汇、招商引资等）成为最主要的考核标准（周黎安，2007）。因此，在目前对上负责的政府体制下，中国的地方政府官员便会动用一切可以利用的手段（或行政或经济）来推动当地的经济发展，政府的整个财政运作也主要是围绕经济建设来开展的，这就很容易导致地方政府出现财政赤字和大规模举借债务的现象。此外，由于缺少对政府预算长期有效的监督，预算软约束也导致地方政府普遍有过度负债的问题（周黎安，2007；林毅夫、蔡昉、李周，2014）。进入 21 世纪的头十年，又恰逢中国房地产大幅上涨的"黄金十年"，中国特色的"土地财政"（土地出让金是地方政府主要的收入来源）也在这一时期有力地支持了地方政府的举债行为（曹飞，2013；范剑勇、莫家伟，2014）。因此，为经济建设而通过举借债务来筹集资金是常见的"主动负债"行为，2005 年之后的中国地方政府债务基本都可算作此类。

除了上述两种观点之外，中国的地方政府债务问题也处在一个转型的大背景之下，其中，既有经济上的转型，也涉及政府职能上的转型。这就使得该问题变得异常复杂，其突出表现为以下两个方面。

一是难以转型的政府职能。旧有体制过于强调地方官员追求经济发展的重要性，使得地方政府过度介入经济领域，导致其片面地将政府定位于建设型和全能型的角色，而非公共服务型（龚强、王俊、贾珅，2011）。随着政府深度参与城市经济建设，地方政府债务超常规的增长也就是很自然的事。

二是在转型的过程中，制度与监督机制的缺失。尽管旧的《预算法》明确"地方政府不允许发行市政债券，地方政府也不得采用向银行透支或借款来弥补赤字"，但地方政府总是可以借道投融资平台和国有企业向银行借款来规避以上限制。这就不仅推高了融资成本，进而挤占银行对其他经济主体的信贷供给，而且也更加模糊了地方政府债务的真实信息，使其相比直接发行市政债券来得更具隐蔽性和扩张性，尤其是那些隐性和或有的政府债务更是如此。随着地方政府债务累积风险的日渐暴露，中央政府在数次动用审计署的力量在全国范围内集中审计之后，直到 2015 年初才算是摸清了地方政府债务的真实底数（国务院，2015）。除缺少信息披露制度之外，对举借债务的本届和本级政府以及时任的领导干部和领导班子也均无任何的问责约束和考核要求。正是因为缺失责任意识与问责机制，本届和本级政府将地方债务的偿还责任转嫁给下届和上级政府，最终让相应的债务风险外溢给下一任和中央政府（伏润民、缪小林、师玉朋，2012）。特别是在中国"国有商业银行、国有金融资源、国有资产管理"特殊的制度环境下，缺少上述监督机制极易引发债务风险，甚至是债务危机。

三　关于地方政府债务问题的解决措施

（一）解决地方政府债务问题的国外经验

从各国管理地方政府债务的实践经验来看，主要可以总结为三大类的管理模式，即市场化约束、行政性审批、规则化管理（Ter – Minassian，1997）。

其一，市场化约束是通过债务市场的价格杠杆来制约地方政府举债的行为，这一管理模式适用于国内金融市场较为完善的发达国家。事实上，全球主要发达国家基本都允许地方政府通过发行市政债券的方式来主动负债发展经济。比如，美国的市政债市场约占整个国债市场规模的五分之一。不过，在市场化约束的模式下，地方政府需要把自己视作普通的借款人，并不能通过相应的行政权力来干预正常的金融市场秩序，所有应当披露的信息（如财务指标、重要事件等）要及时向投资者公开，以此在债务市场上树立良好的融资信誉，进而降低借债成本。

其二，有别于市场化约束，行政性审批是由中央政府直接控制地方政府的借款行为。这一模式强调中央政府的重要作用，一方面，其按年度来对地方政府借款进行数量总额的限制，另一方面，还对地方政府的所有借款行为进行审批，并且明令禁止地方政府私自对外借款。

其三，规则化管理是介于上述两种模式之间，综合市场与行政两种手段来进行的管理。首先，对债务相关的规则是通过法律法规来进行确认的，比如，依法对地方政府债务的上限、地方财政赤字的上限以及地方政府偿债指标等进行规定；其次，也要求举债的地方政府按期公开相应的财务信息，便于投资者的监督。

此外，当上述这些管理模式不足以控制地方政府债务问题时，也就是地方政府陷入了债务危机时，那么，按债务危机的轻重缓急，政府的应对可分为短期、中期和长期三种。在短期，对于程度较轻的危机（如出现短期的流动性不足），地方政府可以通过市场化的债务重组来重新安排债务的偿还；在中期，对于发生债务的信用违约事件，通过司法裁决的方式来解决地方政府债务的问题①；在长期，对于难以独自应对的危机（如资不抵债的情形），中央政府可以直接通过财政援助的手段来进行干预，直至恢复地方财政实现自我造血的正常状态。

总之，结合中国的实际，从各国应用上述地方政府债务管理模式的实际效果来看，规则化管理的模式相对更为有效。在风险控制上，单靠市场化约束难以真正起到作用，像美国 1975 年集中爆发的市政债违约事件以及 2008 年的国际金融危机等便是最好的例证，而行政性审批则有隐性担保的风险转移问题；在制度要求上，市场化约束有更多更高的要求，中国在短期内尚难以满足这些制度要求，相反地，行政性审批恰恰缺少相应的制度保障，中国以往的实践也证明信息不透明与缺乏可信度是最不利于控制地方政府债务问题的。

（二）解决地方政府债务问题的中国实践

随着地方政府债务风险的不断显露，中国政府在 2013 年之后开始逐渐采取一系列举措来进行管理和应对。一是清理核查存量债务，审计署于 2013 年先后两次就地方政府债务问题给出了全国性的审计结果，并且财政部也会同多个部门对 2014 年末地方政府存量债务进行清理甄别，最终确认 2014 年末全国地方政府债务余额为 15.4 万亿元。二是对地方政府债务实行限额管理，按照新《预算法》的要求，依法按程序对全国以及分地区的地方政府债务新增限额和总限额报全国人大审批。② 三是将地方政府债务分类纳入预算管理，具体是把地方政府债务分为一般债务和专项债务两类，前者纳入一般公共预算管理，而后者纳入政府性基金预算管理。四是

---

① 以美国为例，早在 1937 年美国就在法律中明确规定了州政府的破产程序，当债务危机导致州政府进入破产程序后，通过法院对州政府、当地居民、债权人代表与联邦政府进行磋商并协调各方利益（Ahmad et al.，2006）。

② 《关于 2016 年中央和地方预算执行情况与 2017 年中央和地方预算草案的报告》披露：截止到 2016 年末，全国地方政府债务余额 15.32 万亿元，该债务余额控制在年度地方政府债务限额 17.19 万亿元以内。

建立地方政府债务的风险预警机制，将债务率不超过 100% 的水平作为地方政府债务的整体风险警戒线，并合理确定各地区的债务风险水平，主要通过新增债务率、偿债率、逾期债务率等指标进行综合评估。五是构建地方政府债务的监管体系，既对举债规模控制在债务限额内进行人大的审批监督，又把地方政府债务管理作为一个硬指标纳入政绩考核对地方官员实行上级监管，还将建立地方政府的信用评级制度，强调地方政府举债要受市场的监督。六是对地方政府通过非政府债券方式举借的存量债务，以三年为过渡期，由地方在限额内安排发行地方政府债券进行置换（如 2015—2016 年分别发行地方政府债券置换存量债务 3.2 万亿元和 4.9 万亿元，累计置换 8.1 万亿元），以降低融资成本[①]与优化债务的期限结构。七是制定地方政府性债务风险应急处置预案及分类处置办法，2016 年 10 月国务院发布《地方政府性债务风险应急处置预案》（国办函〔2016〕88 号），明确将地方政府性债务风险事件划分为四个等级，实行分级响应和应急处置，必要时依法实施地方政府财政重整计划；地方政府性债务风险分类处置的具体办法则依照财政部另行制定的《地方政府性债务风险分类处置指南》（财预〔2016〕152 号）。

此外，笔者也建议限制各级地方政府依靠行政性手段创造流动性的能力，"把错装在政府身上的手换成市场的手"（李克强，2013）。其中，包括禁止地方政府干预当地商业银行的信贷活动，整顿各种乱收费的行为并规范预算外收入，合理运用通过土地制度创造出的资本化收入（王永钦、张晏、章元、陈钊、陆铭，2007）。

综上所述，中国的地方政府债务问题正在得以逐步解决，总体的制度安排也在逐渐地构建成形。按照这一发展趋势，可以预测中国地方政府债务可持续性的风险将会不断降低，由此引发的宏观经济风险也将得以控制。

[①] 《关于 2016 年中央和地方预算执行情况与 2017 年中央和地方预算草案的报告》披露，2016 年因置换存量债务降低利息成本约 4000 亿元。2018 年的政府工作报告也提到，在 2013—2017 年，实施地方政府存量债务置换，降低利息负担 1.2 万亿元。

第五节 国际经验：政府债务对
经济增长的影响

从债务可持续性的第二个定义"宏观经济效应"出发，本节将主要考察"随着政府债务的不断累积，其对一国经济增长会产生怎样的影响"的问题。

一 引言

政府债务（尤其是国债）是一国信用等级最高的金融资产，并且作为衡量其他不同资产的风险基准，比如，企业与金融机构所发行债务的利率都以国债利率作为基准利率（富田俊基，2011）。同时，政府债务也是一国为政府财政而筹措资金的重要手段。因此，很少有国家是不依靠政府债务来发展经济的。不过，政府债务也并非越多越好，随着政府债务的不断累积，其产生的负面效应也会影响经济增长，甚至会发生由借款不能按期履约所导致的债务违约事件，从而爆发一国的债务危机。20 世纪 80 年代拉美各国的债务危机以及 2009 年的欧债危机都是十分典型的案例。

通过汇总发达国家与发展中国家的长期宏观经济数据，如表 4 – 11 所示，政府债务确实会对经济增长产生一种非线性的影响。具体而言，在政府债务水平低于 90% 的时候，经济增长率的波动并不大，总体保持相对稳定的状态。不过，当政府债务水平超过 90% 之后，经济增长率便有十分明显的回落，均值和中位数指标均显示，不管是发达国家还是发展中国家，其下滑幅度都达到 2%—3% 的水平，甚至一度也出现负增长。同样地，从更长的时间序列来看，上述现象也依然存在。

表 4 – 11 各国在不同政府债务水平下的年均实际经济增长率

政府债务水平	低于 30%	30%—60%	60%—90%	高于 90%
发达国家的政府债务/GDP（1946—2009 年）				
均值	4.1	2.8	2.8	– 0.1
中位数	4.2	3.0	2.9	1.6

续表

政府债务水平	低于30%	30%—60%	60%—90%	高于90%
发展中国家的政府债务/GDP（1946—2009 年）				
均值	4.3	4.8	4.1	1.3
中位数	5.0	4.7	4.6	2.9
发达国家的政府债务/GDP（1790—2009 年）				
均值	3.7	3.0	3.4	1.7
中位数	3.9	3.1	2.8	1.9
发展中国家的政府债务/GDP（1900—2009 年）				
均值	4.3	4.1	4.2	1.0
中位数	4.5	4.4	4.5	2.9

注：这里的政府债务只包括中央政府（或联邦政府）的债务；数据单位为%；发达国家是指20 个国家，包括澳大利亚、奥地利、比利时、加拿大、丹麦、芬兰、法国、德国、希腊、爱尔兰、意大利、日本、荷兰、新西兰、挪威、葡萄牙、西班牙、瑞典、英国、美国；发展中国家是指24 个国家，包括阿根廷、玻利维亚、巴西、智利、哥伦比亚、哥斯达黎加、厄瓜多尔、萨尔瓦多、加纳、印度、印尼、肯尼亚、马来西亚、墨西哥、尼日利亚、秘鲁、菲律宾、新加坡、南非、斯里兰卡、泰国、土耳其、乌拉圭、委内瑞拉。

资料来源：Reinhart and Rogoff（2010）。

可见，随着政府债务的不断累积，其对一国经济增长会产生非线性的影响，特别是当政府债务水平超过某个临界点之后，经济增长率将会不断地减缓，因此，寻找到这样一个临界点（或临界区间）是十分关键的。同时，对于正在跨越"中等收入陷阱"的中国而言，该议题也具有十分重要的理论和现实意义。为此，本节旨在探讨"随着政府债务的不断累积，其对一国经济增长将会产生怎样的非线性影响"的核心问题。

二　理论模型

下文在 Diamond（1965）世代交迭模型（Overlapping – Generations Model，OLG）的基础上进行扩展，将政府债务纳入个体效用最大化的行为决策过程。

（一）家庭部门

在一个人口新老交替的经济社会中，笔者假设每个个体只有青年和老年两个时期。具体地，在年轻时期，每一个体提供单位劳动得到工资，并以此在消费和储蓄之间进行分配；而在年老时期，每一个体就只是消费之前由储蓄所产生的本息。

为便于描述个体的终生效用函数，笔者采用对数效用函数的形式，即

$$u_t = \ln c_t^y + \frac{\ln c_{t+1}^o}{1+\rho} \tag{4-10}$$

其中，c_t^y 与 c_{t+1}^o 分别表示出生于 t 期的个体在青年和老年两个时期的消费；ρ 表示贴现率，且 $\rho > -1$；t 表示离散的时期。

如前所述，青年和老年两个时期的约束条件分别表示为

$$w_t = c_t^y + s_t \tag{4-11}$$

$$(1 + r_{t+1}) \times s_t = c_{t+1}^o \tag{4-12}$$

其中，w_t 与 s_t 依次表示每个个体在年轻时期所获取的工资收入和消费之后所剩余的储蓄，r_{t+1} 表示储蓄的收益率。

经整理，上述两个约束条件可以合并成

$$c_t^y + \frac{c_{t+1}^o}{(1 + r_{t+1})} = w_t \tag{4-13}$$

为此，个体效用最大化问题就转化为求解目标函数式（4-10）和约束条件式（4-13）的解。

首先，构造 Lagrangian 函数

$$L = \ln c_t^y + \frac{\ln c_{t+1}^o}{1+\rho} + \lambda \left(c_t^y + \frac{c_{t+1}^o}{1 + r_{t+1}} - w_t \right) \tag{4-14}$$

求得一阶条件为

$$\frac{c_{t+1}^o}{c_t^y} = \frac{1 + r_{t+1}}{1 + \rho} \tag{4-15}$$

进一步地，可以求得 c_t^y、c_{t+1}^o 与 s_t，

$$\begin{cases} c_t^y = \dfrac{1+\rho}{2+\rho} \times w_t \\[2mm] c_{t+1}^o = \dfrac{1 + r_{t+1}}{2+\rho} \times w_t \\[2mm] s_t = \dfrac{1}{2+\rho} \times w_t \end{cases} \tag{4-16}$$

具体推导详见数学附录（4-3）。

（二）厂商部门

假设厂商的生产函数为 $f(k)$，其具备下列特征：一是资本的边际产出为正，即 $f'(k) > 0$；二是资本的边际产出随资本投入的增加而下降，即 $f''(k) < 0$；三是满足 Inada 条件，即 $\lim_{k \to 0} f'(k) = \infty$，$\lim_{k \to \infty} f'(k) = 0$。

由于市场是完全竞争的，资本和劳动都获得其边际产出，这里不考虑折旧，为此，可以分别表示为

$$r_t = f'(k_t) \tag{4-17}$$

$$w_t = f(k_t) - f'(k_t) \times k_t \tag{4-18}$$

值得指出的是，笔者引入的均衡条件（包括政府债务纳入个体行为决策过程），即家庭储蓄要么用于企业形成资本，要么转化为对政府的债权。也就是

$$s_t = k_t + d_t \tag{4-19}$$

其中，d_t 表示每个个体所持有的政府债权。

（三）动态分析

现将等式（4-16）和（4-18）代入均衡条件，可以求解出 d_t 的表达式：

$$d_t = \frac{f(k_t) - f'(k_t) \times k_t}{2 + \rho} - k_t \tag{4-20}$$

经全微分，可以得到资本对债务微分的表达式：

$$\frac{dk_t}{dd_t} = -\frac{2 + \rho}{k_t \times f''(k_t) + (2 + \rho)} \tag{4-21}$$

进一步地，产出对债务的偏导数可表示为

$$\frac{\partial f(k_t)}{\partial d_t} = f'(k_t) \times \frac{dk_t}{dd_t} \tag{4-22}$$

具体推导详见数学附录（4-4）。

为考察债务 d_t 对产出 $f(k_t)$ 的影响，这里就需要分析等式（4-22）的

符号。已知 $f'(k)>0$ 且 $2+\rho>0$，为此，$\dfrac{\partial f(k_t)}{\partial d_t}$ 与 $\dfrac{dk_t}{dd_t}$ 的符号是一致的，并

且仅需关注 $\dfrac{dk_t}{dd_t}$ 中 $k_t \times f''(k_t)+(2+\rho)$ 的符号情况。这里给出生产函数 $f(k_t)$

的柯布－道格拉斯形式，即 $f(k_t)=k_t^\alpha$，其中 $0<\alpha<1$。因此，政府债务对

产出的影响变化为

$$\begin{cases} \dfrac{\partial f(k_t)}{\partial d_t}>0, if \quad 0<\alpha k_t^{\alpha-1}<\dfrac{2+\rho}{1-\alpha} \\[3mm] \dfrac{\partial f(k_t)}{\partial d_t}<0, if \quad \alpha k_t^{\alpha-1}>\dfrac{2+\rho}{1-\alpha} \end{cases} \qquad (4-23)$$

其中，$r_t=f'(k_t)=\alpha k_t^{\alpha-1}$。具体推导详见数学附录（$4-5$）。

基于此，笔者提出本节的待检验命题：政府债务对经济增长的影响呈
倒 U 形的变化关系，即政府债务会先有助于经济增长，直至达到某一临界
点（或临界区间）之后，再增加政府债务反而会抑制经济增长。

三　实证分析

（一）数据说明

基于数据的可得性，以及发展中国家的政府债务大多以外债为主，受
汇率波动影响较大，为此，本节选取的研究对象是代表发达国家的 34 个经
合组织成员国，分别为澳大利亚、奥地利、比利时、加拿大、智利、丹
麦、芬兰、法国、德国、希腊、冰岛、爱尔兰、以色列、意大利、日本、
韩国、墨西哥、荷兰、新西兰、挪威、葡萄牙、西班牙、瑞典、瑞士、土
耳其、英国、美国、卢森堡、捷克、爱沙尼亚、匈牙利、波兰、斯洛伐
克、斯洛文尼亚。研究的时间跨度是从 1960 年至 2013 年。

本节采用的有关政府债务变量的数据来源于由国际货币基金组织
（IMF）所提供的公共债务历史数据库（Historical Public Debt Database）
（Abbas et al.，2010）。其他所有变量的数据均来自由世界银行所提供的全
球发展指标数据库（World Development Indicators，WDI）。上述所有变量的
统计描述性结果详见表 4 - 12。相比全球数据的平均值，本节所选取的发

达国家样本除了实际 GDP 增长率和人口增长率低于全球数据之外，其他变量的数据均高于全球数据。这符合发达国家当前发展阶段的状况，即较低的经济增长率、较高的负债率、人口老龄化、人力资本以及金融发展水平较高。

表 4 - 12　描述性统计

变量	全样本 （34 个 OECD 国家）			剔除六国之后的样本 （28 个 OECD 国家）			全球 平均值
	样本量	均值	标准差	样本量	均值	标准差	
实际 GDP 增长率	1552	0.0343	0.0339	1427	0.0346	0.0333	0.0349
负债率	1565	0.4930	0.3418	1314	0.4896	0.3380	0.4450
人均实际 GDP	1586	6.3719	0.9897	1455	6.3829	0.9838	——
人口增长率	1835	0.0081	0.0078	1511	0.0092	0.0077	0.0162
老龄人口扶养比	1836	0.1825	0.0544	1512	0.1832	0.0578	0.1028
储蓄率	1478	0.2447	0.0717	1345	0.2442	0.0739	0.2410
中等教育的在学率	1294	0.9418	0.1997	1089	0.9457	0.2143	0.5541
私人信贷占比	1553	0.6833	0.4443	1426	0.7049	0.4542	0.6480

注：因为六个前苏东欧国家（捷克、爱沙尼亚、匈牙利、波兰、斯洛伐克、斯洛文尼亚）的数据缺失严重，所以在研究的过程中，笔者也将考察剔除该六国之后的 28 个 OECD 国家的样本；计算全球平均值的原始数据主要来源于世界银行的全球发展指标数据库和国际货币基金组织的公共债务历史数据库。

（二）核心变量

本节最重要的变量是负债率（$debt$），其用来衡量政府债务的可持续性（也就是债务风险），以年末债务余额/当年国内生产总值来表示。国际上通常以《马斯特里赫特条约》规定的负债率不超过 60% 作为政府债务风险控制标准的参考值。根据前面理论推导的结论，负债率与经济增长率之间存在一种倒 U 形的关系，因此，这里还把负债率的平方项（$debt^2$）作为解释变量纳入研究分析。可以预期，负债率与其平方项前的系数将分别会呈现为正号与负号。

由于被解释变量为实际 GDP 增长率（gdp），为此，其余变量的选取原则便是为了反映出该因素对于一国经济增长状况的重要影响。鉴于此，笔者遴选出以下六个主要变量。

首先是人均实际 GDP（*lnpgdp*），其反映一国当前的经济发展水平，这里采取本币不变价计价并取自然对数来表示。根据条件收敛假设（Conditional Convergence Hypothesis），在要素禀赋条件相类似的国家，实际 GDP 增长率与人均实际 GDP 存在负相关的关系（Barro and Sala – i – Martin，1995）。不过，也有研究显示发达国家间不存在这种收敛性，即经济增长与人均实际 GDP 并不相关（Baumol，1986）。

接下来的两个变量人口增长率（*pop*）与老龄人口扶养比（*old*）分别是从人口数量和结构角度来考察劳动力要素对于经济增长的影响。具体而言，人口增长率反映了劳动力数量的增加，其对经济增长有正面的作用，但在现代增长理论中，人口增长率的重要性正逐渐减弱，也出现不断下滑的人口增长率与持续增加的人均收入相并存的现象；老龄人口扶养比则是用来衡量一国老龄化的程度，以老龄人口占劳动年龄人口的比例来表示，该比例的增加反映出人口结构出现老化且劳动力数量下降，这一现象并不利于经济增长。

其次是储蓄率（*sav*），以国内总储蓄占 GDP 的比例来表示，反映了一国资本累积与投入的程度。Barro and Sala – i – Martin（1995）的研究表明，储蓄率一般会与经济增长呈正相关的关系。不过事实上，国内储蓄率并不能作为其资本积累的唯一来源，外国资本可以通过国际资本流动的方式对国内资本积累发挥关键性的作用（Sanchez，2006）。正如像"卢卡斯悖论"（Lucas Paradox）所指出的那样，"为何资本大多是从发展中国家流向以美国为代表的发达国家"（Lucas，1990）。[①] 为此，笔者还将固定资产投资总额占 GDP 的比例（*fix*）与资本形成总额占 GDP 的比例（*capital*）这两个指标作为稳健性检验的替代变量。

再次是中等教育的在学率（*edu*），以在校的中学生总人数占符合中学入学年龄人口的百分比来表示。限于数据的可得性以及参照以往的研究方

---

① 所谓"卢卡斯悖论"，是指根据新古典增长理论的推论，资本应该是从发达国家流向发展中国家，但现实的国际资本流动反而出现了反向流动的现象，即资本大多是从发展中国家流向发达国家。

法（Mankiw et al.，1992），这里选取该变量来描述人力资本，以此体现出一国技术进步的程度。很显然，各国经济增长的差异在很大程度上取决于人力资本积累的差异（Hall and Jones，1999）。此外，在稳健性检验的时候，笔者还把政府教育支出占 GDP 的比例（eduexp）作为替代变量做进一步的考察。

最后是私人信贷占比（cre），以向私营部门提供的国内信贷占 GDP 的比例来表示，反映了一国金融发展水平。按金融深化理论，对于金融发展水平较高的国家而言，融资成本会相对较低，这有利于资本积累并促进经济增长。不过，值得注意的是，过度发展金融业导致虚拟经济背离实体经济等问题反而会抑制经济增长，2008 年爆发的国际金融危机便是最好的佐证。同样地，笔者还选取流动负债占 GDP 的比例（llg）与银行资产占 GDP 的比例（bag）这两个指标作为其在稳健性检验中的替代变量。

（三）模型估计

模型设定为

$$gdp_{i,t+1} = c + \alpha debt_{i,t} + \beta debt_{i,t}^2 + \prod X_{i,t} + \mu_i + t + \varepsilon_{i,t} \qquad (4-24)$$

其中，被解释变量是实际 GDP 增长率（$gdp_{i,t+1}$），解释变量是负债率（$debt_{i,t}$）与其平方项（$debt_{i,t}^2$）。控制变量（$X_{i,t}$）主要包括人均实际 GDP（$lnpgdp_{i,t}$）、人口增长率（$pop_{i,t}$）、老龄人口扶养比（$old_{i,t}$）、储蓄率（$sav_{i,t}$）、中等教育的在学率（$edu_{i,t}$）以及私人信贷占比（$cre_{i,t}$）。

为保证估计结果的有效性，笔者对模型作了一系列相应的特殊安排。其一，解释变量和控制变量均取滞后一期项，以此来避免估计时所产生的内生性问题。其二，本节的所有估计模型均对标准误在国家层面进行聚类处理，从而消除了序列相关性。其三，鉴于研究样本是典型的长面板数据集（即个体数小于时间序列数），笔者通过加入个体虚拟变量和时间趋势项来分别控制个体与时间固定效应[1]，即采用最小二乘虚拟变量方法（LSDV）对基准模型进行估计。其中，模型的 $\mu_{i,t}$ 和 t 分别表示个体固定效应

---

① 由于本节的时间序列数较大，若加入时间虚拟变量，则可能损失较多的自由度。

和时间趋势项。其四，考虑到残差项 $\{\varepsilon_{i,t}\}$ 可能存在异方差或自相关的问题，笔者将采用其他的估计方法来对模型进行扩展估计，具体是既采用面板校正标准误差（Panel – Corrected Standard Error，PCSE）来消除残差项 $\{\varepsilon_{i,t}\}$ 存在组间异方差 $Var(\varepsilon_{i,t}) \neq Var(\varepsilon_{j,t})$，$i \neq j$ 或组间同期相关 $Cov(\varepsilon_{i,t}, \varepsilon_{j,t}) \neq 0$，$(i \neq j, \forall t)$ 的问题，又利用 Prais – Winsten 估计法来处理残差项 $\{\varepsilon_{i,t}\}$ 存在组内自相关 $Cov(\varepsilon_{i,t}, \varepsilon_{i,s}) \neq 0$，$(t \neq s, \forall i)$ 的问题。[①]

表 4 – 13 汇报了基本的估计结果。第（1）列的基准模型显示，解释变量负债率以及其平方项前的系数显著且符号均与预期一致，这表明负债率与经济增长率之间存在一种倒 U 形的关系，即随着政府债务的不断累积，其对一国经济正向的边际影响将逐渐减弱，特别是在一定区间内存在一个拐点。为此，笔者分别采用估计系数与随机模拟两种途径来得到这个拐点。前者是按照模型设定的形式（也就是负债率对经济增长率是一个一元二次方程）来直接求得拐点，后者是在原有估计系数的基础上，通过大量重复的随机模拟来导出该拐点。[②] 经上述两种方法，笔者发现当负债率处于 90%—110% 附近时，恰好会出现该倒 U 形的拐点。这一结果跟之前的研究结果是非常接近的（Reinhart and Rogoff, 2010；Checherita and Rother, 2012）。对于控制变量而言，老龄人口扶养比的系数显著为负，说明人口结构的老化且劳动力数量下降不利于经济增长；私人信贷占比的系数也为负，表明一国金融发展水平的过度提高也会抑制经济增长；而其他变量的系数并不显著。上述结论与发达国家的自身发展状况紧密相关。

在第（2）—（4）列中，笔者运用其他的估计方法来对模型进行扩展估计。估计结果显示，负债率与其平方项前的系数一直是十分显著的，这再次证明了负债率与经济增长率之间存在一种倒 U 形的关系，并且通过计算得到该拐点一般会处于负债率为 100% 的附近。此外，对于发达国家而言，相较于其他因素，人口老龄化的程度对经济增长的影响是最为明显

---

① 关于 Prais – Winsten 估计法，先分别假设其每一个体的残差项服从相同（或不同）自回归系数的 AR（1）过程，再进行广义差分变换后进行估计，最终得到 AR（或 Panel – Specific AR, PSAR）的估计结果。

② 本节利用 R 软件通过模拟编程而得到最终的拐点结果。

的。值得指出的是，各国政府一般都会通过举借债务的方式来为老龄化社会提供更多的社会福利和保险，这也将进一步抬高本已居高不下的负债率水平。

表 4 - 13　政府债务对经济增长影响的估计结果

	（1）	（2）	（3）	（4）
	LSDV	PCSE	AR	PSAR
$debt$	0.024 ***	0.024 **	0.025 **	0.020 *
	（0.009）	（0.010）	（0.012）	（0.011）
$debt^2$	- 0.013 **	- 0.013 ***	- 0.012 **	- 0.009 *
	（0.005）	（0.004）	（0.005）	（0.005）
$lnpgdp$	0.002	0.002	0.001	0.000
	（0.001）	（0.002）	（0.002）	（0.002）
sav	0.003	0.003	- 0.041	- 0.054
	（0.041）	（0.032）	（0.035）	（0.032）
pop	0.259	0.259	0.219	0.178
	（0.302）	（0.289）	（0.299）	（0.310）
edu	0.013	0.013	0.013	0.012
	（0.012）	（0.016）	（0.017）	（0.016）
old	- 0.198 ***	- 0.017 ***	- 0.017 **	- 0.017 ***
	（0.067）	（0.006）	（0.007）	（0.005）
cre	- 0.017 **	- 0.000	- 0.000	- 0.000
	（0.008）	（0.000）	（0.000）	（0.000）
t	- 0.000	- 0.198 ***	- 0.219 ***	- 0.203 ***
	（0.000）	（0.059）	（0.064）	（0.054）
常数项	0.053 **	0.053 ***	0.072 ***	0.084 ***
	（0.021）	（0.020）	（0.022）	（0.022）
国别因素	控制	控制	控制	控制
由估计系数导出的拐点	0.92	0.92	1.04	1.11
由随机模拟得到的拐点	1.06	0.92	1.26	0.84
N	1044	1044	1044	1044
R^2	0.222	0.222	0.164	0.228

注：括号内是标准误；***、**、* 分别表示在 1%、5% 和 10% 显著性水平上显著。以下同。

（四）稳健性检验

为保证估计结果的有效性，本节将采取剔除数据缺失严重的样本与替换不同控制变量的方法对模型进行稳健性检验。

第一，剔除数据缺失严重的六个前苏东欧国家（捷克、爱沙尼亚、匈牙利、波兰、斯洛伐克、斯洛文尼亚），将其余 28 个 OECD 国家作为新的样本进行考察，并且选用多种估计方法来对模型作相应的估计。表 4-14 的第（1）—（4）列的估计结果显示，负债率与其平方项对一国经济增长的影响一直是十分显著的，这又一次确认了负债率与经济增长率之间存在一种倒 U 形的非线性关系，而计算得出的拐点也持续出现在负债率为 100% 的附近。

表 4-14 政府债务对经济增长影响的稳健性检验

（28 个 OECD 国家与多种估计方法）

	(1)	(2)	(3)	(4)
	LSDV	PCSE	AR	PSAR
$debt$	0.024 **	0.024 **	0.024 **	0.018
	(0.009)	(0.010)	(0.012)	(0.011)
$debt^2$	-0.013 **	-0.013 ***	-0.012 **	-0.009 *
	(0.005)	(0.004)	(0.005)	(0.005)
$lnpgdp$	0.001	0.001	0.001	-0.001
	(0.001)	(0.002)	(0.002)	(0.001)
sav	0.020	0.020	-0.015	-0.029
	(0.043)	(0.030)	(0.032)	(0.029)
pop	0.362	0.362	0.281	0.282
	(0.323)	(0.270)	(0.285)	(0.297)
edu	0.011	0.011	0.010	0.011
	(0.012)	(0.013)	(0.014)	(0.013)
old	-0.157 **	-0.013 **	-0.012 **	-0.013 **
	(0.062)	(0.006)	(0.006)	(0.005)
cre	-0.013 *	-0.000	-0.000	-0.000
	(0.007)	(0.000)	(0.000)	(0.000)
t	-0.000	-0.157 ***	-0.177 ***	-0.165 ***
	(0.000)	(0.053)	(0.057)	(0.050)
常数项	0.051 **	0.051 ***	0.067 ***	0.079 ***
	(0.023)	(0.019)	(0.021)	(0.021)

续表

	（1）	（2）	（3）	（4）
	LSDV	PCSE	AR	PSAR
国别因素	控制	控制	控制	控制
由估计系数导出的拐点 由随机模拟得到的拐点	0.92 1.05	0.92 1.06	1.00 1.18	1.00 0.97
N	927	927	927	927
R^2	0.234	0.234	0.176	0.243

第二，笔者仍以 28 个 OECD 国家作为研究样本，通过替换不同控制变量来进行敏感性测试。具体而言，一是分别用流动负债占 GDP 的比例（*llg*）与银行资产占 GDP 的比例（*bag*）两个指标替换私人信贷占比（*cre*）来表示金融发展水平；二是依次用固定资产投资总额占 GDP 的比例（*fix*）与资本形成总额占 GDP 的比例（*capital*）两个指标替换储蓄率（*sav*）来表示资本累积与投入的程度；三是用政府教育支出占 GDP 的比例（*eduexp*）替换中等教育的在学率（*edu*）来表示人力资本。

在表 4 – 15 的第（1）—（5）列中，笔者逐步加入上面的替代变量后发现，负债率与其平方项对一国经济增长的系数都是非常显著的，即随着负债率的上升，其对经济增长的影响将呈现先促进后抑制的倒 U 形关系。同时，通过两种计算方法得出的拐点也一直保持在负债率为 100% 左右。此外，控制变量的回归结果也与之前保持一致。其中，老龄人口扶养比、私人信贷占比、流动负债占 GDP 的比例与银行资产占 GDP 的比例的系数均为负，这说明人口老龄化的程度越高以及一国金融发展水平的过度深化将会抑制一国的经济增长。

表 4 – 15　政府债务对经济增长影响的稳健性检验
（28 个 OECD 国家与替换不同变量）

	（1）	（2）	（3）	（4）	（5）
debt	0.023 ** （0.009）	0.021 ** （0.009）	0.026 *** （0.009）	0.025 ** （0.009）	0.022 ** （0.009）
debt^2	− 0.013 ** （0.006）	− 0.011 ** （0.004）	− 0.014 ** （0.005）	− 0.014 ** （0.006）	− 0.013 ** （0.006）

续表

	（1）	（2）	（3）	（4）	（5）
$lnpgdp$	0.000 （0.001）	0.001 （0.001）	0.000 （0.001）	0.000 （0.001）	0.003 （0.002）
sav	0.033 （0.048）	0.017 （0.041）			-0.003 （0.045）
pop	0.050 （0.290）	0.367 （0.279）	0.531* （0.310）	0.570* （0.295）	0.283 （0.263）
edu	0.016 （0.010）	0.024* （0.012）	0.010 （0.011）	0.010 （0.011）	
old	-0.132** （0.062）	-0.175*** （0.053）	-0.193*** （0.060）	-0.203*** （0.060）	-0.247*** （0.069）
cre			-0.013* （0.007）	-0.013* （0.007）	-0.017** （0.006）
llg	-0.014*** （0.004）				
bag		-0.024*** （0.007）			
fix			-0.073 （0.063）		
$capital$				-0.090 （0.054）	
$eduexp$					0.043 （0.099）
t	-0.000*** （0.000）	-0.000 （0.000）	-0.000 （0.000）	-0.000 （0.000）	0.000 （0.000）
常数项	0.050** （0.023）	0.038 （0.023）	0.083*** （0.022）	0.090*** （0.023）	0.051*** （0.017）
国别因素	控制	控制	控制	控制	控制
由估计系数导出的拐点 由随机模拟得到的拐点	0.88 0.89	0.95 1.08	0.93 1.08	0.89 1.05	0.85 0.96
N	929	918	927	927	757
R^2	0.232	0.254	0.237	0.241	0.281

综上所述，随着政府债务的不断累积，其对经济增长会产生非线性的影响，即具有先促进后抑制的倒 U 形关系，并且该临界点（或临界区间）恰好出现在负债率处于 90%—110% 之时。

第六节　本章小结

本章从政府债务的视角来考察债务可持续性的特性。其中，主要的研究内容是按可持续性的定义、政府债务的历史演变、对中国中央政府债务与地方政府债务的可持续性的考察、政府债务对经济增长的影响以及如何有效削减政府债务等重要议题依次展开。

在第一节"关于可持续性的定义"，笔者从跨期预算约束和宏观经济效应两方面来给出政府债务可持续性的界定，并发现在表面上跨期预算约束是用来衡量政府是否满足财政收支的平衡以及政府能否正常举债或偿债的，但其本质仍在于政府债务所产生的宏观经济效应。

第二节"关于政府债务的历史演变"是分别从国外和国内两个维度来进行回顾。一方面，国外政府债务的发展历程揭示出制度安排在维持政府债务可持续性上的重要性，其中，规范的财政运作方式与政府的可置信承诺是推动政府债务市场实现良性发展的关键所在；另一方面，中国政府债务的发展历程见证了近现代中国金融市场的兴盛与衰落。

第三节"中国现实：关于中央政府债务的可持续性"考察了中国中央政府债务的可持续性问题。具体而言，笔者既从历史和静态的视角来检验政府债务的风险警戒水平，又结合未来和动态的角度，通过理论模型与协整检验的方法来研究政府债务动态演化的问题，而最终的结论表明，中国中央政府债务的状况是比较健康的，其可持续性条件也能得以满足。

第四节"中国现实：关于地方政府债务的可持续性"梳理了中国地方政府债务的历史演变与现状趋势，并探讨了有关地方政府债务问题的理论框架，进而就解决地方政府债务问题总结了国外经验的借鉴和对中国实践的评述。经研究发现，当前中国地方政府债务的规模正在不断累积，其债务资金投向主要集中于市政公用基础设施建设领域，但举债方式和举债主体各自均呈现此消彼长的变化态势。不过，中国的地方政府债务问题正在得以逐步解决，总体的制度安排也在逐渐地构建成形，可以预见中国地方政府债务可持续性的风险将会不断降低，由此所引发的宏观经济风险也将得以控制。

第五节"国际经验：政府债务对经济增长的影响"旨在解决的核心问题是"不断累积的政府债务对一国经济增长会产生怎样的影响"。针对此问题，笔者综合运用理论模型与经验分析的方法来进行研究。跨国长面板数据的回归结果表明，不断累积的政府债务确实会对经济增长产生非线性的影响，即表现为先促进后抑制的倒 U 形关系，而该临界点（或临界区间）恰好出现在负债率处于90%—110%之时。

第五章

债务的证券化

相比之前两章所论述债务的"顺周期性"与"可持续性",债务的"证券化"则是一个相对较新的名词和概念,其最初出现的时间大约是20世纪80年代。在当时,以英美两国为代表的发达经济体先后实施了"金融大爆炸"(Big Bang)的一系列改革,由此揭开了金融业自由化浪潮的序幕。无论是金融业的总体架构与组织形态,还是金融市场上的各类机构与工具,无一例外地都发生了巨大的变化,同时也随着全球经济走出"滞胀"阴影之后,迎来了90年代的长期繁荣。为此,在金融监管大幅变革的过程中,债务"证券化"也顺势而为,建立起一个与传统银行业平起平坐的体系,即影子银行体系(为区别传统银行业,这里便采用"影子银行体系"的提法,但它与债务的"证券化"还是有一些不同,有关两者的联系,可参见"本章第一节:关于证券化的定义"部分)。不过,2007年爆发的美国次贷危机却将其推上了"审判台",正是由于债务"证券化"的"关键性"作用,最终次级住房抵押贷款市场几近崩盘,随后又蔓延至全球并引发了2008年的金融危机。[①] 因此,本章将从影子银行体系的角度来对债务"证券化"的特性展开深入研究,有着极其重要的理论和现实意义。

本章的结构安排如下:首先,从"证券化"的概念、定义和运作模式入手来界定债务的"证券化"(以影子银行体系为载体)这一特性;其次,

---

① 在2007年次贷危机爆发之前,即在2005—2006年,有80%左右的次级抵押贷款是通过证券化来进行融资的(Gorton and Metrick,2012a)。

利用全球和各主要经济体影子银行体系的数据系统考察总体发展状况、美国证券化市场在次贷危机前后的表现以及中国证券化市场的发展现状；再次，通过构建理论模型，从证券化的视角来研究债务所产生的金融传染等宏观经济效应；最后，基于中国现实，以 2002—2014 年度影子银行体系与货币政策传导机制为研究对象，重点考察影子银行体系对传统利率传导机制的宏观效应，以此给出债务证券化影响经济的实际证据。

第一节 关于证券化的定义

一 债务"证券化"的概念和定义

债务"证券化"（Securitization），是指通过结构化融资安排，实现缺乏流动性的非标准化债务（或资产）向具有流动性的标准化债务（或资产）的转变。[①] 在这一过程中，从微观上来看，借助证券化的方式激活了金融机构所持有的借款人债务，将缺乏流动性的资产通过结构化的融资技术重新匹配相应的风险和收益，旨在更好地满足投资者的需要；就宏观而言，以证券化为基础的影子银行体系作为传统银行业的某种替代和补充，既可以扩大借款人对贷款的可得性，又有利于促进信贷市场流动性与期限的转换以及风险的分担（FSB，2011；IMF，2014）。可以说，债务的"证券化"不仅盘活了某项债务（或资产）的存量，而且模糊了传统银行贷款与各种新创设证券之间的界限，并确实改变了金融业的旧有运作模式（邹晓梅、张明、高蓓，2014）。在近十多年的时间里，这一趋势愈演愈烈。[②] 以美国为例，在 1993 年全美商业银行共发起了 227 亿美元的长期贷款，但其中只转移给影子银行体系 22 亿美元；相比之下，在 2007 年次贷危机之

---

① 在这里，债务（或资产）的概念是同一标的针对债的不同主体而言的。对于债务人，便是指债务；而对于债权人，则就是资产。

② 追溯历史，最早从 20 世纪 80 年代开始，以英美两国为代表的发达经济体在当时先后进行了"金融大爆炸"（Big Bang）的一系列改革，由此揭开了全球金融自由化浪潮的序幕。随着金融监管的大幅变革，证券化活动也顺势而发，建立起了一个与传统银行业平起平坐的体系，即影子银行体系（徐文舸，2016）。

前，全美商业银行发起了 3150 亿美元的长期贷款，却同时转移给影子银行体系高达 1250 亿美元的贷款规模（Bord and Santos，2012），并且约有80% 的次级抵押贷款是通过证券化来进行融资的（Gorton and Metrick，2012a）。

对于 2007 年爆发的美国次贷危机，债务"证券化"被视为引发此次危机的关键，同时，影子银行体系备受关注和争议也是源自其在住房抵押贷款证券化过程中所起到的重要作用。所谓的"证券化链条"（Securitization Chain），就是从发起抵押贷款开始，经由多家金融机构参与，将一系列相类似的抵押贷款打包，并发行由其作为基础资产的支持证券出售给投资者（Kodres，2013）。有鉴于此，为强调证券化的重要作用，学界和业界一般把这一类型的金融中介活动或从事这一中介活动的金融实体称为"证券化的银行业"（Securitized Banking）①（Gorton and Metrick，2012a）。值得指出的是，尽管影子银行体系的外延要大于证券化，但不管按照何种方式来进行定义（比如，按在商业银行的资产负债表上直接进行证券化的定义，或是按通过特殊目的机构间接进行证券化的定义），以证券化为基础的融资活动都属于影子银行体系的概念（IMF，2014）。更为重要的是，影子银行体系的风险大多来自不同程度的证券化活动，这里既有流动性和期限错配的问题，也有监管套利与过度杠杆化倾向的问题（FSB，2015）。此外，当前对于影子银行体系的衡量方式要比债务证券化来得更为科学和完善，像国际货币基金组织（IMF）和金融稳定理事会（FSB）等国际组织均定期对外公开发布全球及各国影子银行体系的统计数据。因此，本章将以影子银行体系作为债务证券化的具体载体来展开详细论述，但正如上述所言，这仅仅只是便于对问题的分析和讨论。

二　债务"证券化"的运作模式

如前所述，在债务"证券化"的作用下，影子银行体系已然成为传统银行业的某种替代和补充，这促使银行业旧有的运作模式（尤其是贷款发

---

① 相类似的提法还包括影子银行体系（Shadow Banking System）、批发性银行（Wholesale Banking）和投资银行（Investment Banking）等。

放模式）发生了巨大变化，即从之前原始的"发起并持有"（Originate - to - Hold，OTH）模式转向当前流行的"发起与证券化"（Originate - to - Distribute，OTD）模式。从图 5 - 1 中可见，后一模式比前一模式多了证券化的环节，将发起的抵押贷款重新包装成可以在二级市场上进行交易的抵押证券，与此同时，之前存款人的角色也变成了投资人。

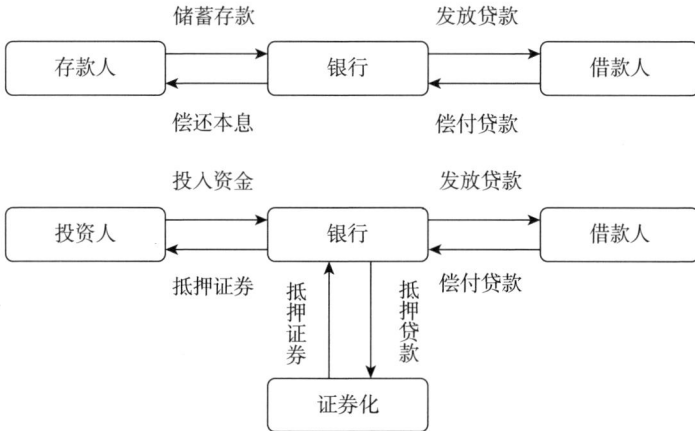

图 5 - 1　两种运作模式的流程

　　OTH 与 OTD 模式主要存在三大特征差异。一是融资上的差异。OTH 模式通过调整存款利率以及依靠存款保险制度的支付承诺来吸引储蓄存款，而 OTD 模式则凭借像短期国库券、长期贷款和证券化产品等各种类型的抵押品（Collateral），并调节相应的抵押品回购利率（Repo Rate）来进行融资。二是偿付能力（Solvency）上的差异。OTH 模式遵守部分准备金制度，即按法定要求将存款的一定比例作为准备金持有，并在日常交易中，为满足这一法定要求，经常性地借入和拆出部分准备金；此外，在紧急时刻也可以从中央银行直接借入准备金。OTD 模式不受准备金制度的约束，而是通过回购交易中的扣减比例（Haircuts）保留资产的一部分来起到准备金的作用，这一扣减比例并不是一成不变的，会随着抵押品价值的涨跌而发生变化（Gorton and Metrick，2012a）。三是资产负债表上的差异。OTH 模式在表内持有贷款到期，而 OTD 模式将表内的贷款打包，并进行证券化转移至表外出售，或者持有一部分在表内用作抵押品来融资。

OTH 模式向 OTD 模式转变的背后，既有金融中介主动作为的因素，也有监管环境变化的影响。对于金融中介而言，一方面，OTD 模式有利于缓解融资约束，即拓宽融资来源、提高资产流动性。实证研究表明，那些资本充足率不足且流动性比率较低的银行更倾向于采用以证券化为主的 OTD 模式（Hänsel and Bannier，2008；Affinito and Tagliaferri，2010）。另一方面，OTD 模式的兴起和发展正好与《巴塞尔协议》（Basel Accord）的推出和深化密切相关，监管套利（Regulatory Arbitrage）的动机鼓励金融中介（特别是商业银行）对风险贷款组合进行证券化，以至于国际货币基金组织也承认，20 世纪 80 年代末所推行的《巴塞尔协议》确实促进了全球证券化活动的爆发式增长（IMF，2014）。[①] 近年来，中国影子银行体系的迅猛发展也主要是受政府对银行体系施加十分严格的监管（包括信贷额度配给、较高的存款准备金率等约束）影响。[②]

随着 OTD 模式的不断推广和发展，有关该模式所产生的宏观经济效应已成为当前关注的重点议题。

一是对于商业银行而言，那些采用 OTD 模式的银行倾向于降低信贷标准，这容易发起低质量的贷款，并最终出现市场失灵的现象。这是在信息不对称的条件下，一方面，凭借所掌握的有关借款人的私人信息，并在缺少信息披露的有关机制下，银行确实具有发起次级贷款的可能（Purnanandam，2011）；另一方面，OTD 模式运用证券化的手段使得银行通过出售贷款即可规避对资本等方面的监管约束，这就不仅造成了在事前疏于对贷款的筛查（screen）、在事后降低对贷款的监督力度等不利现象，而且也改变了以往关系型贷款（Relationship Banking）的主要管理方式（Berndt and Gupta，2009）。

二是对于影子银行体系而言，其具有显著的外溢效应（IMF，2014；Pinna，2014；徐文舸，2015）。其一，影子银行体系面临多重金融风险。

---

① 《巴塞尔协议》是国际清算银行（BIS）下属的巴塞尔银行业条例和监督委员会，就统一国际银行的资本计算和资本标准所制定的一份协议，现已成为国际上通行的对银行业监管的标准。

② 有关中国影子银行体系的内容，可详见本章第四节"中国现实：关于影子银行体系的宏观效应"部分。

由于以证券化为基础的影子银行体系作为传统银行业的某种替代和补充，能起到信用中介的作用，因此，也就必然受一系列银行所面临的类似风险的影响，尤其是流动性与期限的错配。不过，有别于传统银行业由政府当局提供流动性支持，影子银行体系既无正式的安全保障，也不受类似银行审慎标准和监管要求的制约，因此，影子银行体系更容易爆发蔓延至整个金融市场的挤兑事件（如回购挤兑）。其二，影子银行体系所施加的杠杆具有较强的顺周期性，因为大量的抵押品以各类证券化产品和工具为主，因而更易随市场环境的变化而发生改变，有加剧市场恐慌与波动的特性。具体地，在金融市场向好的时候，特别是随着资产价格上涨且融资保证金下降，影子银行体系倾向于过度施加杠杆；而在金融市场受压的时候，抵押品价值下跌且融资保证金提高，这很有可能导致快速的去杠杆过程。其三，影子银行体系易导致金融传染（Contagion）。特别是在市场环境趋紧、流动性面临短缺的时候，结构性融资的复杂性以及基础资产的低质量加剧了影子银行体系的压力向金融体系的其他部门扩散，再加上投资者的"羊群效应"（Herd Behavior）、向安全投资逃离（a Flight to Quality）、大幅甩卖（Fire Sales）等因素的叠加影响，更易产生大规模的金融传染效应。其四，影子银行体系会对货币政策的有效性产生一定程度的影响。影子银行体系本身可以绕过货币当局调控短期利率的环节直接创造贷款，这就抑制了货币政策传导机制的效应，尤其是传统的利率传导机制。[1]

第二节　国际经验：全球影子银行体系概览

一　全球影子银行体系

金融稳定理事会（FSB）将"影子银行体系"定义为"在传统银行体系之外，参与信用中介所涉及的实体与活动"（FSB，2011）。有鉴于此，对于影子银行体系的刻画与衡量，一般有按不同性质的参与实体（Entity）和不同种类的金融工具（或业务活动，Instrument or Activity）两种主要方

---

① 相关内容可详见本章第四节"中国现实：关于影子银行体系的宏观效应"部分。

法（IMF，2014）。其中，前者按参与实体的分类属于广义的衡量方法，其主要集中于非银行金融部门（由保险公司、养老基金和其他金融中介组成）；后者则是在前者的基础上，作为一种狭义的衡量方法，只刻画那些可能增加金融不稳定风险的工具和活动（像以证券化为基础的融资活动）。

下面便是基于上述两种衡量方法，利用金融稳定理事会所提供的全球影子银行体系监测数据库来详细考察全球的发展状况。值得指出的是，该数据库的样本共包括 28 个经济体（包括欧元区），而这些经济体的总量相当于全球 GDP 的 80%，并占全球金融体系总资产的 90%（FSB，2015）。其中，发达经济体有 17 个，分别是澳大利亚、加拿大、法国、德国、中国香港、爱尔兰、意大利、日本、韩国、荷兰、新加坡、西班牙、瑞士、英国、美国、比利时、开曼群岛；新兴市场经济体有 11 个，分别为阿根廷、巴西、智利、中国、印度、印尼、墨西哥、俄罗斯、沙特阿拉伯、南非、土耳其。①

（一）对全球影子银行体系总体发展状况的考察

在广义衡量法下，首先是用"非银行金融部门"（Non – bank Financial Intermediation，NFI）来表示影子银行体系，其在 2015 年的规模约为 149 万亿美元，同比增长 8.76%，这一规模相当于同期全球金融体系总资产的 46.5%；接着是以非银行金融部门下的"其他金融中介"（Other Financial Intermediaries，OFI）（即不包括保险公司、养老基金）来衡量影子银行体系，其规模在 2015 年达到 92.4 万亿美元，约占同期 GDP 的 150%，这是自 2014 年以来连续两年该比例超过金融危机之前（2007年）139% 的高点。从图 5 – 2 中可见，全球的影子银行体系在 2008 年金融危机之前取得了快速增长，尽管 2008 年有所回落，但之后便又呈现不断上升的趋势。

---

① 在 2016 年，金融稳定理事会首次将比利时和开曼群岛纳入统计样本，作为全球重要的国际金融中心，其对提升金融经济统计数据的全面性与准确性有一定帮助（FSB，2016）。

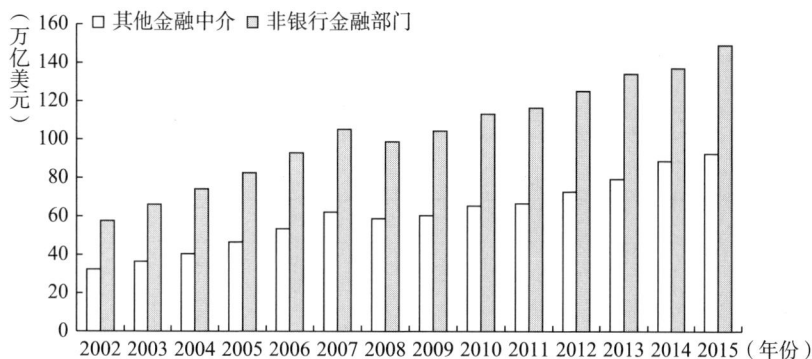

图 5 - 2　全球影子银行体系的规模（广义衡量法，2002—2015 年）

资料来源：FSB（2015，2016）。

在狭义衡量法下，2015 年全球影子银行体系的规模约为 34.2 万亿美元，同比增长 3.3%，约占同期全球 GDP 的 69.0% 以及全球金融体系总资产的 11.5%。从纵向来看，自 2011 年以来，全球影子银行体系呈持续增长的态势，无论是占全球 GDP 的比重还是占全球金融体系总资产的比重均保持了一定幅度的提高（见表 5 - 1）。

表 5 - 1　全球影子银行体系的规模（狭义衡量法，2011—2015 年）

单位：万亿美元，%

年度	SBS 规模	SBS 占全球 GDP 的比重	SBS 占全球金融体系总资产的比重
2011	27.5	60.1	10.3
2012	29.6	61.9	10.6
2013	30.9	63.4	10.8
2014	33.1	67.4	11.5
2015	34.2	69.0	11.5

注：用 SBS 表示全球影子银行体系。

资料来源：FSB（2014，2015，2016）。

从横向来看，相较于银行和其他金融中介体系，影子银行体系尽管规模较小，增长率却是相对最高的。在 2011—2015 年，其他金融中介体系与影子银行体系分别以 6.77%、4.46% 的速度增长，而同期的银行体系仅增

长 0.30% ，尤其是 2014 年以来连续两年出现了负增长，累计减少了 3.7
万亿美元的资产规模（见表 5 - 2）。

表 5 - 2　全球金融体系资产规模的比较（2011—2015 年）

单位：万亿美元,%

	2011	2012	2013	2014	2015	年均增长率
银行体系	131.0	136.5	136.7	135.1	133.0	0.30
其他金融中介体系（OFI）	66.6	72.6	79.2	88.6	92.4	6.77
影子银行体系（SBS）	27.5	29.6	30.9	33.1	34.2	4.46

注：增长率是经汇率调整，年均增长率是按 2011—2015 年的数据计算而得。
资料来源：FSB（2014，2015，2016）。

（二）对各主要经济体影子银行体系发展状况的考察

一是在影子银行体系的规模分布上，接近九成的影子银行体系位于发达
经济体（见表 5 - 3）。其中，美国拥有全球最大规模的影子银行体系，2015
年的数量为 13.8 万亿美元，占比达到 37.4% ，是目前全球唯一的影子银行
体系规模超过 10 万亿美元的国家。不过，受国际金融危机的影响，近些年
发达经济体的总体占比有所下滑，2011—2015 年共下降了 4.5 个百分点，
并且几乎所有发达经济体的占比均有不同程度的下滑。相反地，新兴市场
经济体的占比则逆势上扬，2015 年的比重为 11.5% 。其中，这一增长大都
来自中国，中国占比从 2011 年的 2.7% （0.8 万亿美元）大幅上升至 2015
年的 7.4% （2.7 万亿美元），并且中国影子银行体系的规模在 2015 年也
上升至全球第四，仅次于美国、开曼群岛和日本，占到新兴市场经济体总
量的一半以上。

表 5 - 3　各主要经济体影子银行体系的规模分布

单位：%

	2011 年	2015 年		2011 年	2015 年
澳大利亚	1.6	1.2	比利时	0.7	0.7
加拿大	2.9	2.7	开曼群岛	6.7	11.6
法国	5.5	3.8	发达经济体合计	93.0	88.5

续表

	2011 年	2015 年		2011 年	2015 年
德国	3.9	4.4	阿根廷	0.1	0.1
中国香港	0.1	0.2	巴西	2.1	1.4
爱尔兰	5.1	6.0	智利	0.1	0.1
意大利	1.7	1.4	中国	2.7	7.4
日本	11.6	8.7	印度	0.9	1.2
韩国	1.4	1.9	印尼	0.0	0.0
荷兰	1.7	1.5	墨西哥	0.5	0.5
新加坡	0.1	0.1	俄罗斯	0.1	0.2
西班牙	1.0	0.8	沙特阿拉伯	0.1	0.1
瑞士	1.6	1.7	南非	0.4	0.4
英国	5.1	4.5	土耳其	0.1	0.1
美国	42.4	37.4	新兴市场经济体合计	7.0	11.5

资料来源：FSB（2015，2016）。

二是在影子银行体系的相对规模上，这里采用非银行金融部门与国内生产总值两种方法来进行衡量（见表 5－4）。

先从非银行金融部门的角度来看，尽管发达经济体的其他金融中介占非银行金融部门的比例（58.9%）要高于新兴市场经济体的水平（57.2%），但其可能增加金融不稳定风险的影子银行体系规模占非银行金融部门的比例（25.4%）则要小于新兴市场经济体的水平（32.6%）。这表明发达经济体的金融深化程度更高，且拥有更多其他形式的金融中介；而新兴市场经济体因受金融抑制的约束，易导致产生那些规避监管且风险更高的金融工具与活动。

再从国内生产总值的角度来看，多数国家的影子银行体系规模小于实体经济的总量，只有少数国家的该比例超过了100%，并且这些国家都属于发达经济体。最极端的例子便是爱尔兰，该国的影子银行体系规模竟是其国内生产总值的 10 倍之多，2015 年该国金融体系总量合计 5.05 万亿欧元，但信贷机构的规模仅有 0.67 万亿欧元，而剩余八成以上的金融活动都位于传统银行体系之外。此外，也正是这些少数发达经济体保有的较大规模，导致两种口径衡量的全球影子银行体系规模占国内生产总值的比例分别达到108.2%、69.0%。

表 5-4　各主要经济体影子银行体系的相对规模（2015 年）

单位：%

	OFI/ NFI	SBS/ NFI	OFI/ GDP	SBS/ GDP		OFI/ NFI	SBS/ NFI	OFI/ GDP	SBS/ GDP
澳大利亚	32.1	17.6	60.3	33.1	比利时	70.4	19.5	194.9	53.9
加拿大	67.0	17.1	251.4	64.1	开曼群岛	99.1	73.3	—	—
法国	46.8	27.6	97.9	57.7	发达经济体合计	58.9	25.4	—	—
德国	50.8	30.2	80.7	48.0	阿根廷	31.3	30.7	5.2	5.2
中国香港	39.1	10.3	78.9	20.8	巴西	71.0	40.4	51.3	29.2
爱尔兰	90.2	53.0	1336.0	784.0	智利	26.5	19.8	30.1	22.4
意大利	53.5	25.3	58.4	27.5	中国	79.6	28.5	69.6	25.0
日本	41.6	36.6	83.7	73.7	印度	57.9	48.8	24.6	20.8
韩国	58.7	29.6	102.0	51.4	印尼	56.1	6.5	7.5	0.9
荷兰	76.8	6.9	824.4	73.7	墨西哥	49.7	33.8	21.8	14.9
新加坡	41.6	3.1	88.0	6.5	俄罗斯	84.3	16.0	24.6	4.7
西班牙	66.5	23.3	72.4	25.4	沙特阿拉伯	70.2	69.6	5.2	5.2
瑞士	57.7	20.7	266.9	95.5	南非	31.0	20.7	61.8	41.2
英国	59.5	12.1	286.0	58.1	土耳其	71.2	44.1	11.3	7.0
美国	50.4	26.6	144.9	76.5	新兴市场经济体合计	57.2	32.6	全球合计	
								108.2	69.0

注：该表的相对规模主要是用各主要经济体影子银行体系规模分别占各自非银行金融部门和国内生产总值的比例来衡量，前者的比例取值为 0—1。

资料来源：FSB（2015, 2016）。

三是在影子银行体系的年均增速上，相较于国内生产总值增长率，发达经济体与新兴市场经济体两者走势截然相反（见表 5-5）。在 2011—2015 年，几乎所有新兴市场经济体（仅除印尼之外）的影子银行体系增长率都超过了国内生产总值增长率，尤其是中国在国内生产总值取得 7.5% 增长率的背景下，影子银行体系的增长率为 48.7%（中国的这一增速是同期样本国家中最快的），两者差距高达 41 个百分点；形成鲜明对比的是，发达经济体的主要国家则正好相反，像美国、英国、新加坡的影子银行体系增长率小于国内生产总值增长率，法国的影子银行体系增长率甚至出现了负增长。

表 5–5　各主要经济体影子银行体系和国内生产总值的
年均增长率（2011—2015 年）

单位：%

	影子银行体系增长率	国内生产总值增长率	两者增长率之差		影子银行体系增长率	国内生产总值增长率	两者增长率之差
中国香港	19.7	4.2	15.5	新加坡	1.7	4.2	-2.5
开曼群岛	19.4	0.8	18.6	美国	0.7	3.8	-3.1
爱尔兰	12.9	10.2	2.7	法国	-1.2	1.4	-2.6
韩国	12.7	4.1	8.6	中国	48.7	7.5	41.2
德国	11.3	2.9	8.4	阿根廷	46.1	28.0	18.1
加拿大	9.8	2.9	6.9	俄罗斯	32.0	11.4	20.6
比利时	9.0	2.0	7.0	南非	19.7	7.3	12.4
日本	8.0	1.9	6.1	印度	17.2	11.9	5.3
瑞士	7.8	1.1	6.7	土耳其	15.9	13.8	2.1
澳大利亚	5.4	2.9	2.5	沙特阿拉伯	14.8	-0.7	15.5
荷兰	4.9	1.3	3.6	巴西	13.2	8.2	5.0
西班牙	3.6	0.1	3.5	智利	12.0	6.8	5.2
意大利	2.4	0.1	2.3	墨西哥	8.2	5.8	2.4
英国	1.7	3.6	-1.9	印尼	5.2	10.2	-5.0

注：增长率是经汇率调整，年均增长率是按 2011—2015 年的数据计算而得的；因缺少 2015 年的数据，中国与俄罗斯的影子银行体系增长率是按 2011—2014 年的数据计算而得的。

资料来源：FSB（2015，2016）。

二　美国证券化市场

（一）证券化的概述

如前所述，证券化是将"结构性融资"（Structured Finance）的技术应用于金融产品的创新之中，也就是通过复杂的法律及公司实体来转移风险的一种金融创新。① 应用证券化的金融产品主要体现为一系列以不同资产组合作为基础标的所发行的证券（包括债券或票据）。在美国证券化市场上，按基础标的的不同，可分为三大类：一是抵押贷款证券（Mortgage-Related Securities），以房地产抵押贷款为基础标的的证券化产品；二是资产支持证券（Asset-Backed Security，ABS），主要包括以汽车贷款、信用卡贷款、学生贷款等为标的资产的证券化产品；三是债务担保证券（Collateralized Debt Obligation，CDO），以企业债为标的资产的证券化产品。其中，抵押贷款证券是美国市场最主要的证券化产品，截至 2016 年底，抵押贷款证券余额为 8.92 万亿美元，占美国证券化市场的比重超过 80%（见表 5-6）。

表 5-6　美国证券化市场的分类（2002—2016 年）

单位：十亿美元,%

年份	抵押贷款证券		资产支持证券（ABS）		债务担保证券（CDO）		总计
	余额	份额	余额	份额	余额	份额	余额
2002	5286.3	81.97	905.5	14.04	257.1	3.99	6448.9
2003	5708.0	81.53	996.4	14.23	296.9	4.24	7001.3
2004	6289.1	80.88	1100.9	14.16	385.7	4.96	7775.7
2005	7206.4	80.10	1281.9	14.25	508.0	5.65	8996.3
2006	8376.0	77.23	1654.5	15.25	815.4	7.52	10845.9
2007	9372.6	75.69	1956.6	15.80	1053.1	8.50	12382.3
2008	9457.6	77.17	1823.0	14.88	974.6	7.95	12255.2
2009	9341.6	78.24	1707.1	14.30	890.6	7.46	11939.3
2010	9221.4	80.13	1498.7	13.02	787.4	6.84	11507.5

---

① 所谓"结构性融资"的技术，主要包括混合和分层两种手段。前者是指把不同类型的贷款混合组成一种结构性融资证券，其好处在于将大幅降低因部分贷款违约对结构性融资证券所产生的负面影响；而后者则是通过先对结构性融资证券进行分割，然后再另行分部分出售的方式来实现该金融产品的销售。其中，风险厌恶型的投资者将会购买结构性融资证券中违约风险较低的部分，即发生违约时优先会被偿付的部分，不过收益相对较低；但同时，风险偏好型的投资者会购买剩余的高风险且高收益部分。由此可见，这种"结构性融资"的技术将会最大限度地满足不同类型投资者的需求。

年份	抵押贷款证券		资产支持证券（ABS）		债务担保证券（CDO）		总计
	余额	份额	余额	份额	余额	份额	余额
2011	9043.8	81.52	1351.5	12.18	699.3	6.30	11094.6
2012	8814.9	82.33	1271.5	11.88	620.3	5.79	10706.7
2013	8720.1	82.42	1269.8	12.00	589.9	5.58	10579.8
2014	8746.0	81.56	1352.6	12.61	624.7	5.83	10723.3
2015	8728.0	81.74	1326.5	12.42	623.9	5.84	10678.4
2016	8921.2	81.28	1386.9	12.64	668.0	6.09	10976.1

资料来源：Securities Industry and Financial Markets Association。

关于证券化的支付方式和运作模式，这里以抵押贷款证券为例来具体阐述。在支付方式上，抵押贷款证券可以分为三类：一是抵押贷款支持证券（MBS），其资产池产生的本息不经过分层组合，按照原来的结构直接支付给投资者；二是担保抵押债券（Collateralized Mortgage Obligations，CMO），其资产池产生的本息经分层组合重新安排后才分配给不同需求的投资者，特别是那些非机构抵押贷款证券大多是以这一方式进行支付的；三是剥离式证券（Stripped MBS，SMBS），同时又可分为利息型（Interest Only，IO）和本金型（Principal Only，PO），就是先剥离开现金流的本金和利息，再分别支付给相应的投资者。

在运作模式上，根据发起人（Originator）自身对于资产证券化所要实现的不同目的，主要分为表外模式和表内模式两种。其一，表外模式是最彻底且最常用的一种资产证券化模式。贷款发起人先将资产出售给"特殊目的机构"（Special Proposed Vehicle，SPV），再由该机构（SPV）把所购买的资产组合汇入资产池，并以资产池作为支持来进行证券化。这种模式使资产从发起人的资产负债表中完全移出，从而形成真正的破产隔离，可有效实现风险转移的目标。其二，表内模式则是由发起人直接进行证券化。这一模式不能实现完全的破产隔离，风险未从发起人的资产负债表上转移出去，并且仅适用于发起人融资需求大于风险管理需求的情形。一般而言，最为普遍的形式是将表内和表外两种模式按资产的不同属性进行相应的安排。特别是对于现金流稳定且安全性高的优质抵押贷款，可以采用表内模式，即由发起人直接进行证券化；但对于预期收益不稳定的次级和次优级抵押贷款，发起人可以将其卖给特殊目的机构（SPV），由其负责进行证券化。

（二）美国证券化市场的发展概况

抵押贷款证券是美国资产证券化市场上最主要的证券化产品（见表5-6）。对于抵押贷款证券而言，按发起人是政府机构还是非政府机构，分为机构抵押贷款证券（Agency Mortgage - Related Securities）和非机构抵押贷款证券（Non - Agency Mortgage - Related Securities）两类（具体分类见表5-7）。其中，所谓的"机构"是指美国联邦政府支持的三家机构，即政府国民抵押贷款协会（吉利美 Ginnie Mae，GNMA）、联邦国民抵押贷款协会（房利美 Fannie Mae，FNMA）和联邦住宅抵押贷款公司（房地美 Freddie Mac，FHLMC）。

表5-7 美国抵押贷款证券的分类

按发行人不同	产品类别
机构抵押贷款证券 Agency（FNMA，FHLMC，GNMA）	抵押贷款支持证券 （Mortgage - Backed Security，MBS）
	担保抵押债券 （Collateralized Mortgage Obligations，CMO）
非机构抵押贷款证券 Non - Agency	商业地产抵押贷款支持证券 （Commercial Mortgage - Backed Security，CMBS）
	居民住宅抵押贷款支持证券 （Residential Mortgage - Backed Security，RMBS）

资料来源：Securities Industry and Financial Markets Association。

从抵押贷款证券的历年发行量来看（见表5-8），机构抵押贷款证券始终占据绝对的市场份额，2010年曾创下97.06%的纪录高点，而2016年该市场份额仍高达91.41%。在具体的产品类别中，抵押贷款支持证券（Mortgage - Backed Security，MBS）是最主要的一类金融产品，其2016年的发行量约占当年抵押贷款证券市场总发行量的83.80%，其次才是担保抵押债券（CMO）以及其他类型的非机构抵押贷款证券。

表 5 – 8 抵押贷款证券发行量（2000—2016 年）

单位：十亿美元，%

年份	抵押贷款证券	机构抵押贷款证券			非机构抵押贷款证券		
		MBS	CMO	合计	CMBS	RMBS	合计
2000	771.8	474.4 (61.47)	108.9 (14.11)	583.3 (75.58)	43.9	144.5	188.4 (24.41)
2001	1812.6	1086.2 (59.92)	394.2 (21.75)	1480.4 (81.67)	63.7	268.6	332.3 (18.33)
2002	2493.2	1446.8 (58.03)	597.5 (23.97)	2044.3 (82.00)	50.0	398.9	448.9 (18.00)
2003	3402.0	2130.7 (62.63)	626.5 (18.42)	2757.2 (81.05)	72.3	572.5	644.8 (18.95)
2004	2341.7	1015.0 (43.34)	378.0 (16.14)	1393.0 (59.49)	93.5	855.2	948.7 (40.51)
2005	2691.5	983.3 (36.53)	364.4 (13.54)	1347.7 (50.07)	157.2	1186.6	1343.8 (49.93)
2006	2593.3	923.1 (35.60)	316.0 (12.19)	1239.1 (47.78)	184.1	1170.2	1354.3 (52.22)
2007	2419.1	1189.0 (49.15)	276.6 (11.43)	1465.6 (60.58)	229.6	724.1	953.7 (39.42)
2008	1436.4	1169.7 (81.43)	197.1 (13.72)	1366.8 (95.15)	16.9	52.7	69.6 (4.85)
2009	2103.3	1734.2 (82.45)	288.7 (13.73)	2022.9 (96.18)	9.0	71.3	80.3 (3.82)
2010	1978.1	1419.9 (71.78)	500.0 (25.28)	1919.9 (97.06)	23.9	34.2	58.1 (2.94)
2011	1700.2	1240.1 (72.94)	389.9 (22.93)	1630.0 (95.87)	34.1	36.2	70.3 (4.13)
2012	2157.2	1756.9 (81.44)	325.1 (15.07)	2082.0 (96.51)	47.7	27.5	75.2 (3.49)
2013	2087.8	1642.7 (78.68)	311.1 (14.90)	1953.8 (93.58)	88.8	45.3	134.1 (6.42)
2014	1347.7	980.0 (72.72)	211.6 (15.70)	1191.6 (88.42)	101.4	54.8	156.2 (11.59)
2015	1715.8	1323.9 (77.16)	189.9 (11.07)	1513.8 (88.23)	109.6	92.5	202.1 (11.78)
2016	1918.0	1607.3 (83.80)	146.0 (7.61)	1753.3 (91.41)	77.4	87.3	164.7 (8.59)

资料来源：Securities Industry and Financial Markets Association。

（1）机构抵押贷款证券

回顾历史，可以看到最早的抵押贷款证券（Mortgage – Related Securities）是由政府国民抵押贷款协会（Ginnie Mae）率先创设的。这些证券由于得到了美国政府的信用担保，所以即使出现债务人违约，证券的本息也能保证按期支付。这就极大地增强了该证券的流动性，并促进其快速发展。在证券化的发展初期，抵押贷款证券市场几乎都是由三家政府支持机构（吉利美、房利美和房地美）垄断的。因此，这三家政府支持机构（GSE）所发行的抵押贷款证券也被称作"机构抵押贷款证券"，其中，又以"抵押贷款支持证券"（MBS）最为主要。①

所谓"抵押贷款支持证券"，是指由政府支持机构以其贷出的住房抵押贷款为基础资产进行证券化的一种金融产品。该证券的具体运作过程是由发起人（Originator）先把贷出的住房抵押贷款中符合一定条件的贷款集中起来，并形成一个抵押贷款的资产池（Pool），接着就此将打包后的抵押贷款分割成部分的新证券在二级市场上出售给投资者，然后按该资产池定期所产生的本息分期支付给投资者报酬，同时由政府或有政府背景的机构对该证券进行担保。其中，特别是新证券在二级市场上进行出售的时候，该抵押贷款偿付时产生的现金流的所有权也一并出售给投资者，金融机构只在其中提供中间服务——负责收集本息并支付给新证券的投资者。

抵押贷款支持证券（MBS）是最早的一类资产证券化的产品，产生于20世纪60—70年代。在当时"滞胀"的宏观经济环境下，通胀加剧、利率攀升使得金融机构资产与负债间的期限不匹配的问题日益严重，特别是商业银行的经营陷入了困境。为此，美国政府为缓解金融机构资产流动性不足的问题，决定启动并搞活房地产抵押贷款的二级市场，这也就产生了房地产抵押贷款证券化的新业务。具体而言，联邦政府通过设立三家政府支持机构（GSE）以发行抵押贷款支持证券（MBS）来为其日常运作募集资金，而这些机构的设立又恰恰是因某些公共政策的需要，将社会的闲置

---

① 因为有美国政府信用作担保，并且政府支持机构（Government Sponsor Enterprises，GSE）所发行的抵押贷款支持证券的信用等级为最高的 AAA 级，所以这是一种十分安全的金融资产。

资金引导至经济中的某一特定领域（这些领域往往是无法通过其他普通渠道来募集资金的）。可以说，美国的抵押贷款支持证券（MBS）实际上既是一种具有公共政策色彩的证券化的金融产品，又是一项改善金融机构资产流动性、分散资产风险的金融创新。

（2）非机构抵押贷款证券

非机构抵押贷款证券市场的产生，主要是由于机构抵押贷款证券市场过于强势，其他金融机构无法在传统的抵押贷款证券市场对其展开竞争，为此，这些金融机构便只能找到一种既能盈利又不必与政府支持机构（GSE）竞争的金融产品，即非机构抵押贷款证券。但直到20世纪70年代末，所罗门兄弟公司与美国银行合作，才开发出第一支没有政府担保的居民住宅抵押贷款支持证券（Residential Mortgage – Backed Security，RMBS）。该金融创新即刻掀起了抵押贷款证券市场的一场革命，开辟了一个全新的市场——非机构抵押贷款证券市场，该市场也是后来2007年次贷危机的肇始之地。

当时，在次级抵押贷款（Subprime Mortgage）和次优级抵押贷款（Alt – A Mortgage）的市场上，政府支持机构（GSE）既无份额又无相关利益，因此，非机构抵押贷款证券市场便是其他金融机构进行金融创新的最好场所。不过，这些次级和次优级的抵押贷款都属于高风险贷款。从美国的金融实践来看，次级抵押贷款是指发放给有信用不良记录债务人的抵押贷款，而所谓的"有信用不良记录"包括曾经有过信用违约的记录或者由个人信用评估公司（FICO）所给出的信用积分低于660分的情况；次优级抵押贷款则是指在抵押贷款发放标准上首付低于10%，以及债务人虽信用记录良好但缺乏财产证明。相对应的，正常的抵押贷款要求贷款期限一般为15年（或30年），首付比例为10%—20%，并且债务人有固定工作，有固定收入和良好信用记录等发放标准。

尽管申请次级和次优级抵押贷款的债务人往往缺少足够的现金储备且对还款承诺相对不足，但以1992年美国政府颁布的《政府支持企业法案》为标志，克林顿和小布什两届政府都通过大力降低抵押贷款的发放标准来推进"居者有其屋"计划，从而导致产生了大量的以次级和次优级抵押贷款为主的高风险贷款。① 特别是为了更好地贯彻执行该项政策，美国国会不仅要求政府支持机构（GSE）也参与该次级和次优级抵押贷款市场，而且还规定其所持有的抵押贷款的30%必须发放给中低收入者（尤其是那些年收入低于地区平均收入80%的债务人），并且随着时间的推移，该规定的目标值从30%提高至1995年的42%以及2000年的50%，直至2008年达到了56%。因此，在次贷危机爆发时的2007年，全美共拥有约5500万笔抵押贷款，但有接近一半（2700多万笔）是属于次级和次优级抵押贷款，市场价值超过4.5万亿美元，而政府支持机构（GSE）则持有三分之二的次级和次优级抵押贷款（1920万笔），未偿还余额合计高达2.7万亿美元（见表5-9）。

表 5-9　次级和次优级抵押贷款的发放情况（截至 2007 年）

单位：百万笔，万亿美元

	房利美和房地美	其他的政府支持机构	合计	非政府支持机构	总计
次级和次优级抵押贷款发放数	12	7.2	19.2	7.8	27
未偿还余额	1.8	0.9	2.7	1.9	4.6

注：非政府支持机构主要包括商业银行、投资银行等金融机构。
资料来源：美国金融危机调查报告（2013）。

同时，从图5-3也可以看出，次级抵押贷款（Subprime Mortgage）和次优级抵押贷款（Alt-A Mortgage）几乎占据了非机构抵押贷款证券市场的半壁江山，特别是两者分别于2006年和2007年达到发行规模的顶峰，其各自的未偿还余额为8214亿美元、7798亿美元。不过，非机构抵押贷款证券市场的增长主要是由金融机构降低贷款发放标准，将低质量、高风险的抵押贷款（如次优级和次级抵押贷款等）应用于证券化来实现的。"降低贷款发放标准"，不仅是金融机构之间争夺优质贷款源的过度竞争所致，而且也出于高额回报的考虑。这也催生了21世纪初期的信贷泡沫，并

---

① 该项计划旨在通过提高中低收入者拥有的抵押贷款比例来增加美国公民对房屋所有权的持有率，这属于美国政府在原有住房政策上的重大转变。

最终导致 2007 年爆发的次贷危机。截至 2016 年底，该市场的发行余额距 2006 年的历史高点已不足 1/3。

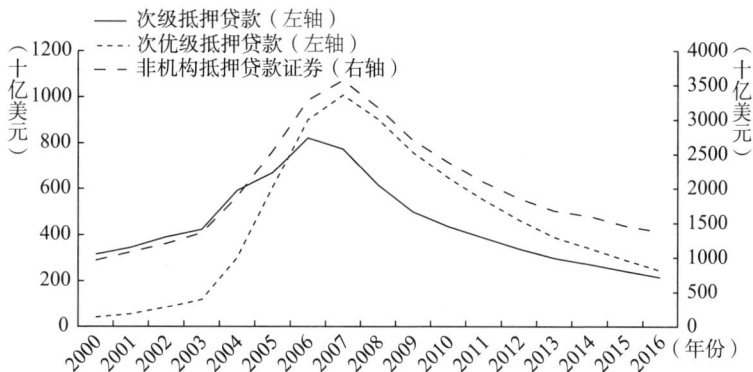

图 5 - 3　非机构抵押贷款证券市场的未偿还余额（2000—2016 年）

资料来源：Securities Industry and Financial Markets Association。

三　中国证券化市场

（一）我国证券化市场的发展历程

我国发展证券化市场起步较晚，直到 2005 年才开始正式试点资产证券化。从试点之初，我国的证券化便融合了"中国特色"金融体系的特殊性，分别从以下两个方面来展开。① 具体而言，一方面是信贷资产证券化，以银行的信贷资产作为基础资产而发行的资产支持证券，其运作方式是先由银行作为发起人将自身的信贷资产委托给信托机构，再经作为发行人的信托机构把上述信贷资产作为基础资产打包成新的资产支持证券产品，最后在银行间市场发行并交易该证券产品；另一方面是企业资产证券化，以企业的财产权利作为基础资产而发行的资产支持证券，运作方式是先由企业作为发起人将自身的财产权利委托给证券公司，再经作为发行人的证券公司把上述企业资产作为基础资产打包成新的资产支持证券产品，并最后以券商专项资产管理计划的形式，经证监会审批之后在沪深交易所上市交

---

① 我国证券化市场还有一类产品是资产支持票据（ABN），其发行量和存量较小，均不足 3%，故这里不做具体论述。

易。有关两者的详细内容可参见表 5 - 10。

表 5 - 10　我国证券化的多角透视

类型	基础资产	发起人	发行人	发行市场	监管机构
信贷资产证券化	银行的信贷资产（以企业贷款为主，住房抵押贷款较少）	商业银行、政策性银行	信托机构	银行间市场	中国人民银行、银监会
企业资产证券化	企业的财产权利（包括企业应收账款、信托受益权、基础设施收益权等）	以上市国有企业为主	证券公司	沪深交易所	证监会

注：自 2014 年开始，部分优质的信贷资产证券化产品也可在交易所上市交易。
资料来源：作者整理。

　　不过，由于 2008 年的金融海啸肇始于美国次级贷款的证券化，因此在当时，我国监管当局也随即暂停了证券化的试点工作。于是，在之后两年（2009—2010 年）时间里，市场上再也没有任何一款新的证券化产品被批准发售。直到 2012 年 5 月 17 日，人民银行、财政部和银监会联合发布《关于进一步扩大信贷资产证券化试点有关事项的通知》，这才意味着证券化试点工作的重启。① 随后在 2013 年，各部门又陆续出台了一系列支持该试点工作的管理和指导意见。3 月 15 日，证监会发布《证券公司资产证券化业务管理规定》，标志着企业资产证券化正式进入常规业务的发展阶段；7 月 5 日，国务院办公厅发布《关于金融支持经济结构调整和转型升级的指导意见》，明确要逐步推进信贷资产证券化常规化发展，盘活金融机构资产以支持小微企业发展和经济结构调整；8 月 28 日，国务院常务会议决定进一步扩大信贷资产证券化试点；9 月 30 日，人民银行与银监会确定本轮试点规模为 3000 亿元，加上之前的 1000 亿元额度，下一年度将在 4000 亿元额度范围内滚动发行。截至目前，随着信贷资产证券化业务备案制和注册制的正式实施，中国证券化市场已步入常态化

---

① 在这之前，2009 年 5 月证监会以部函形式发布了《关于通报证券公司企业资产证券化业务试点情况的函》及《证券公司企业资产证券化业务试点指引（试行）》两份文件，明确了对证券公司进行企业资产证券化业务试点的相关政策及监管要求。不过，企业资产证券化一直到 2011 年才开始有两款证券化产品在市场上发行出售。

的发展轨道。①

从以上的发展历程来看，尽管已走过了十来个年头，但我国证券化市场仍方兴未艾（见图 5 - 4）。在发行规模上，2016 年资产证券化的发行量仅占当年债券市场发行量的 4.54%、当年金融机构新增人民币贷款数量的 6.77%，同时也只有美国证券化市场发行量的 5.68%，而美国资产证券化的发行量已占到当年债券市场发行量的 30.34%。不过自 2014 年以来，我国证券化市场的发展明显加快了进程。2014—2015 年，我国合计发行超过 9000 亿元的证券化产品，这一数字是以往各年度发行总和的 6 倍之多，并且同期的市场规模也比 2013 年底增长了 13 倍。特别是在 2016 年，我国资产证券化产品的发行量再次刷新历史纪录，首次突破 8000 亿元，达到 8420.51 亿元，同比增长 37.32%；市场存量也跨过万亿元大关，为 11977.68 亿元，同比增长 52.66%。

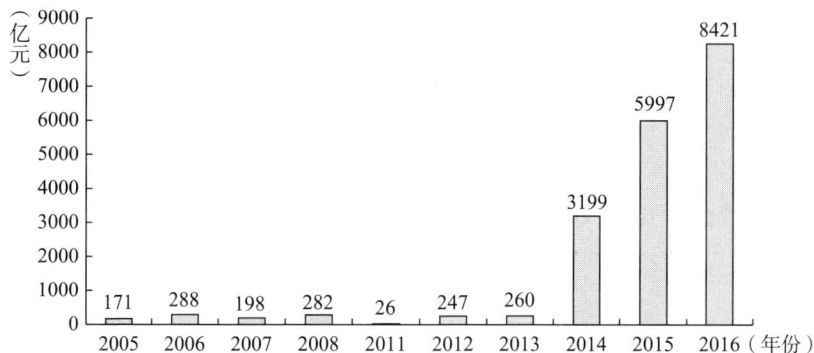

图 5 - 4 我国证券化市场历年发行规模（2005—2016 年）

注：受次贷危机的影响，在 2009—2010 年，市场上没有任何一款新的资产证券化产品被批准发售。

资料来源：中国资产证券化网（2014）、中央国债登记结算公司证券化研究组（2016，2017）。

---

① 2015 年 1 月，银监会批准 27 家商业银行获得开办信贷资产证券化产品的业务资格，这标志着信贷资产证券化业务备案制得以实质性启动；4 月，中国人民银行发布公告称，对已取得监管部门相关业务资格、发行过信贷资产支持证券且能够按规定披露信息的受托机构和发起机构，可向中国人民银行申请注册，并在注册有效期内自主分期发行（即"一次申请注册、自主分期发行"）；5 月 12 日，国务院常务会议确定扩大新一轮信贷资产证券化试点规模至 5000 亿元。2016 年，我国证券化市场在不良资产证券化、个人住房抵押贷款证券化、绿色资产证券化、境外发行资产支持证券等诸多领域实现重要突破（中央国债登记结算公司证券化研究组，2017）。

（二）我国证券化市场的主要特征与特殊性

我国证券化市场主要分为信贷和企业资产证券化两类，其有如下三个表现特征。

其一，信贷资产证券化产品在前期占我国证券化市场的主导地位，而企业资产证券化产品则迎头赶上，2016 年的发行规模实现翻番。截至 2016 年底，我国资产证券化市场的存量规模首次突破万亿元大关，达到 11977.68 亿元。其中，信贷资产证券化的产品存量为 6173.67 亿元，占市场总量的 51.54%；企业资产证券化的产品存量也增至 5506.04 亿元，仅 2016 年便发行 4385.21 亿元。这在很大程度上与我国还是银行主导型的金融体系有关。同时，在信贷资产证券化产品中，公司信贷类是最主要的发行品种，其他的则是有关个人消费的汽车和住房抵押贷款以及信用卡贷款等类型（见表 5 - 11）。

其二，在信贷资产证券化产品中，以国有企业贷款作为基础资产为主，而中小企业贷款支持证券的发行明显偏少。从过往发行的信贷资产证券化产品来看，银行大多还是选择大型国有企业的贷款作为基础资产。这一现状尽管受部分技术因素的影响（比如，中小企业贷款一般期限较短且风险较大，而证券化产品要求期限较长、现金流稳定等），但这无疑还是跟我国银行业目前主要服务于大型国有企业的实际有关。值得指出的是，以国家开发银行为代表的政策性银行在资产证券化市场上起到重要作用。特别是在 2013 年，银监会批准了国家开发银行连续发行三期开元铁路专项信贷资产证券化项目，其基础资产均为国家开发银行向中国铁路总公司发放的中期流动资金贷款，这不仅开了国内首次发行面向单一行业、单一借款人的证券化产品的先例，而且其发行额度高达 1000 亿元，占当年扩大试点规模（3000 亿元）的三分之一。

其三，以基建项目派生出的相关财产权利作为基础资产是企业资产证券化产品的主要实现载体。鉴于基础设施项目有重资产、长周期等基本属性，再加上当前该领域的原有融资手段受到一定程度的限制（如清理地方融资平台等），企业资产证券化成为填补基础设施领域融资缺口的重要手段之一。其中，作为发行企业资产证券化的基础资产主要有城市基础设施项目的政府回购款项、基于相关基建工程所派生出的特许经营权收入、融资租赁合同的应收租金等。因此，在企业资产证券化产品中，融资租赁资产类的发行量是最大的，其余是有关企业应收账款类、信托受益权类等产品（见表 5 - 11）。

表 5 - 11   我国证券化市场的细分类型（2016 年）

单位：亿元,%

信贷资产证券化			企业资产证券化		
类型	发行量	占比	类型	发行量	占比
公司信贷类	1422.24	36.76	融资租赁资产类	1028.64	23.46
住房抵押贷款类	1381.76	35.72	企业应收账款类	850.45	19.39
汽车抵押贷款类	580.96	15.02	信托受益权类	758.19	17.29
不良贷款类	156.1	4.03	小额贷款类	706.4	16.11
其他	327.67	8.47	其他	1041.53	23.75
合计	3868.73	100	合计	4385.21	100

注：信贷资产证券化的其他类型包括租赁类、信用卡贷款类、消费性贷款类等产品；企业资产证券化的其他类型包括企业债权类、基础设施收费类、保理融资债权类、委托贷款类等产品。

资料来源：中央国债登记结算公司证券化研究组（2017）。

除了上述主要特征之外，相比发达经济体而言，我国的证券化市场还有其特殊的一面。

一是在信贷资产证券化中，目前以住房抵押贷款作为基础资产的证券化产品还较少，多数仍以将企业贷款打包成资产支持证券的方式进入市场流通。不过，2014 年 7 月 22 日，中国邮政储蓄银行成功发行 68.14 亿元的住房贷款支持证券，这是时隔七年之后，住房抵押贷款证券化再次得以启动。尤其在 2016 年，住房抵押贷款类证券化产品共发行 1381.76 亿元，同比增长超过 3 倍，全年发行规模已接近公司信贷类资产支持证券。借鉴美国的经验，房屋抵押贷款证券是美国证券化市场最主要的证券化产品，几乎占到整个市场份额的 75%。可见，随着基础资产类型增加和产品标准化程度提高，我国信贷资产证券化市场在逐步走向成熟。

二是在企业资产证券化中，较低信用评级的融资主体（像小额贷款公司、商业物业持有人等）很少可以在这个市场上进行融资操作。目前，这个市场上的融资主体几乎都是具有高信用评级的国有企业。以 2016 年所发行的证券化产品为例，信用评级 AA 及以上（包括 AA + 和 AAA）的产品超过总发行量的 85%，甚至当年所发行的 14 只不良贷款资产支持证券的优先档产品也都获得了 AAA 评级。不过，从我国金融市场的现状来看，高信用评级的融资主体对资产证券化的需求显然远不如低信用评级的融资主体那般强烈。事实上，以小额贷款收益权、商业物业租金收益为主的融资主体一般都具有十分稳定的现金流，是企业资产证券化较为合适的融资对象。[1] 再者，对产品风险衡量方法的提倡和应用原本是证券化过程中最为重要的立足点，但我国信用评级机构目前对产品风险的衡量，不仅缺少相应的技术支持，而且还存在较为随意的问题。特别是部分评级机构忽视产品背后基础资产的风险和收益状况，而过于武断地将资产证券化产品的信用评级与发起人的信用评级挂起钩来，其结果往往就无法如实地反映该证券化产品的实际风险和真实价值，同时也令较低信用评级的发行人即使拥有合适的基础资产也无法参与这一市场来融资。

第三节　关于债务证券化的理论模型

这一部分将通过构建理论模型来描述债务证券化（以信贷资产证券化市场为例）容易产生流动性风险并引发危机的作用机理，即从债务证券化的视角研究商业银行 OTD 模式如何导致部分银行出现流动性危机，甚至是那些经营稳健的银行也会因缺少流动性而发生倒闭的整个过程。为便于说明，笔者将融入信贷资产证券化的理论模型设定在银行体系局部均衡的考察范畴之内，并且主要是以单个银行与银行间市场来分别展开论述。[2] 其中，银行的运作模式（包括资金来源和资金运用）表现为：银行的资金来源既可以从存款人那里吸纳，又可以利用抵押贷款证券从资产证券化市场借入；银行的资金运用可以是向借款人发放风险贷款或者以自营方式进行

---

① 以 2010 年 12 月才正式批准设立的重庆金融资产交易所为例，其专注于小贷资产收益权、中小企业的应收账款收益权等"准证券化产品"的尝试和推广，取得了一定的成绩。
② 关于一般均衡的研究可参见 Pinna（2014）。

投资。这便涉及商业银行 OTH 和 OTD 的两种运作模式。

一　OTD 模式下的银行风险

（一）扣减比例的决定

一般而言，银行 i 会持有超过证券化价值的流动性，即 OTH 模式下的资产价值超过 OTD 模式下的资产价值，其数学表达式为

$$(1 - \lambda_i) + q_i p^t (1 - v) \geq q_i p^t (1 - h_i)(1 + r) \tag{5-1}$$

其中，λ_i 为银行 i 资产组合中用于贷款的部分，而 $1 - \lambda_i$ 为银行 i 资产组合中持有现金的部分，q_i 为银行 i 发行抵押贷款证券的数量，r 为在货币市场上利用抵押贷款进行展期融资的利率水平，p^t 为在时期 t 该抵押贷款证券的市场价值，v 为在市场最糟糕的环境下抵押贷款证券价格的下跌程度。因此，该不等式左边表示在时期 t 银行在 OTH 模式下所持有的现金与抵押贷款证券的市场价值之和，右边表示在 OTD 模式下该抵押贷款证券展期（Roll-over）所产生的现金流。

在不等式（5-1）基础上，给定 r，v，p^t 以及银行的资产组合 $(1 - \lambda_i, \lambda_i)$，可以解得抵押贷款证券的扣减比例（Haircuts）h_i 的最小值为

$$h_i = \frac{r + v}{1 + r} - \frac{(1 - \lambda_i)}{q_i p^t (1 + r)} \tag{5-2}$$

在资产证券化市场上，对抵押贷款证券进行展期的银行面临一种权衡，即是采用更高的扣减比例来对冲风险还是在更多的本金数量上赚取利息。为此，等式（5-2）的结果为最优值。

另外，由不等式（5-1）解得抵押贷款证券价格下跌的最大幅度 v 为

$$v = \frac{(1 - \lambda_i)}{q_i p^0} - (1 - h_i)(1 + r) \tag{5-3}$$

（二）贷款数量与扣减比例的关系

在期初 $t = 0$，银行 i 的预算约束为

$$q_i \leq \lambda_i + q_i p^0 (1 - h_i) \tag{5-4}$$

该不等式表示银行 i 发起抵押贷款证券的总量约束不应超过发起的贷款数量与该抵押贷款证券再融资的数量之和。

因此，可以解得 q_i 的最大值为

$$q_i = \frac{\lambda_i}{1 - p^0 (1 - h_i)} \tag{5-5}$$

给定 p^0，解得扣减比例的决定式为

$$h_i = \frac{\lambda_i p^0 (r + v) - (1 - \lambda_i)(1 - p^0)}{p^0 (1 + \lambda_i r)} \tag{5-6}$$

同理，将等式（5-5）代入等式（5-3），解得 v 的决定式为

$$v = \frac{(1 - \lambda_i)[1 - p^0 (1 - h_i)]}{q_i p^0} - (1 - h_i)(1 + r) \tag{5-7}$$

【命题 1】 随着银行发起贷款数量 λ_i（或进行风险投资）的增加，扣减比例 h_i 也会相应提高以对冲风险，即 $\partial h_i / \partial \lambda_i > 0$。

对等式（5-6）求偏导，得到 $\dfrac{\partial h_i}{\partial \lambda_i} = \dfrac{(1 - p^0)(1 + r) + p^0 (r + v)}{p^0 (1 + \lambda_i r)^2} > 0$。

该命题表明，银行发起贷款数量的增加会导致其风险水平的相应提升，这就会通过抵押贷款证券展期融资上的扣减比例上升来对冲这一风险水平的增加。

【命题 2】 随着扣减比例 h_i 的增加，抵押贷款证券将面临未来价格更大幅度下跌的可能，即 $\partial v / \partial h_i > 0$。

对等式（5-7）求偏导，得到 $\dfrac{\partial v}{\partial h_i} = \dfrac{1}{\lambda_i} + r > 0$。

由此可见，OTD 模式通过增加扣减比例的方式来对冲风险，但这并未能起到有效控制和降低风险的作用，抵押贷款证券将面临未来价格更大幅度下跌的可能，各类风险（尤其是流动性风险）仍潜藏在银行业和金融体系之中，并且在某一特定时刻仍具有爆发危机的可能性。为此，下面对整个银行间市场来进行探讨。

二　OTD 模式下的银行间市场风险

（一）贷款收益与抵押贷款证券的市场价格

对于银行 i 而言，假设在出借贷款前，其所预期的收益服从正态分布，即 $\tilde{b} \backsim N(\bar{b}, \sigma_b^2)$，特别是银行 i 平均收益水平 $\bar{b}_i$ 正好能够抵消融资成本（如扣减比例、展期融资的利率等）。为此，抵押贷款证券的预期平均收益相比期初所表现出的升值幅度为

$$\delta_i = \frac{\bar{b}_i - p^0}{p^0} \tag{5-8}$$

不过有的时候，收益水平 b 受不同风险因素的影响往往会小于 $\bar{b}_i$，即 $b < \bar{b}_i$。因此，抵押贷款证券的升值幅度表现为 $\delta_b < \delta_i$，其中，$\delta_b = \frac{b - p^0}{p^0}$。这表明在风险较高的时期，银行所持有的抵押贷款证券的升值幅度要低于之前所预期的平均收益变化水平，这便容易产生流动性不足（insolvency）的问题。

对于整个银行间市场而言，通常会存在两种状况：一种状况是部分银行仍能得到来自市场的融资，其流动性得以保证；另一种状况则是部分银行因使用杠杆过度而无法保证稳定的流动性（发行抵押贷款证券数量越多的银行即是采用杠杆率过高的银行）。

假设整个银行间市场拥有 n 家银行，其所提供的抵押贷款证券的总体数量有 $Q = \sum_{i=1}^{n} q_i$，部分银行（这里有 $[n-k]$ 家）能得到市场所提供的流动性为 $L = p^0 \sum_{i=k+1}^{n} q_i$，而剩下的 k 家是流动性不足的银行。

同时，令 p^{now} 表示货币市场投资者能为抵押贷款证券所开出的市场价格（Cash-in-the-Market Price），为此，该市场价格可表示为市场流动性与抵押贷款证券数量的比值，即

$$p^{now} = \frac{L}{Q} = \frac{p^0 \sum_{i=k+1}^{n} q_i}{\sum_{i=1}^{n} q_i} \tag{5-9}$$

很显然，当出现 $\bar{b} > \dfrac{p^0 \sum\limits_{i=k+1}^{n} q_i}{\sum\limits_{i=1}^{n} q_i}$ 的时候，市场价格 p^{now} 便有低于平均收益

水平 $\bar{b}$ 的情形。

【命题 3】过度使用杠杆的银行家数越多（或流动性不足的银行所发行抵押贷款证券的数量越多），则抵押贷款证券的市场价格与平均收益水平的差距就会越大。

$$\frac{\bar{b} - p^{now}}{\bar{b}} = 1 - \frac{p^0}{\bar{b}} \times \frac{\sum\limits_{i=k+1}^{n} q_i}{\sum\limits_{i=1}^{n} q_i} = 1 - \frac{p^0}{\bar{b}} \times \frac{\sum\limits_{i=k+1}^{n} q_i}{\sum\limits_{i=1}^{k} q_i + \sum\limits_{i=k+1}^{n} q_i} \qquad (5-10)$$

由上式可知，在 $\sum\limits_{i=k+1}^{n} q_i$ 保持不变的前提下，当 $\sum\limits_{i=1}^{k} q_i$ 越大的时候，Q 就

会越大，因此，市场价格 p^{now} 会越低，进而 $\dfrac{\bar{b} - p^{now}}{\bar{b}}$ 就会越大。

该命题表明，如果部分银行越过度使用杠杆的话，抵押贷款证券的市场价格会下降得越快，并且其与平均收益水平的差距会变得越大。尽管资产的总体供应没有增加，但部分银行的流动性不足会抑制整个市场所提供的流动性，进而导致抵押贷款证券的市场价格大幅下滑且其与实际收益水平的差距会变得越大，上述现象也类似于对某种资产的甩卖（Fire Sales）。

（二）金融传染

更为严重的是，随着抵押贷款证券的市场价格大幅下滑，那些经营稳健的银行也会受到类似流动性冲击的金融传染（Contagion），严重时甚至也会因此而发生倒闭。

【命题 4】在 OTD 模式下，当出现抵押贷款证券的市场价格低于银行最初预期的平均收益水平时，那些经营稳健的银行也会因缺少流动性而发生倒闭。

一方面，经营稳健的银行 $j \in [k+1, n]$ 需要定期向存款人等融资对象履行的支付承诺（Commitment）为

$$c_j = (1 - \lambda_j) + q_j p^0 (1 - h_j)(\delta_j - r) \qquad (5-11)$$

其中，$\delta_j = \dfrac{\bar{b}_j - p^0}{p^0}$。

另一方面，经营稳健的银行所持有的当前流动性则是

$$l_j = (1 - \lambda_j) + q_j p^0 (1 - h_j)(\delta_{now} - r) \qquad (5-12)$$

其中，$\delta_{now} = \dfrac{p^{now} - p^0}{p^0}$。

当抵押贷款证券的市场价格低于经营稳健的银行最初预期的平均收益水平（$p^{now} < \bar{b}_j$）时，就会直接导致前者的升值幅度低于后者（$\delta_{now} < \delta_j$），那么，经营稳健的银行也将不能如期正常履行支付承诺，即 $l_j < c_j$。

总之，上述债务证券化的理论模型阐述了 OTD 模式导致部分银行出现流动性危机，甚至是那些经营稳健的银行也会因缺少流动性而发生倒闭的整个过程。结果表明，一是对于单个银行而言，OTD 模式并未起到控制和降低风险的作用，只是通过增加扣减比例的方式来对冲风险，但抵押贷款证券仍将面临未来价格更大幅度下跌的可能，这也意味着风险仍潜藏在银行业和金融体系之中，并且在某一特定时刻仍具有爆发危机的可能性。二是对于银行间市场而言，部分银行的流动性不足会抑制整个市场所提供的流动性，进而出现对抵押贷款证券的甩卖现象，特别是当该抵押贷款证券的市场价格低于银行最初预期的平均收益水平时，那些经营稳健的银行也会受到金融传染的影响——因缺少流动性而发生倒闭。

第四节　中国现实：关于影子银行体系的宏观效应

本节选取中国 2002—2014 年宏观经济的月度与季度数据为研究样本，以影子银行体系与货币政策传导机制为研究对象，采用宏观计量结构模型与向量自回归模型等实证研究方法，重点考察影子银行体系对传统利率传导机制的宏观效应，以此来给出债务证券化影响经济的证据。

一　命题提出与变量说明

（一）命题提出

近年来，我国的影子银行体系发展迅猛，规模快速膨胀。从存量来看，截至 2016 年末，我国影子银行体系的规模（只包括社会融资规模下的委托贷款、信托贷款和未贴现银行承兑汇票三部分）约为 23.4 万亿元，与同期的直接融资规模相当，并且占到同期间接融资的 21.7% 与社会融资规模存量的 15.0%。从增量来看，影子银行体系占当年社会融资规模的比重逐年增大，由 2002 年的忽略不计大幅增加至 2013 年创出的历史高点 29.8%。受中央政府收紧地方融资平台、监管当局重点整治非标准化债权资产等因素的影响，该比重在 2014 年有所回落，但仍占当年社会融资规模的 17.6%；而原本占据主导地位的间接融资则出现了较大幅度的下滑，从 2002 年的 95.5% 下降至 2013 年的 54.7%（见图 5-5）。值得注意的是，我国影子银行体系快速发展的大背景是自 2008 年国际金融危机以来，我国实施了一系列大规模的刺激性经济政策，社会融资供给保持较长时期的相对宽松状态。以间接融资下的贷款余额为例。2008 年末金融机构各项贷款余额为 30.34 万亿元，仅 2009 年一年就增长了近 10 万亿元，达到 39.97 万亿元。截至 2016 年末，贷款余额已增长至 106.6 万亿元，是 2008 年的 3.5 倍之多。[①]

不过，有别于欧美发达国家把债务证券化作为一种金融创新，对当前仍以银行业为主体、证券化发展滞后的中国金融体系而言，中国影子银行体系的背后大多都还是银行的"影子"，甚至可以说，银行业深度参与了影子银行体系的活动。例如，不管是直接相关的未贴现银行承兑汇票，还是作为第三方中介的委托贷款，以及与信托机构有合作的信托贷款，都有银行不同程度的介入。尽管有学者把中国的影子银行体系定义为区别于正规银行信贷业务的其他债务融资方式（刘煜辉，2013），但其主要的表现形式是银行在信贷额度配给、存款准备金率和存贷比约束等宏观调控下，

---

① 该部分数据均来源于中国人民银行。

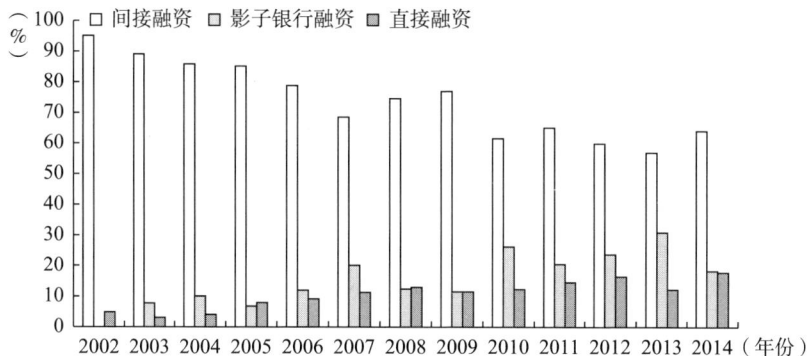

图 5 - 5　社会融资规模结构的变化趋势（2002—2014 年）

注：因限于数据的可得性，图中的影子银行融资只包括社会融资规模下的委托贷款、信托贷款和未贴现银行承兑汇票三部分。间接融资包括人民币贷款和外币贷款，直接融资包括企业债券和非金融企业境内股票融资。

资料来源：中国人民银行。

绕道以非信贷的方式为地方政府和房地产项目融资。这表明中国的影子银行体系具有双重属性：一方面与传统银行业并行，是银行信贷的某种替代；另一方面仍十分依赖于银行，在很大程度上是银行规避信贷管制的产物，也就是把银行资产负债表内受严格监管的信贷业务平行转移至不受监管的资产负债表外（李波、伍戈，2011；陆晓明，2014）。

在中国特定的经济金融环境和监管制度下，中国的影子银行体系尽管复杂程度相对较低，但呈现以类信贷业务为导向且与银行业紧密相关的主要特征。由此可见，中国的影子银行体系主要是通过银行信贷出表实现信用扩张，而这势必会影响到传统的宏观调控以及货币政策传导机制的有效性。[1]

很显然，影子银行体系可以绕过货币当局调控短期利率的环节直接创造贷款，这抑制了货币政策传导机制的效应，尤其是传统的利率传导机制。因此，影子银行体系变相扩张信用供给的行为，会直接冲击央行的货币政策（Sheng，2010；张明，2013；颜永嘉，2014）。然而，当前多数研究都集中于影子银行体系的风险监管，却淡化了上述影子银行体系的宏观

---

[1]　关于货币政策传导机制的内容，可详见第二章第二节"理论回顾"部分。

效应，国内外文献也尚未深入涉及这一方面（Goswami et al.，2009；裘翔、周强龙，2014；王振、曾辉，2014）。为此，下文将针对中国影子银行体系的宏观效应进行研究，并剖析其产生和发展的原因，特别是自 2008 年国际金融危机以来，中国影子银行体系大有迅猛崛起之势。有鉴于此，以下便提出两个待检验的假设命题。

假设命题 1：在 2008 年国际金融危机之后，影子银行体系导致传统利率传导机制发生了明显的变化，即利率水平对产出缺口的影响效力下降、影子银行体系对产出缺口的影响效力增强。

检验原则为：如果影子银行体系对利率传导机制没有实质性影响，那么假设命题 1 将会被拒绝；如果该命题通过了检验，那么就可以得到影子银行体系对利率传导机制有实质性影响的结论。

假设命题 2：在 2008 年国际金融危机前后，市场利率分别对金融机构资产负债表上的贷款与存款的作用产生较为明显的影响，即市场利率变动对贷款创造以及存款扩大的影响出现了明显的下降。

以贷款创造为例，相应的检验原则为：如果市场利率变动对贷款创造没有产生影响的话，那么假设命题 2 将会被拒绝；如果该命题通过了检验，那么就可以得到市场利率变动对贷款创造有实质性影响的结论。

（二）变量说明

为检验前面的两个命题，笔者以 2008 年作为考察样本的中值与引爆点（tipping point），即选取中国 2002—2014 年宏观经济的月度数据检验影子银行体系对货币政策传导机制的影响作用。

先对宏观经济数据进行预处理：第一，利用居民消费价格指数（以 2001 年作为基期）对数据进行价格平减；第二，利用最新的美国普查局 X－13－ARIMA－SEATS 方法对数据进行季节调整。① 研究的核心变量有如下的详细说明（变量定义与数据来源详见表 5－12）。

一是实际产出缺口（Opgap）。基于月度数据的可得性，这里采用国家

---

① 特别是在调整季节因素时，采用以下的处理方式：若原数据序列非平稳，采用季节差分；若原数据序列中有零和负值，采用加法模型；若原数据序列尽管都为正值，但有接近零的值，则采用伪加法模型。

统计局每月公布的规模以上工业企业增加值作为总产出的代理指标。[①] 采用郭庆旺和贾俊雪（2004）的做法，经 HP 滤波法的估计，最终得到消除趋势的部分即为实际产出缺口。其中，设定 HP 滤波法中的平滑参数（Smoothing Parameter）$\lambda = 14400$（Hodrick and Prescott，1997）。

二是影子银行体系规模（Shadrate）。影子银行融资涉及社会融资规模下的委托贷款、信托贷款和未贴现银行承兑汇票三个分项，因此，采用影子银行融资占社会融资规模的比重来衡量影子银行体系的规模。

三是市场利率（Rate）。按国际上通用的利率指标，选取具有市场代表性的"3 个月国债交易利率"来刻画，并且经居民消费价格指数调整后得到实际利率。

四是控制变量。本节从资金需求和供给两个角度控制影响实际产出缺口的因素。选取的变量包括以下内容。

①金融深化水平。在资金供给端，参考 Roldos（2006）的做法，将直接融资与间接融资的比值（Finrate）作为衡量金融深化水平的考察指标。其中，直接融资包括社会融资规模下的企业债券和非金融企业境内股票融资，间接融资指人民币贷款与外币贷款之和。

②贷款增长率。参考 Goswami 等（2009）的做法，利用间接融资的增长率（Crerate）刻画资金的需求。

五是其他变量，主要从银行资产负债表的两边进行考察，并用于假设命题 2 的实证检验过程。两个变量分别为贷款变动率（Dloan）与存款变动率（Ddeposit），其中，两者分别反映金融机构人民币信贷收支运用下主要资产项与金融机构人民币信贷收支来源下主要负债项的变化情况，并且均采用先取对数而后差分的处理方法。

---

① 选取规模以上工业企业增加值（简称工业增加值）有两个原因：一是在国家统计局公布的月度数据中，工业增加值是与总产出最为相关且最具代表性的统计指标，而国内生产总值只有按季度与年度才进行公布；二是工业（特别是制造业）仍是我国目前各行业中发展最为成熟、体系最为完备的支柱型行业。与世界其他国家的相同统计口径比较，以制造业为例，自 2000 年以来，我国制造业增加值占当年国内生产总值的比例始终保持在 30% 以上，远高于同一时期主要发达国家的水平。

表 5 – 12　变量设置说明

符号	变量定义	相应的统计指标	数据来源
被解释变量			
opgap	实际产出缺口	工业增加值同比增速	国家统计局
核心解释变量			
rate	市场利率	3 个月国债交易利率	中国经济统计数据库
shadrate	影子银行体系规模	委托贷款、信托贷款、未贴现银行承兑汇票、社会融资规模	中国人民银行
控制变量			
finrate	金融深化水平	人民币贷款、外币贷款、企业债券、非金融企业境内股票	中国人民银行
crerate	贷款增长率	人民币贷款、外币贷款	
其他变量			
dloan	贷款变动率	金融机构人民币信贷收支运用	中国经济统计数据库
ddeposit	存款变动率	金融机构人民币信贷收支来源	

二　实证分析

（一）检验假设命题 1：基于宏观计量结构模型的框架

（1）模型设定

分析货币政策问题的许多文献都是在宏观计量结构模型（Structural Macro – econometric Models）的框架内展开实证研究的，该方法既考虑到宏观数据的可得性，又可以控制时间变化以及不同部门特征对回归结果所产生的影响（Estrella, 2002; Roldos, 2006）。为此，这里也采用这一方法。假设在一个封闭的经济体内，基于 Rudebusch 和 Svensson（1999）最早提出以及经 Goswami 等（2009）改进的动态 IS 曲线，并结合中国的实际情况，本节将基准模型设定为 OLS – AR（1）形式。具体地，

$$y_t = \alpha_1 + \beta_1 y_{t-1} + \gamma_1 r_{t-1} + \varepsilon_t \tag{5 – 13}$$

其中，y_t 为 t 期的实际产出缺口，r_{t-1} 为（$t-1$）期的市场利率，系数 γ_1

为产出的利率弹性。特别地，本节重点关注系数 γ_1，根据假设命题 1，当传统的利率传导机制有效时，系数 γ_1 显著为负；反之，该系数则不显著。

进一步地，为考虑影子银行体系规模这一核心的解释变量以及控制其他的影响因素，本节分别以截距项和交叉项的方式逐一加入上述变量，并进一步构建起拓展模型。该拓展形式为

$$y_t = \alpha_1 + \beta_1 y_{t-1} + \gamma_1 r_{t-1} + \gamma_2 s_t + \gamma_3 s_t \times r_{t-1} + X_t + \varepsilon_t \tag{5-14}$$

其中，s_t 为 t 期的影子银行体系规模，系数 γ_2 为产出的影子银行体系弹性；X_t 为一组控制变量，$X_t = \gamma_4 s_t \times f_t + \gamma_5 s_t \times f_t \times r_{t-1} + \gamma_6 s_t \times f_t \times c_t + \gamma_7 s_t \times f_t \times c_t \times r_{t-1}$，$f_t$ 为 t 期的金融深化水平，c_t 为 t 期的贷款增长率。鉴于影子银行的融资期限较短以及金融因素率先支持实体经济等原因，故内生性问题并不显著，为此，这里加入同期的解释和控制变量（Roldos，2006）。同样地，根据假设命题 1，影子银行体系影响传统的利率传导机制时，系数 γ_1 的显著性下降，系数 γ_2 的显著性上升且为正；反之，则不亦然。

（2）估计结果

表 5 - 13 共显示有七个模型的估计结果。具体而言，涉及全时期的模型 1 和模型 2 的结果显示，反映中国产出的利率弹性 γ_1 一直显著为负，而反映产出的影子银行体系弹性 γ_2 则不显著。这表明传统的利率传导机制仍然是有效的，而影子银行体系并没有实质性地影响到该传导机制。不过，在 2008 年国际金融危机过后（即 2009—2014 年），模型 3 的结果显示系数 γ_1 明显减小且不显著，而系数 γ_2 明显增大且显著性上升，这说明利率传导机制受到了一定程度的阻碍，与此同时，影子银行体系的作用正逐渐增强。

在模型 4 至模型 7 中，即使控制了代表资金供求的金融深化水平和贷款增长率以及相应的交叉项，上述结论依然显著成立。由此可见，传统的利率传导机制的有效性正在逐渐减弱，特别是自后危机时期以来，影子银行体系的影响愈发明显，已成为主要的影响因素之一。

表 5 – 13　基准和扩展模型的估计结果

	模型 1 全时期	模型 2 全时期	模型 3 后危机时期	模型 4 全时期	模型 5 后危机时期	模型 6 全时期	模型 7 后危机时期
α_1	0.018 ** (0.01)	0.018 * (0.01)	0.003 (0.01)	0.019 * (0.01)	– 0.012 (0.02)	0.030 *** (0.01)	– 0.018 (0.02)
β_1	0.431 *** (0.07)	0.414 *** (0.07)	0.291 ** (0.11)	0.422 *** (0.08)	0.280 ** (0.11)	0.471 *** (0.07)	0.338 *** (0.10)
γ_1	– 0.551 ** (0.25)	– 0.643 ** (0.31)	– 0.253 (0.38)	– 0.688 ** (0.31)	– 0.037 (0.39)	– 0.997 *** (0.31)	0.044 (0.42)
γ_2		0.031 (0.03)	0.087 * (0.04)	0.035 (0.05)	0.414 *** (0.14)	0.074 (0.06)	0.306 ** (0.14)
γ_3		– 0.217 (1.06)	– 1.163 (1.33)	– 0.729 (1.75)	– 8.326 *** (3.10)	– 1.734 (1.71)	– 6.172 * (3.12)
γ_4				– 0.025 (0.25)	– 1.188 ** (0.47)	– 0.488 (0.35)	– 0.507 (0.64)
γ_5				3.194 (7.70)	28.774 ** (11.56)	14.658 (9.31)	14.081 (14.66)
γ_6						– 0.713 ** (0.31)	0.312 (0.43)
γ_7						20.853 *** (6.37)	5.154 (8.07)
调整 R^2	0.242	0.251	0.186	0.244	0.237	0.326	0.347
F 统计量	25.64	13.90	5.06	9.28	4.68	10.26	5.72
观测数	156	156	72	156	72	156	72

注：1. 括号内为系数的标准差；2. * 、** 和 *** 分别表示系数在 10%、5% 和 1% 的水平上显著；3. 全时期和后危机时期分别是指 2002 年 1 月至 2014 年 12 月、2009 年 1 月至 2014 年 12 月。

（二）检验假设命题 1：基于向量自回归模型的框架

为更好地体现产出缺口、利率水平与影子银行体系之间的动态关系，这里还将采用向量自回归模型（以下简称 VAR 模型），通过构建多方程联立形式，把上述变量分别对模型的全部变量滞后值进行回归，进而估计出所有变量之间的动态关系。

首先，利用 ADF 方法对各变量进行平稳性检验（见表 5 – 14）。检验结果表明，三个变量均为平稳序列，可以直接采用 VAR 模型来进行估计。

表 5 - 14   平稳性检验结果

变量	ADF 统计量	P 值	结论
$opgap$	-4.3326^{***}	0.0000	平稳，I（0）
$shadrate$	-13.1189^{***}	0.0000	平稳，I（0）
$rate$	-2.1182^{**}	0.0332	平稳，I（0）

注：$***$、$**$ 分别表示在 1% 和 5% 显著性水平下拒绝该变量存在单位根的原假设。

在由产出缺口、利率水平与影子银行体系组成的 VAR 模型下，本节区分危机前后两个时期对假设命题 1 "影子银行体系是否导致传统的利率传导机制发生改变"进行考察，重点关注利率水平和影子银行体系分别对产出缺口的估计系数的大小与显著性。其中，危机前是指 2002 年 1 月至 2008 年 12 月，危机后是指 2009 年 1 月至 2014 年 12 月。根据信息准则的检验结果，确定 VAR 模型的最优滞后期为滞后一阶。此外，金融深化水平和贷款增长率作为资金需求和供给层面的控制变量加入模型中。具体有关危机前的 VAR 模型结果见下式，$*$、$**$ 和 $***$ 分别表示系数在 10%、5% 和 1% 的水平上显著（以下同）。

$$
\begin{bmatrix} opgap \\ rate \\ shadrate \end{bmatrix} = \begin{bmatrix} -0.0012^{**} \\ -0.0170^{**} \\ 0.2401^{*} \end{bmatrix} + \begin{bmatrix} 0.1148^{***} & -0.1445^{**} & 0.0117 \\ -0.1430^{**} & 0.9168^{***} & -0.0250^{*} \\ 0.5362 & -0.1535^{*} & 0.2282^{***} \end{bmatrix} \times \begin{bmatrix} opgap_{-1} \\ rate_{-1} \\ shadrate_{-1} \end{bmatrix}
$$

$$
+ \begin{bmatrix} 0.5184^{**} & 0.6348^{**} \\ 0.1246^{**} & -0.4387^{*} \\ -0.7107^{*} & -0.2126^{**} \end{bmatrix} \times \begin{bmatrix} crerate \\ finrate \end{bmatrix} + \begin{bmatrix} e_1 \\ e_2 \\ e_3 \end{bmatrix}
$$

由上式可知，利率对于产出缺口的估计系数为 -0.1445，显著为负；影子银行体系对于产出缺口的估计系数为 0.0117，并不显著。这表明，传统的利率传导机制在危机之前仍然是有效的，而影子银行体系尚未实质性地影响到该传导机制。

$$
\begin{bmatrix} opgap \\ rate \\ shadrate \end{bmatrix} = \begin{bmatrix} -0.1948^{**} \\ -0.0741^{**} \\ -0.1979^{**} \end{bmatrix} + \begin{bmatrix} 0.1789^{**} & -0.3275 & 0.5210^{***} \\ -0.1294 & 0.8866^{**} & -0.0142^{*} \\ 0.1916^{***} & -0.0630^{*} & 0.1298^{***} \end{bmatrix} \times \begin{bmatrix} opgap_{-1} \\ rate_{-1} \\ shadrate_{-1} \end{bmatrix}
$$

$$+ \begin{bmatrix} 0.3027^{*} & 0.7272^{**} \\ -0.1780 & 0.3186^{*} \\ -0.1298 & 0.9441^{*} \end{bmatrix} \times \begin{bmatrix} crerate \\ finrate \end{bmatrix} + \begin{bmatrix} e_1 \\ e_2 \\ e_3 \end{bmatrix}$$

由危机后的 VAR 模型结果可知，影子银行体系对于产出缺口的估计系数为 0.5210，明显增大且在 1% 的水平上显著；利率对于产出缺口的估计系数则不显著，说明利率传导机制受到了一定程度的抑制，影子银行体系的作用正逐渐增强。

为进一步考察产出缺口应对利率水平与影子银行体系的冲击效应，下面还将采用脉冲响应函数（Impulse Response）的方法。脉冲响应结果显示（见图 5 - 6），在危机之前，利率水平对产出缺口有明显的负向冲击效应：在第一期便触及负向反应的最大值，然后影响效果逐渐减弱。但在危机之

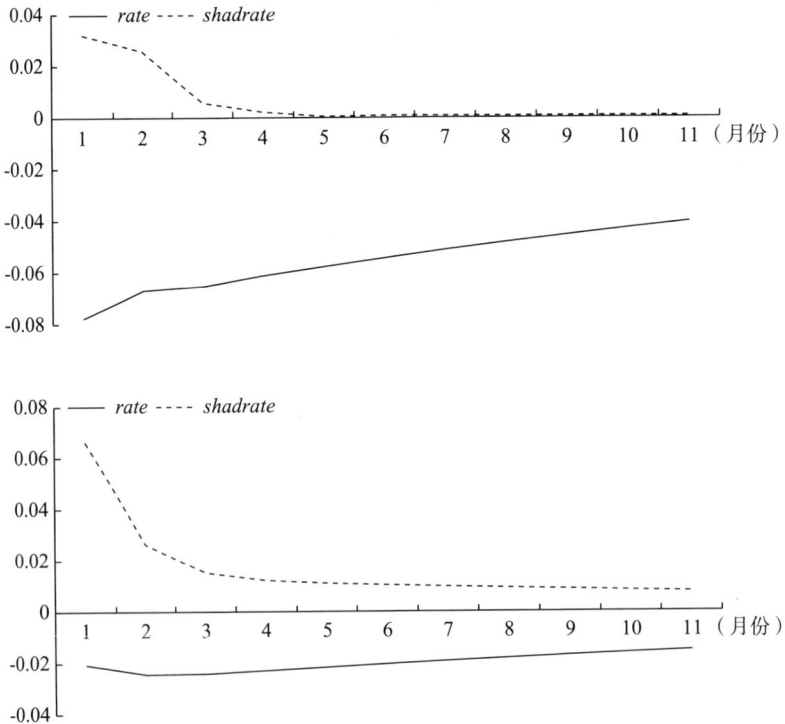

图 5 - 6　产出缺口应对利率水平与影子银行体系的脉冲响应（月度数据）

注：上下两幅图分别是指危机前与危机后的脉冲响应结果；横轴为脉冲响应的期数。

后，尽管还存在类似的负向冲击效应，但反应程度有限，不及之前的四分之一水平。与之相反，影子银行体系对产出缺口的正向冲击效应则表现为从危机之前的反应程度有限到危机之后有明显的正向反应，且后者的反应程度是前者的一倍。

由此可知，传统的利率传导机制的有效性正在逐渐减弱。特别是后危机时期，影子银行体系的影响愈发明显，已成为主要的影响因素之一。

（三） 检验假设命题 2：进一步考察传统的利率传导机制受到抑制的原因

自后危机时期以来，传统的利率传导机制的有效性正逐渐减弱，而影子银行体系的作用却愈发重要。这一此消彼长的现象尤其值得进一步考察。传统的利率传导机制主要是通过市场利率直接作用于金融机构资产负债表上的存贷款，进而影响总产出。但在 2008 年国际金融危机之后，迅猛崛起的影子银行体系则能绕过上述利率传导环节直接扩张信用，并且这些业务大多是在不受监管的金融机构资产负债表外（李波、伍戈，2011）。显然，这抑制了货币政策传导机制的效应，尤其是传统的利率传导机制。为此，通过关注市场利率与金融机构资产负债表上的存贷款之间长期互动影响的情况，可以证明上述货币政策传导机制受到抑制的原因。这一部分便在一个有约束的向量自回归（Restricted Vector Auto – regression）框架内，借鉴 Goswami 等（2009）的做法，运用 VEC（2，1）模型分析内生变量间的动态关系。[①] 该模型的向量表达式为：

$$A(L)(1-L)\{Z_{k,t}\}_{k=1-2} = \alpha\beta'\{Z_{k,t-1}\}_{k=1-2} + d(L)u_t$$

其中，L 是滞后算子，$A(L)(1-L)Z_{k,t} = A(L)\Delta Z_{k,t} = \Delta Z_{k,t} - \Gamma_1\Delta Z_{k,t-1} - \cdots - \Gamma_{p-1}\Delta Z_{k,t-(p-1)}$；$Z_{1,t} = (r_t, loan_t)'$，$Z_{2,t} = (r_t, deposit_t)'$；$\alpha$ 是调整系数矩阵，β 是协整系数矩阵；$d(L)$ 是由滞后算子表示的多项式矩阵。根据 Johansen 协整检验的原理，存在两个协整关系，即反映长期数量关系的两个线性组合，分别为 CI_1：$loan_t = c + \phi_1 r_t$ 和 CI_2：$deposit_t = c + \phi_2 r_t$。

---

① 根据信息准则的结果，选择最优滞后期为滞后一阶。

经检验，模型的估计结果显示，在 2008 年国际金融危机前后，市场利率对金融机构主要资产项贷款的作用有较为明显的变化，即模型 8 和模型 9 的系数 ϕ_1 由危机前的显著影响到危机后的影响力大幅下滑，系数下降至原值的十分之一。这表明在后危机时期，利率调控对传统的银行表内融资（如贷款创造等）影响的有效性出现了明显的下降。相反，以影子银行体系为代表的表外融资正好可以绕过货币当局调控短期利率的环节直接创造贷款，也对利率传导机制有效性下降的实证结论进行了解释（见表 5 - 15）。

此外，在同一时期，市场利率对金融机构主要负债项存款的作用则相对稳定。该系数在危机前后变化不大，模型 10 和模型 11 的 ϕ_2 值由 0.397 小幅变动至 0.224。

表 5 - 15　VEC 模型的估计结果

	模型 8 危机前	模型 9 危机后	模型 10 危机前	模型 11 危机后
协整向量	利率与贷款	利率与贷款	利率与存款	利率与存款
协整系数 ϕ_i	- 1.991 *** （0.33）	- 0.195 ** （0.06）	0.397 *** （0.08）	0.224 *** （0.06）
关于利率的调整系数 α_i	- 0.495 *** （0.08）	- 1.022 ** （0.36）	- 1.511 *** （0.33）	- 1.817 *** （0.45）
控制影子银行体系	是	是	是	是
观测数	84	72	84	72

注：1. 括号内为系数的标准差；2. * 、** 和 *** 分别表示系数在 10% 、5% 和 1% 的水平上显著；3. 危机前和危机后分别是指 2002 年 1 月至 2008 年 12 月、2009 年 1 月至 2014 年 12 月。

三　稳健性检验

这一部分将采用 2002—2014 年宏观经济的季度数据，重新检验影子银行体系对货币政策传导机制的影响。与前面类似，所有的宏观经济数据都需要进行预处理，即消除价格和季节因素的调整。鉴于国家统计局按季度公布国内生产总值，本节以经 HP 滤波法消除趋势的国内生产总值同比增速作为实际产出缺口新的衡量指标（Gdpgap）。此外，除市场利率是以连续三个月度数据的均值作为季度数据外，其他变量都是在月度数据的基础上进行加总并核算为季度数据。

（一） 稳健性检验之假设命题 1

在宏观计量结构模型的框架内，设定以下拓展模型用以检验假设命题 1：

$$y_t = \alpha_1 + \beta_1 y_{t-1} + \gamma_1 r_{t-1} + \gamma_2 s_t + \gamma_3 s_t \times r_{t-1} + \gamma_4 f_t \times r_{t-1}$$
$$+ \gamma_5 s_t \times f_t \times r_{t-1} + \gamma_6 c_t \times r_{t-1} + \gamma_7 s_t \times c_t \times r_{t-1} + \varepsilon_t$$

其中，各种变量设定与前面模型说明是一致的。

该稳健性检验的结果显示（见表 5 - 16），在 2002—2014 年的全时期内，反映中国产出的利率弹性 γ_1 仅在 10% 显著性水平上为负或不显著，而反映产出的影子银行弹性 γ_2 则显著为正。特别是在后危机时期，系数 γ_1 均不显著，而系数 γ_2 仍在 5% 显著性水平上为正，这表明传统的利率传导机制受到了较为明显的抑制，相反地，影子银行体系的作用却日益增强。即使加入了一系列控制变量之后，上述结论也依然成立。

表 5 - 16　稳健性检验一的估计结果

	模型 12 全时期	模型 13 后危机时期	模型 14 全时期	模型 15 后危机时期	模型 16 全时期	模型 17 后危机时期
α_1	0.024 * (0.01)	- 0.095 (0.06)	- 0.019 (0.02)	- 0.094 (0.06)	- 0.015 (0.02)	- 0.073 (0.06)
β_1	0.624 *** (0.11)	0.327 * (0.18)	0.596 *** (0.11)	0.290 (0.19)	0.601 *** (0.11)	0.399 * (0.20)
γ_1	- 1.023 * (0.53)	2.191 (1.86)	1.498 (1.23)	3.820 (2.81)	- 2.219 * (1.24)	4.295 (2.86)
γ_2		0.582 ** (0.25)	0.248 ** (0.11)	0.565 ** (0.26)	0.217 ** (0.10)	0.445 (0.27)
γ_3		- 17.689 * (8.44)	- 12.963 ** (5.66)	- 24.163 * (11.49)	- 16.770 *** (5.73)	- 27.095 ** (11.60)
γ_4			- 5.449 (3.27)	- 7.276 (8.57)	- 9.446 ** (3.64)	- 13.076 (9.50)
γ_5			21.864 (15.53)	30.561 (35.13)	44.843 ** (18.22)	65.573 (40.94)
γ_6					- 2.356 ** (1.12)	- 6.940 (4.86)

续表

	模型 12 全时期	模型 13 后危机时期	模型 14 全时期	模型 15 后危机时期	模型 16 全时期	模型 17 后危机时期
γ_7					14. 797 ** (6. 72)	38. 306 (23. 81)
调整 R^2	0.463	0.411	0.502	0.368	0.533	0.395
F 统计量	22.53	4.84	9.39	3.13	8.14	2.80
观测数	52	24	52	24	52	24

注：1. 括号内为系数的标准差；2. *、** 和 *** 分别表示系数在 10%、5% 和 1% 的水平上显著；3. 全时期和后危机时期分别是指 2002 年第 1 季度至 2014 年第 4 季度、2009 年第 1 季度至 2014 年第 4 季度。

同样地，在向量自回归模型的框架内对假设命题 1 进行考察。先是进行平稳性检验，其结果显示各变量均为平稳序列（见表 5 - 17）。

表 5 - 17　平稳性检验结果

变量	ADF 统计量	P 值	结论
$gdpgap$	- 4.9558 ***	0.0000	平稳，I (0)
$shadrate$	- 6.2219 ***	0.0000	平稳，I (0)
$rate$	- 3.9618 ***	0.0002	平稳，I (0)

注：*** 表示在 1% 显著性水平下拒绝"该变量存在单位根"的原假设。

再分别构建危机前后两个时期的 VAR 模型考察命题 1，重点关注利率水平和影子银行体系各自对于产出缺口的估计系数。其中，危机前是指 2002 年第 1 季度至 2008 年第 4 季度，危机后是指 2009 年第 1 季度至 2014 年第 4 季度。此外，VAR 模型最优滞后期的选择以及控制变量的加入，都与之前的做法一致。危机前的 VAR 模型结果如下式所示。

$$
\begin{bmatrix} gdpgap \\ rate \\ shadrate \end{bmatrix} = \begin{bmatrix} 0.3440^* \\ -0.2151 \\ 0.3372^* \end{bmatrix} + \begin{bmatrix} 0.5639^{**} & -0.3907^{**} & 0.0353 \\ -0.2151 & 0.7574^{***} & -0.0491^* \\ 0.5869 & -0.7545 & -0.2933^{***} \end{bmatrix} \times \begin{bmatrix} gdpgap_{-1} \\ rate_{-1} \\ shadrate_{-1} \end{bmatrix}
$$

$$
+ \begin{bmatrix} 0.2383 & 0.8443 \\ 0.2234^{**} & -0.0823^* \\ -0.4958^{**} & -0.0223^* \end{bmatrix} \times \begin{bmatrix} crerate \\ finrate \end{bmatrix} + \begin{bmatrix} e_1 \\ e_2 \\ e_3 \end{bmatrix}
$$

由上式可知，利率对于产出缺口的系数为 -0.3907，并显著为负，而影子银行体系对产出缺口的系数为 0.0353 且不显著。这表明，在危机之前，传统的利率传导机制的作用是有效的，影子银行体系并未产生实质性的影响。

$$
\begin{bmatrix} gdpgap \\ rate \\ shadrate \end{bmatrix} = \begin{bmatrix} -0.1768^{*} \\ -0.1720 \\ -0.1012 \end{bmatrix} + \begin{bmatrix} 0.1094^{*} & -0.0959 & 0.1283^{**} \\ -0.0111 & 0.8016^{***} & -0.0504 \\ 0.2975 & -0.0946 & 0.4726^{**} \end{bmatrix} \times \begin{bmatrix} gdpgap_{-1} \\ rate_{-1} \\ shadrate_{-1} \end{bmatrix}
$$

$$
+ \begin{bmatrix} 0.3761^{*} & 0.1718 \\ -0.0248 & 0.9422^{*} \\ -0.0462 & 0.5839^{*} \end{bmatrix} \times \begin{bmatrix} crerate \\ finrate \end{bmatrix} + \begin{bmatrix} e_1 \\ e_2 \\ e_3 \end{bmatrix}
$$

由上式可知，危机后的 VAR 模型结果是：影子银行体系对于产出缺口的系数为 0.1283，明显变大且十分显著；但利率对于产出缺口的系数不显著。这表明在危机之后，影子银行体系的作用愈发重要，而传统的利率传导机制受到了抑制。

最后，脉冲响应结果显示在危机前后，产出缺口应对利率水平与影子银行体系的冲击效应有此消彼长的变化（见图 5-7）。

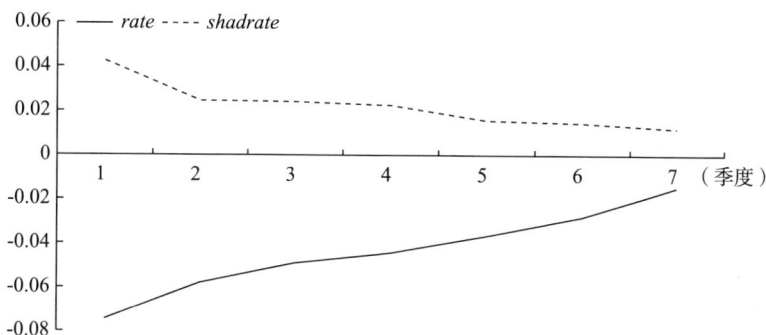

图 5-7　产出缺口应对利率水平与影子银行体系的
脉冲响应（季度数据）

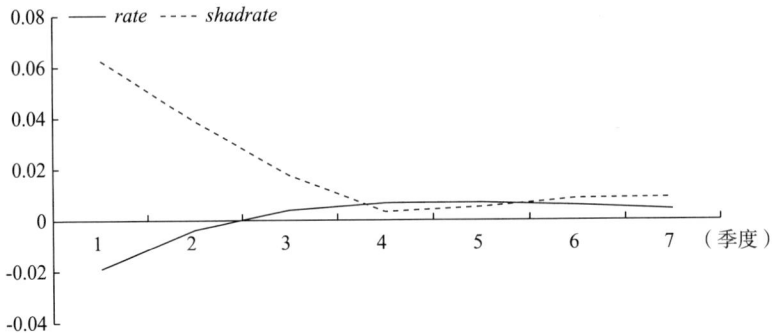

图 5 – 7　产出缺口应对利率水平与影子银行体系的
脉冲响应 (季度数据) (续图)

注：前后两幅图分别为危机前与危机后的脉冲响应结果；横轴为脉冲响应的期数。

(二) 稳健性检验之假设命题 2

稳健性检验二的结果也支持原先实证的结论，即市场利率对金融机构的贷款部分在国际金融危机前后的系数 ϕ_1 有较为明显的变化，而对金融机构的主要负债存款部分的系数 ϕ_2 则相对稳定 (见表 5 – 18)。可见，传统的由市场利率影响贷款创造的这一机制，目前对实体经济的传导效应已变得十分有限。

表 5 – 18　稳健性检验二的估计结果

	模型 18 危机前	模型 19 危机后	模型 20 危机前	模型 21 危机后
协整向量	利率与贷款	利率与贷款	利率与存款	利率与存款
协整系数 ϕ_i	– 1. 357 *** (0. 95)	– 0. 125 *** (0. 23)	0. 245 *** (0. 37)	0. 267 *** (0. 23)
关于利率的调整系数 α	1. 358 *** (0. 36)	– 0. 289 *** (0. 04)	– 0. 769 *** (0. 11)	– 0. 795 *** (0. 09)
控制影子银行体系	是	是	是	是
观测数	28	24	28	24

注：1. 括号内为系数的标准差；2. * 、** 和 *** 分别表示系数在 10% 、5% 和 1% 的水平上显著；3. 危机前和危机后分别指 2002 年第 1 季度至 2008 年第 4 季度、2009 年第 1 季度至 2014 年第 4 季度。

总之，从上述的研究结果可以得出两个结论：一是在 2008 年国际金融危机之后，影子银行体系对传统的利率传导机制产生了显著影响，即利率水平对产出缺口的影响效力明显下降，而影子银行体系对产出缺口的影响效力日益增强；二是利率传导机制受到抑制的原因主要在于市场利率变动对贷款创造的影响出现了明显下降。

专栏：探究我国影子银行体系产生与发展的深层次根源

尽管前面的经验研究结果表明中国影子银行体系确实对利率传导机制有实质性影响，但这是在 2008 年国际金融危机之后才开始有明显作用的，所以当前较为普遍的解释是将中国影子银行体系的产生直接归因于金融抑制（黄益平、常健杨、杨灵修，2012；陆晓明，2014），这就无法解释"为何该现象是在危机之后才有如此明显的变化"。因此，对于理解中国影子银行体系而言，除了一般意义上的金融抑制环境之外，还需要结合中国当时特定的政策背景。

自国际金融危机以来，我国的宏观调控处于松紧快速切换的状态，政策取向时而宽松时而紧缩。为应对 2008 年的国际金融危机，我国实施了一系列大规模的刺激性经济政策，尤其是银行信贷的大量投放：贷款余额仅2009 年一年便增长了近 10 万亿元，达到 42.6 万亿元，而 2008 年末的贷款余额规模还只有 32 万亿元。然而，到 2010 年，为抑制上述刺激政策带来的宏观经济过热和市场流动性供给过剩的局面，人民银行采取了一系列紧缩性的货币政策来进行调控。特别是在 2010 年第 4 季度至 2011 年第 3 季度，先后 5 次上调基准利率共 125 个基点，9 次上调存款准备金率共 450个基点。在接下来的 2012—2014 年，货币政策取向又再一次出现了松紧的反复。以货币供应量（M_2）增速为例，先从 2011 年第 3 季度的前期低点13.1% 大幅增长至 2012 年第 3 季度的高点 19.8%，之后一路下滑至 2014年第 1 季度的低点 12.1%，创下近十年来的纪录新低。但在同期，政府对M_2 增长率的预期目标值却设定在 13%—14%。[1]

显然，频繁变动的政策调控对银行信贷产生了十分不利的影响。在政

---

① 关于货币政策取向与动态调整的内容，详见徐鹏和徐文舸有关论述（2015）。

策紧缩时期，银行信贷不仅受严格的信贷额度配给以及高企的存款准备金率等监管要求的约束，还会受到政府针对信贷市场活动的行政干预；在政策宽松时期，银行放贷行为被过度激发，信贷投向资本密集型的行业和项目，如钢铁、煤炭、房地产等，进一步加剧了中国产能过剩的周期性失衡。因此，商业银行本身也是政策频繁变动的"受害者"，其或主动或被动地将原在表内的贷款转移至表外，产生了中国的影子银行体系，并在短期内以惊人的速度不断膨胀。由此可以看出，我国的影子银行体系，不仅是商业银行在金融抑制的环境下为规避监管和行政干预而自发的一种金融创新形式，更是对我国宏观调控频繁变动的一种应激反应。这也表明，在对经济金融进行宏观调控时，宏观经济政策，特别是货币政策必须具有前瞻性、连续性和稳定性。

第五节　本章小结

本章从影子银行体系的视角来考察债务证券化的特性。其中，主要的研究内容按关于证券化的定义、全球影子银行体系的概览，关于债务证券化的理论模型以及影子银行体系的宏观效应等重要议题依次展开。

在第一节"关于证券化的定义"，笔者从概念、定义和运作模式入手来界定债务"证券化"这一特性，并比较了 OTH 与 OTD 两种模式所存在的三大特征差异，由此得出以 OTD 模式为主的证券化所产生的宏观经济效应对当前债务问题的重要性。

第二节"全球影子银行体系的概览"是对全球影子银行体系发展状况的详细考察，其中，重点介绍了美国和中国证券化市场的情况。该考察结果表明，快速发展的影子银行体系已然成为金融市场不可或缺的重要组成部分，2008 年金融危机也只是暂时减缓了其不断上升的趋势，同时，影子银行体系的宏观经济效应却日渐凸显。此外，各国影子银行体系的发展也遵循着自身金融体系的现状与特殊性。

第三节"关于债务证券化的理论模型"阐述了证券化下 OTD 模式导致部分银行出现流动性危机，甚至是那些稳健经营的银行也会因缺少流动性而发生倒闭的整个过程。具体而言，一方面是基于银行个体的研究，OTD 模式并未起到控制和降低风险的作用，只是通过扣减比例增减的方式来对冲风险，但风险仍潜藏在银行业和金融体系之中；另一方面是基于银行业整体的研究，部分银行的流动性不足会抑制整个市场所提供的流动性，进而出现对抵押贷款证券的甩卖现象，最终那些稳健经营的银行也会受到金融传染的影响——因缺少流动性而发生倒闭。

第四节"中国现实：关于影子银行体系的宏观效应"考察了影子银行体系对传统利率传导机制的宏观效应，以此来给出债务证券化影响经济的证据。笔者主要选取中国 2002—2014 年宏观经济的月度与季度数据为研究样本，以影子银行体系与货币政策传导机制为研究对象，采用宏观计量结构模型与向量自回归模型等实证研究方法。经研究发现，在 2008 年国际金融危机之后，中国影子银行体系对传统的利率传导机制产生了显著影响，即利率水平对产出缺口的影响效力明显下降，而影子银行体系对产出缺口的影响效力日益增强；更进一步地，产生这一现象的原因主要在于市场利率变动对贷款创造的影响出现了明显下降。

第六章

如何应对债务危机

受债务的顺周期性、可持续性与证券化三大特征规律影响，金融体系内的系统性风险呈不断加剧的态势，特别是当经济体面临债务积压的情形时，如何应对债务危机则成为亟待解决的关键问题。各国政府的相关实践表明，以货币和财政政策为代表的宏观稳定政策未能有效地应对债务危机与削减债务水平。因此，笔者建议分别从短期和中长期施策，令经济体走出债务积压的困境。一是在短期，借助公私分担型的债务重组方式，把积压的债务迅速降至可持续水平，以规避破产和违约潮对宏观经济所造成的破坏性影响。二是在中长期，通过积极改善宏观基本面来有效地控制经济体的总债务水平并逐步削减，特别是财政基本盈余的好转和实际 GDP 增长率的上升等宏观基本面的改善，以及政务信息的透明与财政权力的集中等制度安排均有利于有效控制经济体的负债率以及总债务水平。三是在中长期，需要重塑金融体系，既包括在宏观和微观层面上分别构建审慎政策框架，以激励相容的原则保证金融监管体系实现统一协调和规范运作；也要求金融体系从以债务类融资方式为主转向以股权类融资方式为主，引入合理的机制设计（如风险共担式住房抵押贷款等），使整个体系变得更为稳健。

第一节　常规的宏观稳定政策失效

在债务危机爆发之后，为应对大规模债务违约，各国政府通常会首先采用常规的宏观稳定政策（如扩张基础货币与财政赤字等），然而，常规的宏观稳定政策往往难以熨平经济的下行波纹。表6-1揭示了危机发生后三年各国所采取的常规宏观稳定政策及相应的产出累计损失，可以看到，常规的宏观稳定政策并没有带来经济的复苏。

表6-1　各国采用常规的宏观稳定政策应对大规模债务违约的多角透视

单位：%

国家（危机年份）	常规的宏观稳定政策（危机发生后三年的平均值）		产出损失（危机发生后三年的累计值）
	以基础货币扩张为代表的货币政策	以财政赤字扩张为代表的财政政策	
瑞典（1991）	21.63	7.33	30.60
芬兰（1991）	1.75	5.07	59.08
墨西哥（1994）	22.03	4.77	4.25
委内瑞拉（1994）	79.32	1.64	9.62
保加利亚（1996）	245.13	3.09	1.30
牙买加（1996）	19.35	5.71	30.08
日本（1997）	8.88	6.17	17.56
韩国（1997）	4.05	1.66	50.10
印尼（1997）	47.66	2.47	67.95
泰国（1997）	12.95	2.51	97.66
越南（1997）	24.17	2.74	19.72
哥伦比亚（1998）	11.97	4.28	33.52
土耳其（2000）	33.99	10.55	53.50
阿根廷（2001）	36.28	7.23	42.65
乌拉圭（2002）	17.37	0.00	28.79
多美尼加（2003）	45.95	6.45	15.51

注：样本包括1990年以来爆发大规模债务违约且数据可得的16个国家典型案例。
资料来源：Laeven and Valencia（2008）。

同时，面对债务积压的局面，以货币政策和财政政策为代表的宏观稳定政策也未能有效地削减债务。在去杠杆还是保增长的选择中，决策者陷入两难的困境。

一 货币政策的失效

在货币政策传导机制中，信贷发挥着十分重要的作用。这里以中央银行实施扩张性货币政策为例，第一步是增加基础货币，中央银行开展公开市场业务，向商业银行购买政府债券，商业银行的准备金随即增加；第二步是商业银行扩张信贷规模，准备金的增加提升了商业银行的可贷资金规模；第三步是扩大社会总需求，信贷规模直接影响经济参与主体的最优决策（如居民增加消费、企业扩大生产等）。

不过，上述传导机制的正常运行需要满足信贷能同步增长的条件，即只有当商业银行因准备金增加而增加贷款时，才会导致货币供应量的增加；反之，如果商业银行没有增加贷款，那么银行准备金的增加并不会带来货币供应量的相应增长。其中，后者往往在债务积压的情况下普遍存在，也就是说，商业银行的贷款创造机制无法有效启动信贷市场。这一现象在美国次贷危机时期表现最为典型。

专栏：美国次贷危机时期的货币政策

次贷危机爆发后，美联储采用了扩张性货币政策，基础货币成倍增加，最高年度水平达到 2007 年的 4.5 倍之多，但收效甚微，货币供应量仅温和增长，商业部门信贷规模甚至一度出现负增长（见图 6-1）。

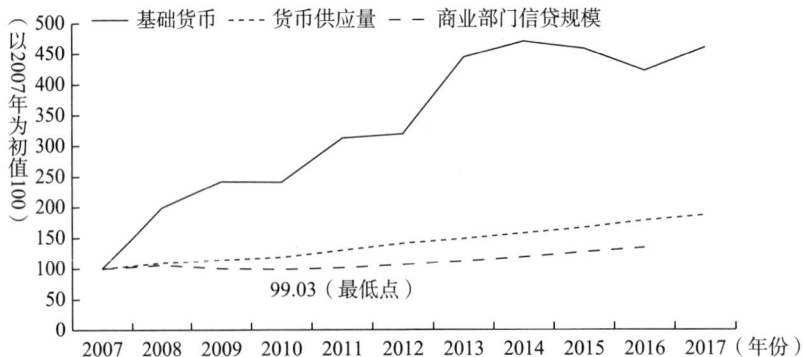

图 6-1　美联储实施扩张性货币政策的实际效果（2007—2017 年）

注：1. 数据均设定 2007 年为初值 100；2. 商业部门信贷规模数据的时间为 2007—2016 年。
资料来源：圣路易斯联储银行数据库（Federal Reserve Bank of St. Louis）。

按照"基础货币乘以货币乘数等于货币供应量"的准则,货币供应量未出现同步增长主要是货币乘数大幅下滑所致。在美国次贷危机时期,货币乘数出现"断崖式"下滑,其数值从危机前的8—9倍直线下滑至危机后的4倍以下,且持续长达数年(见图6-2)。

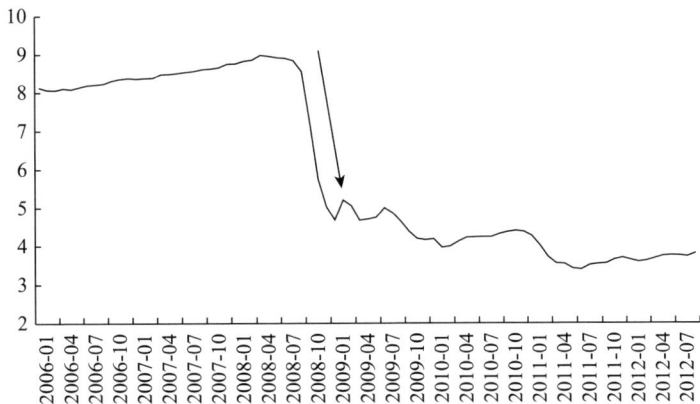

图6-2 美国货币乘数的变化(2006—2012年)

资料来源:圣路易斯联储银行数据库(Federal Reserve Bank of St. Louis)。

究其原因,由于 $K = M_2/BASE = (C+D)/(C+R) = (1+D/C)/(1+R/C)$,故影响货币乘数 K 的有两大因素,一是存款通货比 D/C,二是准备金通货比 R/C。[①] 其中,存款通货比 D/C 由国民的心理和习惯决定,该数值短期内一般较为稳定;准备金通货比 R/C 则由商业银行来决定。在债务积压的经济形势下,商业银行的放贷意愿不强再加上企业和居民预期不见好转等一系列因素共同导致准备金通货比 R/C 急剧上升,从而直接拉低了货币乘数 K 的数值。

事实上,在货币乘数大幅下滑的同时,美国商业银行的超额准备金规模在不断累积。尽管次贷危机之前超额准备金数量水平可忽略不计(只有十几亿美元),但其短时间内竟累积起高达2万多亿美元的规模(见图6-3)。

---

① 式中 K 表示货币乘数,M_2 表示货币供给,$BASE$ 表示基础货币,C 表示流通中的货币,D 表示存款,R 表示银行的准备金,D/C 表示存款通货比,R/C 表示准备金通货比。

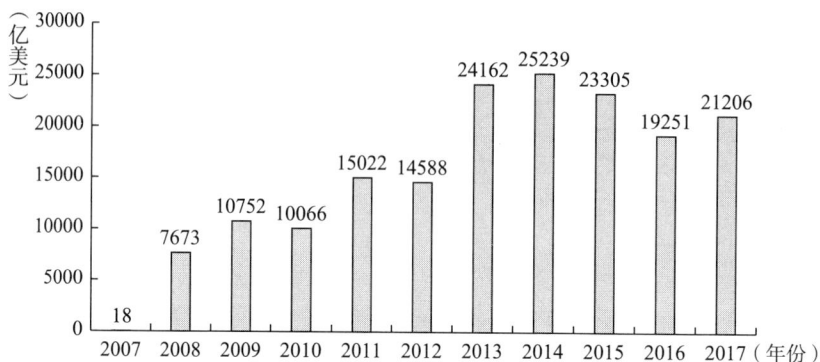

图 6 - 3　美国商业银行超额准备金规模的变化（2007—2017 年）
资料来源：圣路易斯联储银行数据库（Federal Reserve Bank of St. Louis）。

可见，在面对债务积压问题时，基础货币的外生性扩张并不能改变贷款内生性的运作机理，货币乘数的大幅下滑导致货币政策失效。即便采用非常规货币政策，释放出大量基础货币（主要是以准备金的形式），也难以提振总需求，从而无法消化所积压的债务。

在债务积压的情形下，对于企业和家庭而言，它们往往会面临两种选择：一种是尽力偿还债务，通过增加储蓄、削减开支来重建自身的资产负债表；另一种是拖欠债务，由于债务人为此要遭受信用水平降级的长期惩罚，故这种情况只有在深陷严重资不抵债的状况下才会发生。对于商业银行而言，一方面，受困于自身较高的坏账水平与满足各国政府短期内强化的监管措施，此时改善资产负债结构显得更为重要；另一方面，面临比正常时期更高违约可能的债务人，选择惜贷才能保全自身。

因此，在不解决眼前所积压的债务问题之前，家庭和企业避免借款、商业银行拒绝贷款，债务链条无法重新恢复循环，就直接导致货币政策的实施效果极为有限，整个经济也难以从衰退中复苏。为此，经济体要走出债务积压的困境，单靠货币政策无法实现，唯有采取债务重组的方式才能卸下重担、轻装前行。

二　财政政策的失效

在货币政策失效的情况下，财政政策则具备更为有利的施展空间，再加上直接扩大公共支出便是增加总需求，因此，各国政府更倾向于利用财政政策来应对危机。一般而言，财政政策的运用，旨在通过调整政府支出和税负来减少经济波动。以扩张性财政政策为例，其主要是通过增加政府支出、降低税负等措施来提振总需求，从而降低危机的负面冲击。

从财政政策的作用机制来看，除了自动稳定器（Automatic Stabilizer）[①]外，财政政策的相机抉择部分（或称自主性部分，Discretionary）直接反映了政府的政策取向，像扩张性财政政策意味着政府积极实行增加公共部门支出、推行减税等政策。无论政府是采用直接增加公共部门的支出还是给私人部门减税，财政政策起作用的根本原因在于其乘数效应，也就是说，发挥公共部门资金"四两拨千斤"的作用，引导带动私人部门增加支出的效果。以2009年美国的《复苏和再投资法案》（*The American Recovery and Reinvestment Act*）为例，为应对次贷危机所造成的经济衰退，奥巴马政府于2009年分别新增政府投资1200亿美元，减税650亿美元，以当时的政府投资乘数为1.5与政府税收乘数为1计，这意味着将分别产生1800亿美元的投资乘数效应和650亿美元的税收乘数效应，当年额外提升GDP增长率1.75个百分点。[②] 因此，假设2009年没有新增政府投资1200亿美元、减税650亿美元，或者投资乘数不是1.5、税收乘数不是1，那么，当年的实际GDP增长率将从−2.8%进一步下滑至−4.55%（达龙·阿西莫格鲁、莱布森、李斯特，2016）。

不过，财政政策的有效性，一直受到各方质疑，尤其是自20世纪70年代各国政府普遍出现财政赤字以来，反对政府运用扩张性财政政策的声音不绝于耳。面对债务危机的情形，财政政策的效果更具有一定的不稳定性。其中，既有财政政策本身存在影响乘数效应的不利因素制约，也有政府债务相关因素的干扰。

一是挤出效应导致公共部门投资政策效果不及预期。在实施扩张性财政政策的过程中，公共部门增加支出往往会扩大政府赤字，导致市场利率

---

① 自动稳定器能随经济周期波动而自动扩张或收缩，无须动用实施财政政策。
② 该1800亿美元和650亿美元分别由新增的政府投资1200亿美元乘以投资乘数1.5、减税650亿美元乘以税收乘数1得到，由于2009年美国国内生产总值为14万亿美元，故2450亿美元/14万亿美元＝1.75%，即额外增加的GDP增长率。

上升，从而影响私人部门的投资。这意味着增加公共部门支出并不会增加总需求，而仅仅改变了总需求结构，即公共部门需求挤出了私人部门需求。尽管不会出现完全挤出效应，但部分挤出私人部门的支出便已影响到投资乘数效应的大小，导致其政策效果减弱。

二是李嘉图等价定理导致减税政策效果不及预期。民众预期政府当期减税意味着未来更多的税收负担，这也就不会改变之前的一系列决策行为，可以说，政府的减税效果将不会促使私人部门增加消费行为（Barro，1974）。当然在现实中，并不是每一个经济个体都具备理性预期，大部分人会因当期减少税收负担而不同程度地增加当期的消费支出，从而导致李嘉图等价定理的部分失效。

三是政策实施的外部时滞和公共部门的浪费现象，导致财政政策总体效果不及预期。尽管财政政策的外部时滞要弱于货币政策，其能较为迅速地对总需求产生影响，但内部时滞的问题比较严重，特别是政策实施前的整体决策过程十分烦琐，牵涉多个政府部门和各级政府的利益。当然，在政策实施过程中，公共部门增加的支出是否具有效率，又会反过来影响政策的整体效果，因为有时公共部门的支出缺乏效率，甚至投向负社会价值的领域，会进而产生新的问题。

四是财政赤字和债务规模影响财政政策的实施效果。财政赤字反映了政府一定时期的收支情况，在实施扩张性财政政策时期，政府增加支出、减少税收、举借债务等都会如实反映在财政赤字上。自 20 世纪 70 年代各国政府普遍出现财政赤字以来，财政赤字导致政府债务水平不断攀升，部分国家的负债率（年末债务余额/当年国内生产总值）远超警戒线，像日本在 2015 年的政府负债率竟然高达 246%。特别是遭遇 2008 年国际金融危机之后，各国政府为应对危机所采取的扩张性财政政策导致负债率高企，政府债务规模创历史新高。财政赤字和债务规模的不断扩大，不仅造成扩张性财政政策的不可持续，而且也使得相机抉择的财政政策效果适得其反。前者导致民众预测政府未来将进行财政整固，导致私人部门非但不扩大支出反而进行预防性储蓄①，尤其是当经济体的债务规模超过临界水平

---

① 上述现象发生的情形是当政府增加债务来偿付公共部门支出时，由于政府在未来必须偿还债务，这就意味着纳税人在未来将要负担之前所举借的全部债务。

（或阈值）后，扩张性财政政策所带来的正效应将会被所谓的李嘉图等价定理所抵消（特里谢，2003）。后者则出现所谓的"反凯恩斯效应"（Anti - Keysian Effects），即扩张性财政政策效果有限，紧缩性财政政策反而可能出现扩张效应，而该现象往往出现在经济体的债务规模超过临界水平时的情形。此外，有研究发现，政府投资乘数与政府税收乘数在短期内往往小于1，并且在后续时期的影响效果并不稳定（Blanchard and Perotti，2002），这给通过扩大财政赤字和债务规模来实施扩张性财政政策所带来的短期收益是否能匹配长期成本带来较大疑问。

专栏：日本"平成萧条"时期的财政政策

在 20 世纪 80 年代末泡沫经济破灭之后①，为止住经济不断下滑的颓势，日本政府在近二十多年时间里先后推出多轮刺激经济增长的政策措施，其中包括扩张性财政政策，但政策整体效果不尽如人意，日本经济未能持续复苏增长，陷入"失去的十年"。

1992—2002 年，日本政府先后推出 12 项扩张性财政政策计划，其中主要是以公共投资计划为代表，十年间共增加公共投资 130 多万亿日元，部分时期的投资计划规模高达 GDP 的 2% 。以 1992—1994 年为例，日本政府实施了 4 轮"综合经济对策"（合计规模约 45 万亿日元），这一时期的年度固定资本形成分别增加 17.6% 、13.1% 和 2.4% ，其对经济增长的贡献度分别为 1.2% 、1.0% 和 0.2% 。可见，这三年的公共投资效果并不显著，不仅公共部门支出没能带动私人部门增加支出，其带动效果逐渐递减，而且日本的实际 GDP 增长率也分别只有 0.3% 、 - 0.2% 和 0.6% ，增长复苏程度不及预期（张玉棉，2003）。

究其主要原因，债务危机所导致的私人部门去杠杆过程过于漫长，金融体系（特别是银行体系）的不良资产处置不及时，从而在供需两端限制了宏观稳定政策的实施效果。② 特别是扩张性财政政策的乘数效应受到抑

---

① 经济泡沫破灭发生在明仁天皇 1989 年继位之时，其年号为平成，故称"平成萧条"。

② 此外，日本面临的人口老龄化、全球化挑战等结构性问题也制约了其摆脱债务困境的能力。

制，具体表现为公共部门投资的增加未能带动私人部门增加设备投资。在日本经济中，私人部门设备投资对经济增长的影响较大，像在 1993 年，私人部门设备投资拖累实际 GDP 增长率下降 1.7 个百分点，而最终当年经济仅增长 -0.2%。尽管政府增加公共部门投资可以适当弥补短期总需求的不足，但私人部门却迟迟不增加设备投资，在整个 90 年代有 1/2 年度的设备投资对日本经济增长的贡献为负，这也是日本经济一直未能真正摆脱低迷的最主要原因。

日本政府在 20 世纪 90 年代实施多轮扩张性财政政策的后续不良影响仍在继续。随着政府债务大幅攀升，日本政府在 2015 年的负债率竟然高达 246%，居经合组织国家中最高水平。为此，未来日本政府债务偿还能力令人担忧，其正逐步从私人部门的债务危机演变为政府的债务危机。

第二节　短期对策：债务重组

一　债务重组的概述

从短期来看，为把积压的债务迅速降至可持续水平，且规避破产和违约潮对宏观经济所造成的破坏性影响，债务重组是一种有效的应对策略。债务重组的主要表现形式为通过多方（不仅仅是债权债务双方，还包括政府、中介机构等）协商对债务本金进行减记（Write - down），这使得债务人和债权人可以较为合理均衡地消减直接违约所带来的冲击，而不是完全由债务人承担所有损失。

当然从表面上来看，上述债务重组的做法有违传统的契约精神，但在债务危机的背景下，即当宏观稳定政策面临失灵的时候，债务重组是应对经济出现消费大幅下滑的政策选择。这是由于在爆发债务危机（尤其是以房地产所引发的债务危机）后，违约的债务人除了杠杆较高之外，收入也普遍较低，作为高边际消费倾向的群体突然大幅削减消费支出，这对宏观经济的冲击程度不亚于债务违约本身的影响；与之相反，债权人一般拥有较低的杠杆和较高的收入，债务违约对其消费支出影响较小，并且作为低边际消费倾向的群体在消费支出上也较为稳定。因此，从宏观而言，债务重组是将财富通过多方协商的方式从低边际消费倾向的群体向高边际消费倾向的群体转移（后者的边际消费倾向大概是前者的3—5倍），其有助于稳定总需求（阿代尔·特纳，2016）。在2007年美国次贷危机爆发后，有不少经济学家支持上述观点，像Reinhart（2011）指出，家庭债务重组（尤其是对低收入家庭的本金减记）将是令美国经济加快复苏增长的最为有效的手段；Feldstein（2011）也表示，解决房地产市场乱局的唯一方法就是永久地减少悬在美国家庭部门头上的"达摩克利斯之剑"——住房抵押贷款债务。即便是国际货币基金组织也在当时呼吁，对美国家庭部门的债务进行重组，不仅可以显著减轻债务偿付负担，而且也将大幅减小家庭违约和止赎的规模（IMF，2012）。

相比常规的宏观稳定政策，像货币和财政政策虽然对稳定经济有一定帮助，但都不如债务重组在短期内应对债务危机来得更直接有效。这是由于债务重组既能防止内需快速下滑，还能避免经济体陷入流动性陷阱。正如阿蒂夫·迈恩和阿米尔·苏非（2015）所言，美国原本应该大规模实施对住房抵押贷款的债务重组，并逐步将居民部门的住房抵押贷款债务削减至可负担的水平，从而内需下滑对经济衰退的影响程度也就不会如此严重。债务重组有利于经济体打破自我增强的"债务违约→内需进一步下滑→产出进一步减少"恶性循环。

回顾应对债务危机的历史，债务重组曾发挥过重要作用。例如，在美国大萧条时期，为缓解债务人的不利局面，美国政府专门成立了一家政策性金融机构——房主贷款公司（Owners' Loan Corporation），通过从当时私人贷款人手中购买住房抵押贷款，以重新协商修改贷款协议条款（像本金减记、减少利息支付、延长偿付期限等方式）来防止止赎事件（Foreclosure）的发生。特别值得指出的是，在大萧条前，美国大部分住房抵押贷款的期限为5年，而房主贷款公司的住房抵押贷款期限则长达15年。截至1936年，美国当时有近10%的购房家庭从房主贷款公司获得贷款（阿代尔·特纳，2016）。可见，房主贷款公司的债务重组方案的实际效果很好，尽管前期有一些损失，但总体上债权债务人双方的收益远大于损失。这再次证明，债务重组具有激励相容的特性，既然债权人负有选择合适债务人的责任，那如果事后债务人不能按期履行合约，债权债务人双方就应该各自承担相应的损失，而这恰恰是其他常规的宏观稳定政策所不具备的。

二　债务重组的主要方式

结合中国实际，针对现有的存量债务问题，主要存在三种可行的政策选项。

一是维持现状型，即延续信贷依赖型经济增长模式，对债务主体继续投入更多的信贷资源，让现有信贷规模继续增长。二是完全市场规则型，简言之，"将一切按市场规则办"，让各类债务主体（个人、非金融企业、金融机构、政府）在其现有能力范围内实施去杠杆，而超出承受能力范围的只能选择违约。三是公私分担型，在债务主体按市场规则去杠杆的基础上，引入债务社会化的处置方式。例如，核销银行体系的部分不良贷款（尤其是银行业因承担社会成本所产生的不良债务），中央政府通过发行国债或特别债券等方式对债务负担较重的国有企业和地方政府适当提供救助等。

以上三种债务重组的主要方式，其适用范围具有各自的特性，需要具体问题具体分析。从未来可持续的角度来看，第一种维持现状型的方式并不适用，只将当期债务继续延期不足以最终解决债务问题，并且长此以往现实经济中的债务风险将会不断积累，总体的融资模式也将继续锁定在债务型融资上，这会进一步抑制未来经济的发展（特别是新经济的发展）。

进一步地，考虑到现实债务重组过程中的操作难度，第二种完全市场规则型的方式对制度环境和配套机制的要求较高，在实际操作中面临无法有效开展、法律不明确、缺少中介服务机构等诸多问题。该方式不仅对发展中国家是挑战，在发达国家也遭遇到实施效果不佳的问题。例如，在次贷危机期间，美国推行了一项"住房可负担重整计划"（the Home Affordable Modification Program，HAMP），该计划旨在鼓励中介服务机构参与重新修改旧有的住房抵押贷款条款。因住房抵押贷款（MBS）的参与人数众多，难以有效集中与金融机构谈判，故由中介服务机构代表住房抵押贷款的持有人，按照完全市场化规则，负责开展住房抵押贷款的管理和重新谈判工作。不过，该计划的实施效果有限，主要原因在于市场上并不存在哪家中介服务机构能处理大量的住房抵押贷款，并且也无法防止债权债务双方因信息不对称而出现的策略性违约（Agarwal et al.，2013）。

综合起来，第三种公私分担型的债务重组方式相对适合于较为普遍的情况。一方面是在微观层面，按市场规则办，本着"谁违约、谁负责"的原则，在经济和法律上分别对相关债务主体进行追责与起诉。另一方面是在宏观层面，一旦积累起过量债务，后续将很难按市场化方式进行逐步削减，债务压力只能由私人部门暂时转移至公共部门，尽管这一转移将面临难以设计出一套公平、政治上能一致认可的解决方案的质疑，但引入债务社会化的处置方式仍是短期内应对债务危机最有效的措施、手段。

专栏：中国应对 1997—1999 年国有商业银行大规模不良资产问题

为应对 1997—1999 年国有商业银行大规模不良资产问题，中国政府曾采取公私分担型的债务重组方式，最后取得了较为满意的结果。

在 1997 年，中国商业银行体系的不良资产比例高达 50%，尤其是占到整个银行体系资产 68% 的四大国有商业银行（工、农、中、建）均被认为因资不抵债而有技术性破产的风险，并且整个金融体系也陷入困境之中（Caprio and Klingebiel，2002）。[①]

面对国有商业银行如此大规模的不良资产，中国政府着手对国有商业银行异常糟糕的资产负债结构进行了大幅改善。[②] 如表 6 – 2 和表 6 – 3 所示，具体是由财政部出资成立了四家国有资产管理公司（东方、长城、信达、华融），先后分两次对口剥离四大国有商业银行的不良资产，合计剥离了 3 万多亿元的银行不良资产（龚刚、徐文舸、杨光，2016）。

[①] 在欧债危机最为严重的 2012 年，欧元区银行业的不良贷款率也只不过为 5%（BIS，2013）。

[②] 在此次改革过程中，中央政府还下决心对国有商业银行体制进行较为彻底的市场化改革，把当时的国有独资银行改造成符合市场经济规律的由国家控股的股份制商业银行，并让其在境内外资本市场上市。

表 6 - 2　四大资产管理公司对国有商业银行不良贷款的
第一次剥离（1999—2001 年）

单位：亿元,%

资产管理公司	对口银行	剥离的资产总额	不良贷款率（1998 年底的数据）
东方	中行	2674	20.4
长城	农行	3458	24.6
信达	建行	3730	21.7
华融	工行	4077	17.9
合计		13939	20.7

资料来源：Guonan Ma and Ben Fung（2002）。

表 6 - 3　四大资产管理公司对国有商业银行不良贷款
的第二次剥离（2004—2008 年）

建行	中行	工行	农行
2004 年 6 月，与信达资产管理公司签署《可疑类贷款转让协议》：向其出售 1289 亿元可疑类贷款，并无偿转让 569 亿元损失类贷款	2004 年 6 月，以 50% 的面值向东方资产管理公司出售 181 亿美元的不良贷款	2005 年 5 月，向华融资产管理公司出售 2460 亿元损失类资产；同年 6 月，向四大资产管理公司转让了 4590 亿元可疑类贷款	2008 年 11 月，财政部以无追索权方式购买按面值剥离的不良资产 8156.95 亿元

资料来源：作者按四大国有商业银行各年年报整理而成。

除了直接剥离国有商业银行的不良资产外，由四大资产管理公司所主导的债务重组计划是一个漫长与艰难的过程。例如，对债务人所进行的"债转股"计划中，共包括 580 家缺少现金流的大型国有企业，涉及金额高达 4050 亿元，约占第一次剥离不良贷款总额的 30%。因此，上述债务重组方式使得重组企业的负债率很快从 73% 下降至 50%。

第三节　中长期对策：改善宏观基本面

如前所述，随着政府债务的不断累积，尤其是当负债率超过某个临界点之后，其对经济增长会产生非线性的影响，经济增长率则不断减缓。针对这一现象，笔者认为在中长期需要通过改善宏观基本面来有效地控制债务水平并逐步进行削减。本节运用理论模型与经验分析的方法发现，财政基本盈余的好转和实际 GDP 增长率的上升等宏观基本面的改善，以及政务信息的透明与财政权力的集中等制度安排均有利于有效控制负债率以及总债务水平。

一　理论模型

从跨期的政府预算约束（The Inter – temporal Government Budget Constraint，IGBC）出发，政府债务的累积公式可表示为

$$D_t = D_{t-1} + r_t D_{t-1} - (T_t - E_t) \qquad (6-1)$$

其中，D_t为 t 期的债务（这里仅指国内债务，不包括以外币发行的债务），r_t 为 t 期的债务利率，E_t 为 t 期的政府基本支出（不包括债务的利息支出），T_t 为 t 期的政府收入。这里用 $PB_t = (T_t - E_t)$ 表示政府 t 期的财政基本盈余（或基本赤字，Primary Balance）。若该值为正，则表示政府当期基本盈余；反之，则表示政府当期基本赤字。

对等式（6 – 1）两边同时除以 Y_t，得到 t 期的负债率 d_t：

$$d_t = \frac{D_t}{Y_t} = \frac{(1 + r_t) D_{t-1} - PB_t}{Y_t} \qquad (6-2)$$

其中，Y_t 为 t 期的名义 GDP。

笔者将 Y_t 的展开式 $Y_t = (1 + g_t)(1 + \pi_t) Y_{t-1}$ 代入等式（6 – 2），经化简得到

$$d_t = \frac{(1 + r_t)}{(1 + g_t)(1 + \pi_t)} d_{t-1} - pb_t \qquad (6-3)$$

其中，pb_t 是政府财政的基本盈余率（或基本赤字率），g_t 与 π_t 分别表示为 t 期的实际 GDP 增长率和通货膨胀率。

进一步地，笔者利用债务变化的相对幅度来表示政府债务的变化率，即

$$\frac{d_t - d_{t-1}}{d_{t-1}} = \frac{1 + r_t}{(1 + g_t)(1 + \pi_t)} - \frac{pb_t}{d_{t-1}} - 1 \qquad (6-4)$$

由等式（6 – 4）可知，影响政府债务变化的因素主要有财政的基本盈余率（pb_t）、通货膨胀率（π_t）、实际 GDP 增长率（g_t）与债务利率（r_t）。[1]

---

① 除了上述因素之外，债务违约（或展期）与铸币税的运用也是影响政府负债率的重要因素（熊义明等，2013）。不过，由于两者属于非常时期下的应急举措，再加上笔者的研究对象是关于政府债务的可持续性，故对这两个因素不予考察。

具体地，就政府财政状况而言，财政基本盈余率的提高（或基本赤字率的降低）将减少政府债务的依赖性；就一国本身的经济状况而言，实际 GDP 增长率与通货膨胀率的上升都会有利于政府债务状况的好转；就举借债务而言，债务利率的降低必然会减少偿还债务的融资成本，但债务利率一般是固定的且在事前商定，故其在事后的重要性相对较弱。不过值得指出的是，除了单独影响之外，上述因素之间也存在相互影响作用的情况。以通货膨胀率与债务利率为例，尽管通货膨胀率的上升会降低偿还政府债务的实际余额，但同时也推升了债务利率水平，会恶化政府债务状况。也正是由于上述因素对政府债务变化的影响方向会有相应的偏差，故笔者需要在下文经验分析部分对此做更进一步的考察。

二　实证分析

（一）数据说明

为保证研究对象的一致性，笔者所选取的样本仍是代表发达国家的 34 个经合组织成员国，在将数据缺失较为严重的卢森堡和六个前苏东欧国家（捷克、爱沙尼亚、匈牙利、波兰、斯洛伐克、斯洛文尼亚）剔除之后，最终剩下 27 个国家。其中，这些国家分别是澳大利亚、奥地利、比利时、加拿大、智利、丹麦、芬兰、法国、德国、希腊、冰岛、爱尔兰、以色列、意大利、日本、韩国、墨西哥、荷兰、新西兰、挪威、葡萄牙、西班牙、瑞典、瑞士、土耳其、英国和美国。研究的时间是 1960 年至 2011 年。

本节引用的有关政府财政和债务变量的数据均来源于由国际货币基金组织（IMF）提供的全球公共财政数据库（Historical Public Finance Dataset）（Paolo et al. , 2013）。关于制度变量，政治体制的数据来自世界银行所提供的政治体制数据库（Database of Political Institutions）（Beck et al. , 2001）；而国家政治结构的数据则来自美国纽约州立大学宾厄姆顿分校（Binghamton University）所发布的制度和选举项目数据库（The Institutions and Elections Project）（Patrick and Clark，2007）。有关通货膨胀的数据来源于世界银行所提供的全球金融发展数据库（Global Financial Development Database）。上述所有变量的描述性统计结果详见表 6 - 4。

表 6 - 4　描述性统计

变量	样本量	均值	标准差	最小值	最大值
政府债务的变化率	1362	0.0368	0.3178	- 0.9064	9.1029
财政的基本盈余率（或基本赤字率）	1371	0.0086	0.0365	- 0.2817	0.2057
财政盈余率（或财政赤字率）	1371	- 0.0239	0.0436	- 0.3131	0.1909
按 GDP 平减指数衡量的通货膨胀率	1320	0.1079	0.3102	- 0.0520	6.6538
按消费者价格指数衡量的通货膨胀率	1263	0.0892	0.1965	- 0.0448	3.7382
实际 GDP 增长率	1403	0.0340	0.0322	- 0.1180	0.1918
实际的长期债务利率	1055	0.0291	0.0325	- 0.1392	0.1586

（二）核心变量

被解释变量是政府债务的变化率（dd），反映一国政府公共债务的变化状况，以债务变化的相对幅度来表示，即当期负债率与前一期负债率之差除以前一期负债率，而负债率是指政府债务占 GDP 的比例。根据这一核算方法，该值大于 0 表示政府债务正在加速累积，其状况也在逐步恶化；反之，则表示政府债务状况出现好转。

对于解释变量，主要有以下三个变量。

一是政府财政的基本盈余率（或基本赤字率）（pb），反映一国政府财政收支的状况，这里以政府收入占比减去政府基本支出占比来表示。值得指出的是，政府的基本支出（Primary Expenditure）并不包括债务的利息支出，这更有利于分析财政状况对政府债务变化的影响（熊义明、潘英丽、吴君，2013）。不过，在稳健性检验的时候，笔者将包括债务利息支出在内的财政盈余率（或赤字率）（sur）作为该指标的替代变量，具体是以政府收入占比减去政府支出占比来表示。笔者认为，当一国财政基本赤字率下降（尤其是出现基本盈余）的时候，政府举借债务的意愿和动机将不会变得那么强烈，这也就使得政府债务状况出现了一定程度的好转。

二是通货膨胀率，该变量是用来考察通胀对政府债务变化的影响的。这里分别以 GDP 平减指数和消费者价格指数来衡量一国的通货膨胀水平，因为前者更全面且更具代表性，所以将其作为主要的解释变量（inf），而后者则作为该指标在稳健性检验中的替代变量（cpi）。正是由于通货膨胀具有稀释债务的作用，政府会在通胀率较高的时候加大举借债务的力度，为此，政府债务状况会进一步恶化。

三是实际 GDP 增长率（rgc），其反映一国经济增长的情况，对政府债务变化也有较为重要的影响。一般而言，较高的实际 GDP 增长率会提供给政府更多的经济资源（尤其是财政收入），进而改善政府债务状况并降低负债率。

在控制变量上，主要包括利率与制度变量。该利率就是政府的借债利率，以实际的长期债务利率指标来表示。可以说，债务利率的走高必然会增加政府债务的利息支出，这并不利于政府债务状况的好转。

相对前面的变量，制度变量是属于隐性的因素且不易被量化，但其对一国政府债务状况有举足轻重的影响。例如，对于政治体制，Lane 和 Ersson（2000）指出实行议会制的国家相比总统制的国家会有较低的公共支出和较高的财政盈余；对于政治结构，Vaubel（1996）认为实行联邦制的国家其公共支出会比较分散，导致中央政府支出占总支出的比例较低，同时，其透明度的提高也限制了政府的预算软约束问题；对于中央与地方的关系，有研究表明若中央集权国家实行较为严格的财政预算规则，则其政府支出与政府债务的规模就会受到一定程度的限制（Hagen，1991）。因此，笔者共选取政治体制（pi）、政治结构（$govstruct$）和中央与地方关系（$regstruct$）三个指标来对制度变量进行刻画。

具体而言，政治体制指标反映的是总统制（Presidential）或议会制（Parliamentary）对政府债务变化的影响。按惯例，各国的政治体制一般分为总统制和议会制两大类（Beck et al.，2001）。[①] 为此，该指标设定为当某国政治体制是总统制时，$pi = 1$；而当某国政治体制是议会制时，$pi = 0$。

国家政治结构的指标是考察单一制（Unitary System）或联邦制（Federal System）对政府债务变化的影响。按宪法中的纵向分权来衡量，各国

---

① 对总统制的判定原则有三条，一是总统是否拥有否决权（Veto Power），这不仅包括否决立法机构提交的议案，而且还包括议会需要绝对多数票（即三分之二以上的票数）才能推翻总统所行使的否决权；二是总统是否拥有任命总理（或首席大臣）的权力；三是总统是否拥有解散议会（或要求重新选举）的权力。凡是满足以上三条原则中的任何一条，即可认定该国的政治体制为总统制。相反地，判定议会制的主要标准就是首席行政长官（Chief Executive）是否由立法机构选举产生。

的政治结构可分为单一制与联邦制两类（Patrick and Clark，2007；黄镕，2007）。笔者将该指标设定为当某国政治结构是单一制时，$govstruct = 1$；而当某国政治结构是联邦制时，$govstruct = 0$。

更进一步地，中央与地方关系反映的是在财政上的集权与分权，也就是说政府举债权力上收（或下放）的情况。如果某国是中央集权（$regstruct = 1$）的话，举债权力主要集中在中央政府，但若是地方自治（$regstruct = 0$）的话，举债权力将下放到地方政府手上。

（三）模型估计

模型设定为

$$dd_{i,t+1} = c + \alpha pb_{i,t} + \beta \inf_{i,t} + \gamma rgc_{i,t} + \prod X_{i,t} + \mu_i + t + \varepsilon_{i,t}$$

其中，被解释变量是政府债务的变化率（$dd_{i,t+1}$）。主要的解释变量包括财政的基本盈余率（或基本赤字率）（$pb_{i,t}$）、通货膨胀率（$\inf_{i,t}$）与实际 GDP 增长率（$rgc_{i,t}$）。控制变量（$X_{i,t}$）有实际的长期债务利率（$rltirc_{i,t}$）、政治体制（$pi_{i,t}$）、政治结构（$govstuct_{i,t}$）以及中央与地方间权力关系（$regstuct_{i,t}$）。

在进行估计之前，笔者还将对模型做以下的预处理。一是为避免估计时所产生的内生性问题，解释变量和控制变量均取滞后一期项。二是由于本节的研究样本是一个典型的长面板数据集（即个体数小于时间序列数），为此，笔者加入个体虚拟变量来控制个体固定效应，并且通过时间趋势项来控制时间固定效应。[①] 在模型中，$\mu_{i,t}$ 表示个体固定效应，t 表示时间趋势项，$\varepsilon_{i,t}$ 是模型的残差项。三是为消除序列相关性，本节的所有估计模型均对标准误在国家层面进行聚类处理。

下面对模型的参数进行估计，表 6－5 汇报了基本的估计结果。第（1）列的基准模型显示，主要的解释变量均对政府债务的变化率有显著的影响，其中，从回归系数来看，财政的基本盈余率与实际 GDP 增长率较通货膨胀率的作用更为凸显。接着，在基准模型的基础上，笔者逐一加入了

---

① 由于本节的时间序列数较大，若加入时间虚拟变量，则可能损失较多的自由度。

不同的控制变量。从第（2）—（4）列中可以看出，财政的基本盈余率与实际 GDP 增长率的影响一直都是十分显著的，即两者指标的逐步改善（具体是财政基本盈余率的增加与实际 GDP 增长率的上升）将有利于降低政府债务水平，而通货膨胀率与债务利率的表现则相对较弱或不显著。在制度变量上，政治结构和中央与地方关系这两个指标的系数较为显著，这表明政务信息的透明与财政权力的集中都将有利于政府有效控制负债率以及总债务水平。不过，这也与本节的研究样本都是发达国家有关，对于相对健全的财政制度而言，集权和分权的有效结合在一定程度上能加强各自的积极作用（De Mello and Barenstein，2001）。

表 6 - 5　影响政府债务变化因素的估计结果

	（1）	（2）	（3）	（4）
pb	- 0.836 ***	- 0.839 ***	- 0.781 ***	- 0.798 **
	（0.236）	（0.291）	（0.274）	（0.308）
inf	0.017 **	0.008 **	0.059 **	0.061
	（0.008）	（0.003）	（0.021）	（0.041）
rgc	- 0.790 *	- 1.142 **	- 1.077 **	- 1.367 ***
	（0.394）	（0.446）	（0.431）	（0.464）
$rltirc$		0.253		0.149
		（0.162）		（0.112）
pi			- 0.019	0.022
			（0.035）	（0.034）
$govstruct$			0.189 ***	0.180 ***
			（0.015）	（0.025）
$regstruct$			- 0.248 ***	- 0.213 ***
			（0.030）	（0.033）
t	- 0.000	- 0.001	- 0.000	- 0.000
	（0.001）	（0.001）	（0.001）	（0.001）
常数项	0.047 *	0.062 **	0.051	0.063
	（0.027）	（0.026）	（0.036）	（0.040）
国别因素	控制	控制	控制	控制
N	1262	983	919	727
R^2	0.057	0.071	0.164	0.243

注：括号内是标准误；*** 、** 、* 分别表示在 1% 、5% 和 10% 显著性水平上显著。以下同。

表 6 – 5 是利用最小二乘虚拟变量方法（LSDV）估计得到的结果，但对于长面板的数据集，这里可以放松对于残差项 $\{\varepsilon_{i,t}\}$ 独立同分布的假设，即考虑 $\{\varepsilon_{i,t}\}$ 可能存在异方差或自相关的情况。[1] 为此，本节将采用其他的估计方法来对模型进行重新估计。具体而言，一是对于残差项 $\{\varepsilon_{i,t}\}$ 存在组间异方差 $Var(\varepsilon_{i,t}) \neq Var(\varepsilon_{j,t})$，$i \neq j$ 或组间同期相关 $Cov(\varepsilon_{i,t}, \varepsilon_{j,t}) \neq 0$，$(i \neq j, \forall t)$ 的情况，可使用面板校正标准误差（Panel – Corrected Standard Error，PCSE）来进行估计；二是对于残差项 $\{\varepsilon_{i,t}\}$ 存在组内自相关 $Cov(\varepsilon_{i,t}, \varepsilon_{i,s}) \neq 0$，$(t \neq s, \forall i)$ 的情况，先分别假设其每一个体的残差项服从相同（或不同）自回归系数的 AR（1）过程，再利用 Prais – Winsten 方法进行广义差分变换后进行估计（Prais and Winsten，1954），最终得到 AR（或 Panel – Specific AR，PSAR）的估计结果。

表 6 – 6 汇报了以上其他估计方法的回归结果，可以看到，其与第（1）列基准模型的估计结果保持一致。第（2）—（4）列的估计结果均表明，财政的基本盈余率与实际 GDP 增长率对政府债务水平的影响一直都是十分显著的，并且反映制度因素的两个变量（政治结构和中央与地方关系）也表现出较强的显著性，但通货膨胀率、债务利率与政治体制指标则相对并不显著。

表 6 – 6　影响政府债务变化因素的估计结果（按多种估计方法）

	（1）	（2）	（3）	（4）
	LSDV	PCSE	AR	PSAR
pb	– 0.798 **	– 0.798 ***	– 0.718 **	– 0.689 ***
	（0.308）	（0.270）	（0.290）	（0.254）
inf	0.061	0.061 ***	0.049 **	0.041 *
	（0.041）	（0.022）	（0.024）	（0.022）
rgc	– 1.367 ***	– 1.367 ***	– 1.142 ***	– 1.054 ***
	（0.464）	（0.335）	（0.333）	（0.304）
rltirc	0.149	0.149	0.151	0.098
	（0.112）	（0.263）	（0.274）	（0.214）

---

[1] 长面板数据集由于时间跨度较长，所包含的信息较多，故可以放松短面板数据集的相应假设（陈强，2014）。

续表

	（1）	（2）	（3）	（4）
	LSDV	PCSE	AR	PSAR
pi	0.022	0.022	0.026	0.039
	（0.034）	（0.025）	（0.027）	（0.024）
govstruct	0.180 ***	0.180 ***	0.175 ***	0.171 ***
	（0.025）	（0.034）	（0.038）	（0.042）
regstruct	－ 0.213 ***	－ 0.213 ***	－ 0.205 ***	－ 0.208 ***
	（0.033）	（0.044）	（0.049）	（0.047）
t	－ 0.000	－ 0.000	－ 0.000	－ 0.001
	（0.001）	（0.001）	（0.001）	（0.001）
常数项	0.063	0.063	0.058	0.063
	（0.040）	（0.050）	（0.053）	（0.067）
国别因素	控制	控制	控制	控制
N	727	727	727	727
R^2	0.243	0.243	0.184	0.187

（四） 稳健性检验

为保证估计结果的稳健性，本节通过选择不同的变量进行敏感性测试。具体而言，一是将包括债务利息支出在内的财政盈余率（或赤字率）（*sur*）作为政府财政基本盈余率（或基本赤字率）（*pb*）的替代变量，该指标具体以政府收入占比减去政府支出占比来表示；二是用消费者价格指数（*cpi*）来衡量一国的通货膨胀水平，以替代之前用 GDP 平减指数的指标（*inf*）。在表6－7 中，我们逐步加入上面的替代变量后发现，财政盈余率与实际 GDP 增长率对政府债务水平的系数都是非常显著的，即财政盈余率的增加与实际 GDP 增长率的上升将大大降低政府债务水平。此外，其他变量的回归结果也与之前保持一致。这证明了本文经验分析结果的稳健性。

表 6－7　影响政府债务变化因素的稳健性检验结果

	（1）	（2）	（3）	（4）	（5）
pb	－ 0.827 ***	－ 0.883 ***			
	（0.262）	（0.244）			
inf			0.012 ***	0.056 **	
			（0.004）	（0.026）	

续表

	（1）	（2）	（3）	（4）	（5）
rgc	- 0. 942 * （0. 506）	- 0. 841 *** （0. 249）	- 0. 855 * （0. 428）	- 1. 234 ** （0. 477）	- 0. 940 *** （0. 290）
cpi	0. 028 （0. 021）	0. 055 *** （0. 019）			0. 042 ** （0. 019）
sur			- 0. 493 ** （0. 200）	- 0. 322 （0. 234）	- 0. 523 *** （0. 184）
pi		- 0. 010 （0. 036）		0. 026 （0. 028）	0. 027 （0. 030）
govstruct		- 0. 050 （0. 045）		0. 178 *** （0. 017）	- 0. 075 （0. 051）
regstruct		- 0. 016 （0. 030）		- 0. 249 *** （0. 032）	- 0. 005 （0. 027）
t	- 0. 001 （0. 001）	0. 001 （0. 000）	- 0. 001 （0. 001）	- 0. 001 （0. 001）	0. 000 （0. 001）
常数项	0. 075 （0. 049）	0. 019 （0. 020）	0. 046 （0. 030）	0. 056 （0. 042）	0. 015 （0. 021）
国别因素	控制	控制	控制	控制	控制
N	1192	862	1274	921	864
R^2	0. 033	0. 132	0. 047	0. 142	0. 108

总而言之，财政基本盈余的改善与实际 GDP 增长率的上升对于政府债务削减具有显著的正向影响，政务信息的透明与财政权力的集中也有利于政府有效控制负债率以及总债务水平，但通货膨胀率与债务利率的作用则相对较弱或不显著。

专栏：英美两国政府二战后成功"去杠杆"

回顾历史，每当战争结束之后，参与国（不论是战胜国还是战败国）都将长期面临处置战争期间所累积的债务的问题。相比而言，尽管各国降低高企的杠杆率很困难，但英美两国政府二战后"去杠杆"的历程还算比较成功。总体来看，两国都不约而同地采取"紧缩开支 + 支持增长"的政策安排，以确保公共债务逐步走上可持续的发展路径。

二战结束后，英国的政府债务规模惊人，其占国内生产总值（GDP）的比例高达 250% 。在之后的二十多年时间里，英国名义 GDP 保持年均

7%的高增长，同时也积极控制不必要的政府开支，并且同期的利率水平维持在历史均值的低位。到 1970 年，政府债务占国内生产总值的比例已降至 50%，当然该比例下降并不意味着绝对债务规模的减小，但英国政府"去杠杆"的力度不可谓不空前。同样，美国也保持了二十多年名义 GDP的快速增长以及较低的利率水平，政府债务占国内生产总值的比例也从1945 年的高比例 120% 下降至 1970 年的 35%。

此外，在政府债务占国内生产总值的比例大幅下降的同期，私人部门债务规模仅有缓慢上升。1964 年，英国私人部门的银行债务只占国内生产总值的 27%，但在 2007 年该比例竟高达 120%。

第四节　中长期对策：重塑金融体系

现实的经济金融体系具备较为明显的顺周期性、可持续性与证券化特征，尤其是涉及债务的领域更为突出，这正是加剧金融体系内系统性风险的关键原因之所在。为更好应对债务的顺周期性、可持续性与证券化三大特征规律，笔者认为，首先要重塑金融监管，在宏观和微观层面上分别构建起审慎政策框架，以激励相容的原则保证金融监管体系实现统一协调和规范运作；基于此，进一步提出要重塑金融体系，通过逐渐降低银行业、间接融资对金融体系的依赖度，引入合理的机制设计（如风险共担式住房抵押贷款等），解决现有债务合约缺乏弹性、风险分担不当等问题。

一　重塑金融监管

在金融业的发展过程中，金融创新和金融监管之间的相互作用共同推动整个金融体系不断为实体经济输血，不过在其中，金融体系往往还面临着"是要鼓励金融创新还是要加强金融监管"的两难选择。一方面，如果监管当局过于提倡创新，一味迎合市场主体不恰当的便利要求和不稳健的增长目标，以至于忽视对某一金融市场的审慎管理，就最终会导致因系统性风险的不断积累而影响整个金融体系的稳定。另一方面，若监管当局针对金融风险直接采取较为严苛的监管规则，则会用力过猛、因噎废食，导致创新不足、市场封闭，从而不利于新型金融产品和服务的进一步发展。由此可见，这意味着监管当局要在金融创新和金融监管之间取得一定程度的平衡。

结合现实，2008 年国际金融危机深刻地揭示出，现有传统的经济金融管理体制不仅无法应对系统性金融危机，而且也已不适应新时期经济金融发展的需要。一是中央银行的货币政策目标过分关注物价水平，却忽视以债务为代表的金融市场以及资产价格的波动。二是金融监管只着眼于保持单一机构的稳健，但不考虑与债务等信用体系相互关联的整体稳健。三是缺少宏观层面的审慎监管，尤其是在债务的三大特性——顺周期性、可持续性与证券化的作用下，其会加剧整体金融市场的波动，并触发系统性风险直至最终爆发金融危机。因此，监管当局有必要借鉴和吸取以往监管实践中的经验与教训，通过重塑原有的金融监管框架，探索出一套有利于未来金融体系健康发展的金融监管方案。

（一）引入逆周期性的宏观审慎政策框架

现实的经济金融体系表现出较为明显的顺周期性，这正是加剧系统性风险的关键原因。为此，引入逆周期性的宏观审慎政策框架是要在政策体系中突出体现逆周期性，即在现有框架内系统地融入以债务为代表的金融周期，通过建立起一系列缓冲作为自动稳定器，以一种宏观审慎管理的方式来应对过度的繁荣和萧条阶段（法布里奇奥·萨柯曼尼，2015）。其中，逆周期性的政策体系主要涉及金融机构的资本、流动性、杠杆率、拨备要求等。

例如，像我国以银行业间接融资为主体的金融资源配置方式，为降低银行信贷顺周期的大幅波动，考虑引入逆周期资本缓冲，根据信贷占 GDP 比重偏离其趋势值的程度适时地要求商业银行增加（或降低）该逆周期资本缓冲的比例。具体而言，在信贷急剧扩张的时期，可要求商业银行增加逆周期资本缓冲的比例，以此来保护金融体系，避免因出现信贷热潮可能引发的资产泡沫；相反，在信贷大幅收缩的时期，通过降低逆周期资本缓冲的比例来缓解经济失速的风险。同时，鉴于巴塞尔协议Ⅲ对资本要求已提出要融入逆周期资本缓冲等条款，所以，易于出现信贷过度增长且波动剧烈的中国银行业更应该加快执行逆周期资本缓冲的要求。

（二）微观审慎政策框架遵循激励相容原则

对微观主体的监管，要遵循激励相容的原则来实施全流程监管（徐文舸、刘洋，2017）。这里以证券化产品为例，金融机构发起证券化的全流程监管主要涉及以下三点。

一是在事前，要求明晰金融产品的基础资产构成边界，审慎把控其结构设计。在目前的发展阶段，要求限制过度证券化行为，防止交易链条的过度延伸；产品结构设计也能穿透底层资产和参与者，以便识别产品风险和最终风险收益承担者。

二是加强事中事后监管，强化对市场中介机构的有效监督。目前所推行的备案管理和注册发行，要求市场中介机构承担起信息披露、信用评级等重要事项的监督职责，而监管机构则转向顶层设计，对上述市场基础设施进行完善和监管。其中，在信息披露上，为保证信息对称和透明度，要建立完善的资产证券化信息披露规则体系，进一步提高信息披露的规范化、标准化和机器可读程度，满足第三方估值中介机构的查询分析需求，最终实现基础资产的逐笔披露；在信用评级上，规范市场从业准入标准和门槛，建立市场声誉评价机制，进一步提高信用评级的透明度和可靠性，从而促进整体市场信用环境的改善。

三是完善风险资本计提标准和风险自留规则，着力化解发起机构存在的逆向选择、道德风险和利益冲突等激烈问题。特别是对于信贷资产证券化，一方面，要进一步改进商业银行的信用风险加权资产计提规则，要求持有不少于一定比例的流动性资产，并限制其杠杆率水平；另一方面，在现有风险自留规则之下，根据基础资产的实际情况，酌情设置风险自留豁免机制，像对高质量的住房抵押贷款证券化产品可给予适当的风险自留豁免，以此来调动发起机构的积极性和增加市场的流动性。

（三）加强金融监管的协调合作

为避免金融体系"分业监管、混业经营"导致监管套利、监管真空、监管掣肘的问题，加强金融监管的协调合作，形成跨机构、跨产品和跨市场的有效监管是十分必要的。

其一，加快构建起适应金融综合性经营的监管框架，尤其是通过整合监管资源，设立特定领域（如证券化产品）的专职监管机构，并实现多个市场间的统一监管格局。除了重视系统性风险的监管外，降低发生金融市场局部流动性危机的可能性也是金融监管题中应有之义。这不仅要求微观主体有序参与，而且鼓励丰富高品质多样化产品的发行和交易类型，促进多级市场间的联动。

其二，积极推进金融领域内的法律制定，完善修订原有的法律法规体系。在证券化领域，可以考虑制定类似日本的《资产证券化法》，系统规范各类资产证券化活动。此外，为调整完善现有法律法规，根据新制定法律，逐步完善修订《商业银行法》、《证券法》和《会计法》等法律法规，进一步明确"真实销售、破产隔离"的认定条件，确立特殊目的机构（SPV）的法律地位，破解一系列目前制约发展资产证券化所遇到的现实障碍和棘手问题。

二　重塑金融体系

历史上的经济危机（尤其是 2008 年的国际金融危机）一再证明，债务类融资方式缺乏弹性，其长期面临类似"灰犀牛"式的风险。[①] 事实上，以债务类融资方式为主的金融体系存在许多直接或间接的政策补贴，并建立在政府对一系列债务的种种担保之上，甚至是在出现债务偿付困难后，政府往往将进行直接干预（如参与处置、承诺兜底等），这就导致存在道德风险、约束软化等问题。更为重要的是，债务的或有风险并不是债务人能完全控制的，一旦债务的或有风险受经济形势疲软等不利因素触发，就极易发生债务违约，且常常蔓延导致爆发不同程度的危机。债务类融资方式缺乏弹性，使得债务处置、合约变更难以在短时间内顺利开展。正因为如此，从金融实际操作层面来看，爆发债务危机的根源在于债务形式缺乏弹性。唯有从根本上改变债务类融资方式，才能打破债务积压所带来的恶性循环；也唯有摆脱依赖以债务类融资方式为主的金融体系，才能真正享

---

① "灰犀牛"式风险，是指发生概率大且影响巨大的潜在风险（渥克，2017）。

受金融体系服务实体经济的成果。

可见，为解决债务形式缺乏弹性的问题，金融体系需要从以债务类融资方式为主逐步转向以股权类融资方式为主，通过改进金融合约，特别是较大比例地引入股权类金融产品和工具，使金融体系变得更为稳健。换言之，制定金融合约必须考虑经济下滑等或有风险的分担问题，即金融合约的履行方式应融入经济变化的变数，尤其是要更多结合股权，而非以债务为主。这里以结合股权的住房抵押贷款为例，当整体房价上涨时，债权人和债务人都能获益；当整体房价下跌时，双方也需要一起承担损失。因此，当金融体系以股权类融资方式为主时，整体经济将能更好地实现风险分担，既能在经济上行时分享收益，也能共同承担经济下行所带来的损失。不少学者也呼吁对金融体系进行重塑，要推进更多的股权融资，这不仅能有效避免金融恐慌，而且也尽量减少了政府或央行对债务违约实行干预的必要性（Admati and Hellwig，2013；Kamstra and Shiller，2008）。

综上所述，重塑金融体系旨在能更好地促进经济平稳增长，其基础是更多地采用股权类融资方式，使各类金融参与主体通过承担不同程度的风险而获取各自合理回报，消除直接获取租金（如政策补贴等）的空间。

专栏：风险共担式住房抵押贷款的设想

为吸取美国次贷危机的经验教训，阿蒂夫·迈恩和阿米尔·苏菲（2015）提出，改进现有的房地产金融市场和住房贷款形式，探索引入风险共担式住房抵押贷款的建议。

不同于以往的住房抵押贷款，风险共担式住房抵押贷款为债务人设置了下行保护条款，即把住房抵押贷款的实际偿付与当时当地的房价总体指数相挂钩。也就是说，当房价总体指数降至低于债务人购买住房时的水平时，下行保护条款将会要求按一定比例减少住房抵押贷款的偿付金额，由贷款人承担部分损失。当然，除了债务人受到下行保护之外，当房价总体指数上涨时，债权人也能分享收益。这是因为在风险共担式住房抵押贷款下，债权人收益由事先确定的利息与随区域总体房价上涨变化所分享到的收益两部分组成。[①] 同时，与利率可调节的住房抵押贷款相比[②]，风险共担式住房抵押贷款所提供的下行保护不限于减少利息支付，而对偿付本金也进行调整。因此，风险共担式住房抵押贷款通过对冲债务人的部分风险，进而降低债务积压的总体风险，并建立起基于市场价格的逆周期调节机制，有助于防止房地产市场泡沫的产生。尤其是当房价下跌时，家庭部门将不会大幅度地削减消费支出。

经测算，在次贷危机发生后（2007—2009 年），止赎的债务人每增加 1 个百分点，房地产价格就下降 1.9 个百分点（Mian, Sufi and Trebbi, 2015）。据此，假若直接引入风险共担式住房抵押贷款，则将避免出现债务人的止赎潮，大约有 5.1% 的住房抵押贷款将不再陷入止赎。这相当于在 2007—2009 年房地产价格少下跌 9.7%，使得降幅减少近二分之一，而该时期总体房价实际下降了 21%。

从宏观上来看，风险共担式住房抵押贷款可直接减少次贷危机期间美国房地产市场价值 46% 的损失，将近 2.5 万亿美元，进而使得家庭部门少削减超过 2000 亿美元的消费支出，以及保留 100 多万个工作岗位。相较于 2009 年美国政府推出的刺激性政策效应，仅风险共担式住房抵押贷款内生的自动稳定器作用将接近该刺激性政策 5000 亿美元规模的一半，同时政府债务规模并没有额外增加（阿蒂夫·迈恩、阿米尔·苏非，2015）。

---

① 为债务人设置下行保护条款，这尽管牺牲了债权人的部分利益，但其能分享区域总体房价上涨的未来收益。

② 利率可调节的住房抵押贷款所设置的保护条款是在经济下滑时，通过按实际情况自动降低利率，为债务人提供利息支付上的一些保护。

| 第七章 |

结束语

债务作为现代市场经济运行的重要基础之一，有着自身发展的客观规律，并时刻影响着社会经济的发展。本书研究债务三大特性的主要目的是更全面且深刻地认识和理解债务的运行规律，从而能最大限度地降低其对经济所带来的负面影响，以此来确保经济实现健康、持续、平衡的增长。特别是对于正处在经济结构转型关键期的中国而言，对债务特性的研究更具有十分重要的理论和现实意义。为此，本章作为全文的结尾，将主要基于中国的国情和现实，先归纳总结出前面章节有关中国在债务特性方面的研究结论，再就如何应对上述结论所表现出的诸多问题来提出一些相应的政策建议。

第一节　研究结论

当前中国仍处在"新兴加转轨"的发展阶段，金融资源的配置方式仍是以银行业的间接融资为主体，同时又与政府的行政干预和企业的政治关联十分紧密。为此，有关债务特性在中国的表现就必须要纳入这个框架来进行研究和讨论。概括来说，笔者归纳总结出以下有关中国在债务特性方面的研究结论。

对于债务的顺周期性，在宏观层面上，相对于经济周期而言，信贷周期的波动更为剧烈且持续性比较短，与此同时，信贷周期与经济周期具有一定的顺周期性，并发挥着相应的引导作用；在微观证据上，紧缩性的货币政策调控将导致民营企业和中小企业的融资结构出现较为明显的调整，即外源融资占比与有息债务率均呈现下降的趋势，尤其是民营企业表现得更为显著，而对国有企业和大企业的融资结构变化则影响不明显。

对于债务的可持续性，在中央政府债务方面，不管是从历史和静态的视角来考察政府债务风险警戒水平，还是从未来和动态演化的角度来考察政府债务的可持续性，它们当前都处于较为健康的状态，其可持续性条件也能够得以满足。在地方政府债务方面，债务规模正在不断累积，并且资金投向主要集中于市政公用基础设施建设领域，举债方式和举债主体各自均呈现此消彼长的变化态势，所幸的是总体制度安排也同时在逐渐地构建成形，可以预期中国地方政府债务可持续性的风险将会不断降低，由此所引发的宏观经济风险也将得以控制。

对于债务的证券化，尽管中国证券化市场起步较晚，但近些年取得了较快的发展，尤其体现在以国有企业贷款作为基础资产为主的信贷资产证券化产品的增长上。不过，自2008年国际金融危机以来，我国影子银行体系却对传统的利率传导机制产生了显著影响，即利率水平对产出缺口的影响效力明显下降，影子银行体系对产出缺口的影响效力日益增强，而这一现象背后的主要原因在于市场利率变动对贷款创造的影响出现了明显下降。

结合国外经验的研究结论表明，在可持续性上，不断累积的政府债务对经济增长有非线性影响，即表现为先促进后抑制的倒U形关系，而该临界点（或临界区间）恰好出现在负债率处于90%—110%之时；对于削减高企的政府债务问题，财政基本盈余的改善与实际GDP增长率的上升是两大重要抓手，并且政务信息的透明与财政权力的集中也有利于政府有效控制负债率以及总债务水平，同时，国外政府债务的发展历程也揭示出，规范的财政运作方式与政府的可置信承诺等制度安排是推动政府债务市场实现良性发展的关键之所在。在证券化上，全球影子银行体系的发展状况显示，快速发展的影子银行体系已然成为金融市场不可或缺的重要组成部分，2008年金融危机也只是暂时减缓了其不断上升的趋势，尤其是影子银行体系的宏观经济效应日渐凸显；各国影子银行体系的发展也遵循着自身金融体系的现状与特殊性，美国和中国的证券化市场更是如此。

针对经济体如何应对债务危机，建议分别从短期和中长期施策，使其真正走出债务积压的困境。短期内，可借助公私分担型的债务重组方式，把积压的债务迅速降至可持续水平，以规避破产和违约潮对宏观经济所造成的破坏性影响。在中长期，通过积极改善宏观基本面来有效地控制经济体的总债务水平并逐步削减，特别是财政基本盈余的好转和实际 GDP 增长率的上升等宏观基本面的改善，以及政务信息的透明与财政权力的集中等制度安排均有利于有效控制经济体的负债率以及总债务水平。同时在中长期，还需要重塑金融体系，既包括在宏观和微观层面上分别构建审慎政策框架，以激励相容的原则保证金融监管体系实现统一协调和规范运作；也要求金融体系从以债务类融资方式为主转向以股权类融资方式为主，引入合理的机制设计（如风险共担式住房抵押贷款等），使整个体系变得更为稳健。

第二节 政策建议

对于一国宏观经济和金融体系而言，政策管理的总体取向通常都表现为"发生危机→加强监管→鼓励创新→放松管制→爆发新危机"循环往复的变化过程（中国人民银行金融稳定分析小组，2015）。因此，自从 2008 年国际金融危机之后，在政策管理上的调整又将意味着一个新周期的开始。其中，以宏观审慎政策框架（Macro Prudential Policy，MPP）的构建和探索最为典型，该框架旨在防范系统性风险，以此来实现金融稳定和经济增长的双重目标。[①] 尽管宏观审慎管理是在原有微观审慎管理基础之上的某种升级，并且也可视作填补宏观货币政策和微观审慎监管之间的一大块制度空白的手段，但更为重要的是该框架代表着今后整个经济金融管理体制改革的基本方向与核心内容。同时，《中共中央关于制定国民经济和社会发展第十三个五年规划的建议》也指出，"加强金融宏观审慎管理制

[①] 有关"宏观审慎政策框架"的详细内容，可参见周小川（2011）。

度建设……改革并完善适应现代金融市场发展的金融监管框架"。因此，对于债务问题而言，笔者认为也应该将其置于宏观审慎政策框架内来进行思考，并由此提出相应的政策建议。

第一，构建宏观审慎政策框架，提高货币政策、宏观审慎管理和微观审慎监管三者应对债务问题的有效性。

2008 年的国际金融危机以及之后的宏观调控实践均表明，传统的经济金融管理体制不仅无法应对系统性金融危机，而且也已不适应新时期经济金融发展的需要。具体而言，中央银行的货币政策目标只关注于物价稳定，却忽视以债务为代表的金融市场以及资产价格的波动；金融监管当局只着眼于保持单一机构的稳健，但不考虑与债务等信用体系相互关联的整体稳健。特别是在债务的三大特性——顺周期性、可持续性与证券化的作用下，极易加剧整体波动，并引发系统性风险乃至最终爆发金融危机。因此，在现有框架内系统地融入以债务为代表的金融周期，通过建立起一系列缓冲（Buffer）作为自动稳定器，以一种宏观审慎管理的方式来应对过度的繁荣和萧条阶段（法布里奇奥·萨柯曼尼，2015）。

展开来说，就是在原有货币政策与微观审慎的管理基础上，先考察以债务为代表的金融体系与宏观经济间的联系、金融体系内部通过债务链条而相互关联的特性，再通过量价分析、风险预警、压力测试等手段，实时监测和评估整个体系的脆弱性，尤其是要识别出相关风险在体系内的传染效应与顺周期性对系统性风险的放大效应，最后有针对性地对监管参数、指标或标准进行预调和微调，以此来确保经济和金融的稳定。

第二，积极发挥逆周期性的政策体系作用，平滑顺周期波动带给经济的不利影响。

现实的经济金融体系都表现出十分明显的顺周期性，这也是会加剧系统性风险的关键原因之所在。为此，宏观审慎政策框架的最主要特征便是要在政策体系中突出体现逆周期性，而逆周期性的政策体系主要包括对金融机构的资本、流动性、杠杆率、拨备等一系列要求以及相应的评级和会计标准等。其中，对目前的中国而言，资本上的要求是最为关键的。

其一，针对目前中国的金融资源配置方式仍以银行业的间接融资为主体的现实，笔者认为，为降低银行信贷顺周期的大幅波动，可以考虑引入逆周期资本缓冲，根据信贷占 GDP 比重偏离其趋势值的程度适时地要求商业银行增加（或降低）该逆周期资本缓冲的比例。可以预见，在信贷急剧扩张的时期，可要求商业银行增加逆周期资本缓冲的比例，以此来保护金融体系避免因出现信贷热潮可能引发的资产泡沫；而在信贷大幅收缩的时期，通过降低逆周期资本缓冲的比例来缓解经济失速的问题。

其二，中国的银行业中五家大型国有商业银行（工、农、中、建、交）占据主导地位，其所具有的对整体金融体系的影响力可谓是"大而不倒"，为此，笔者还认为，需要对那些系统重要性金融机构（Systemically Important Financial Institutions，SIFIs）施加额外的资本要求。这一要求使得系统重要性金融机构比其他机构具备更强的能力来吸收损失，以此来提升其应对系统性风险甚至是危机的能力。

巴塞尔协议Ⅲ的资本要求中，已经融入了逆周期资本缓冲与系统重要性金融机构额外资本的条款，所以，易于出现信贷过度增长且波动剧烈的中国银行业更是应该加快执行逆周期资本缓冲和系统重要性金融机构额外资本的要求。

第三，提升数据统计和信息收集的能力，建立公开披露、监测分析与评估预警的集中统一体系。

面对现代市场的瞬息万变与金融创新的日新月异，确保宏观审慎政策框架运行有效的必要前提之一便是宏观审慎政策的制定部门应当掌握全面及时的数据和信息。这意味着不仅要更新改造重要的金融基础设施，而且还需要统筹各部门所负责的数据和信息。不过，在目前中国分业监管、政务信息不透明、市场力量不足等现实面前，加快建立集中统一的公开披露、监测分析与评估预警的体系，更有助于解决识别系统性风险和应对危机能力不足等重要问题。

很显然，一是在各自为政的分业监管体制下，不同监管部门间协调成本的增加主要体现在数据统计被分割、信息共享不充分、沟通协调不通畅等方面，这无疑妨碍到宏观审慎政策的制定部门全面、及时且准确地获取数据和信息，以此延误出台宏观审慎政策的时机。二是中国地方政府债务和影子银行体系等问题成为重大风险源的主要原因在于长期的暗箱操作且监管出现真空。通过构建集中统一体系，综合市场与行政两种手段来进行规则化管理，一方面政务信息的透明将有利于政府有效控制负债率以及总债务水平，另一方面在强调规则化管理的前提下，逐步把影子银行体系暗含的系统性风险纳入宏观审慎政策框架中，并实时监测证券化这类金融创新的风险。三是政府的调控方式容易搞"大水漫灌"，常常因政策调控过度导致经济剧烈波动。这背后最主要的原因便是对识别系统性风险和应对危机的监测分析与评估预警的能力不足，只能寄希望于政府紧急出台的行政性安排（如干预国有银行经营等违背市场惯例的行为）。为此，要将调控方式转向更加注重定向调控与精准发力则必须加快构建起公开披露、监测分析与评估预警的集中统一体系。

第四，依法规范政府权力，正确激励官员行为，切实转变政府职能。

中国素有"集中力量办大事"的传统，各级政府都具有极强的经济动员能力且"一把手"官员的权力过分集中，尽管这在非常时期能发挥重要的作用，但在平时就体现为对市场经济的过度干预，常常出现"不按市场规律办事"的现象。特别是当前所存在的金融资源配置扭曲、地方政府债务不可持续和影子银行体系"野蛮生长"等一系列问题都跟政府和官员的行为极其相关。对于政府行为而言，软预算约束的问题一直无法彻底根除，也正是存在软预算约束，变相鼓励地方政府不按预算超额支出，做大预算外和非预算收入的规模，畸形发展经济建设；对于官员行为而言，问责制的不健全导致其为短期个人利益最大化，使得政策执行走偏、令行禁不止、官商勾结、权力寻租等诸多问题集中爆发（周飞舟，2006）。

针对上述所产生的问题，笔者认为，关键在于硬化各级政府的预算约束，并通过预算法等法律法规来最终进行确认。一是明晰各级政府间的权责利关系，建立起财权与事权、财力与支出责任相适应的财政体制。二是堵住各级政府创造流动性的"偏门"，尤其是那些依靠行政性手段创造流动性的行为（如干预银行信贷投放、乱收费、滥用土地批租等）。三是改进政府治理和官员绩效的评价体系，降低经济建设目标的比重，转而引入并提升社会民生、环境保护等目标的比重。四是转变政府职能，构建服务型政府，尤其是要建立政府提供公共产品与服务的新模式，比如鼓励引入社会组织（或社会资本）进入经营性与准经营性的基础设施建设项目。五是改革金融管理体制，强化中国人民银行在金融发展和规制上的主导作用。

宏观审慎政策框架除了相应的政策体系执行之外，也还需要坚强的领导核心与有力的制度保障。在2008年国际金融危机之后，各国监管改革的主要趋势便是重新赋予中央银行审慎监管的职责（李波，2016）。尽管宏观审慎政策框架是包括宏观审慎分析、宏观审慎决策与宏观审慎监管的"三位一体"格局（万荃、温跃、张文刚，2013），但唯独宏观审慎监管并未完全由中央银行所主导，其他的监管部门也具有相应的监管职责（如2003年修订的《中国人民银行法》将中国人民银行对银行业的整体监管职责移交给当时新成立的银监会）。同时，随着经济金融的不断发展，特别是以证券化为代表的金融创新的不断涌现，监管套利、监管真空以及监管掣肘的问题也日益凸显（中国人民银行金融稳定分析小组，2015）。可以说，上述这些现实情况意味着权力过于分散的监管体系、货币政策和金融监管的分而治之都不利于实现金融稳定与经济增长的双重目标。

因此，在构建宏观审慎政策框架和加强宏观审慎管理的过程中，势必需要强化中央银行在监管规制上的主导作用。诚如某些学者所设想的那样（郭田勇，2016；李波，2016），在未来不管是采用"中央银行＋行为监管局"还是"中央银行＋审慎监管局＋行为监管局"的监管模式，中央银行必定要居于领导核心的地位，并发挥统筹全局的重要作用。根据《深化党和国家机构改革方案》和第五次全国金融工作会议的要求，明确改革金融管理体制，分离发展和监管的职能，金融发展和规制职能由中国人民银行承担，使监管部门集中整合监管资源，专注于功能监管和执行，提高监管的专业性和有效性。其中，新成立的国务院金融稳定与发展委员会将办公室放在中国人民银行。以上制度安排无论是为协调宏观调控与金融监管，还是防范重点领域的系统性风险，抑或是防止跨市场的金融传染以及规范新金融业态的发展等诸多方面都提供了有力的保障。

附　录

第三章的数学附录

1. 数学附录 (3–1) 的证明过程

关于厂商投资决策的优化问题：

$$\max_{\{K_t\}_{t=1}^{\infty}} E \sum_{t=0}^{\infty} \beta^t [\, Y_t - c(Y_t/(AK_t))Y_t - K_{t+1} + (1-\delta)K_t - r_t D_t \,]$$

$$s.\,t.\ D_{t+1} = (1+r_t)D_t + K_{t+1} - (1-\delta)K_t - [\, Y_t - c(Y_t/(AK_t))Y_t \,] \tag{A1}$$

可以转化为如下的 Lagrangian 函数：

$$L = \sum_{t=0}^{\infty} \beta^t \left[\, Y_t - c\left(\frac{Y_t}{AK_t}\right)Y_t - K_{t+1} + (1-\delta)K_t - r_t D_t \,\right] -$$

$$\sum_{t=0}^{\infty} \lambda_{t+1} \beta^{t+1} \left\{ D_{t+1} - (1+r_t)D_t - K_{t+1} + (1-\delta)K_t + \left[\, Y_t - c\left(\frac{Y_t}{AK_t}\right)Y_t \,\right] \right\}$$

$$\tag{A2}$$

则一阶条件为

$$\frac{\partial L}{\partial K_t} = \beta^t c'\left(\frac{Y_t}{AK_t}\right)\frac{Y_t^2}{AK_t^2} + \beta^t(1-\delta) - \lambda_{t+1}\beta^{t+1}(1-\delta)$$

$$- \lambda_{t+1}\beta^{t+1} c'\left(\frac{Y_t}{AK_t}\right)\frac{Y_t^2}{AK_t^2} - \beta^{t-1} + \lambda_t \beta^t = 0 \tag{A3}$$

$$\frac{\partial L}{\partial D_t} = -\beta^t r_t + \lambda_{t+1}\beta^{t+1}(1+r_t) - \lambda_t \beta^t = 0 \tag{A4}$$

一是利用 $U_t = \dfrac{Y_t}{AK_t}$，化简（A3）得到：

$$Ac'(U_t)U_t^2 + (1 - \delta) - \lambda_{t+1}\beta(1 - \delta) - \lambda_{t+1}\beta Ac'(U_t)U_t^2 - \beta^{-1} + \lambda_t = 0 \quad （A5）$$

上式可进一步化简为

$$Ac'(U_t)U_t^2 + (1 - \delta) = \frac{1 - \beta\lambda_t}{\beta(1 - \beta\lambda_{t+1})} \quad （A6）$$

二是由等式（A4）可得

$$1 + r_t = \frac{1 - \lambda_t}{1 - \beta\lambda_{t+1}} \quad （A7）$$

假定 $\beta = 1$，联立等式（A6）和（A7）得到

$$Ac'(U_t)U_t^2 = r_t + \delta \quad （A8）$$

由平均成本函数可知

$$c'(U_t) = \omega\frac{1 - \alpha}{\alpha}(U_t)^{\frac{(1-\alpha)}{\alpha}-1} - \frac{v}{A}(U_t)^{-2} \quad （A9）$$

将上式代入（A8）得到

$$U_t = \left[\frac{\delta + v + r_t}{\dfrac{\omega A(1 - \alpha)}{\alpha}}\right]^{\alpha} \quad （A10）$$

证明完毕，等式（A10）便是命题 1 中厂商投资决策的最优解。

2. 数学附录（3-2）的证明过程

将命题 1 中的最优解代入平均成本函数可得

$$c(U(r)) = \omega\left(\frac{\delta + v + r}{\omega A(1 - \alpha)/\alpha}\right)^{1-\alpha} + \frac{v}{A}\left(\frac{\delta + v + r}{\omega A(1 - \alpha)/\alpha}\right)^{-\alpha} \quad （A11）$$

对 r 求导得到

$$\frac{\partial c(U(r))}{\partial r} = \frac{\alpha}{A}\left(\frac{\delta + v + r}{\omega A(1 - \alpha)/\alpha}\right)^{-\alpha}\left(1 - \frac{v}{\delta + v + r}\right) \quad （A12）$$

因为 $v/(\delta + v + r) < 1$，所以

$$\frac{\partial c(U(r))}{\partial r} > 0$$

命题 2 证明完毕。

3. 数学附录（3 - 3）的证明过程

在债务正常状态 $d_{t-1} < d^*$ 下，经济动态系统的稳定状态 $(\bar{r}, \bar{y})$ 处的雅克比矩阵（Jacobian Matrix）为

$$J = \begin{bmatrix} 0 & \theta \\ -\dfrac{\alpha(1-\delta)}{\delta + v + \bar{r}} & \dfrac{\alpha\theta\bar{y}}{\delta + v + \bar{r}} \end{bmatrix}$$

为此，其特征方程为

$$\lambda^2 - \frac{\alpha\theta\bar{y}}{\delta + v + \bar{r}}\lambda + \frac{\alpha\theta(1-\delta)}{\delta + v + \bar{r}} = 0$$

求解该特征方程，得到两个特征根为

$$\lambda_{1,2} = \frac{1}{2}\left\{\frac{\alpha\theta\bar{y}}{\delta + v + \bar{r}} \pm \sqrt{\left(\frac{\alpha\theta\bar{y}}{\delta + v + \bar{r}}\right)^2 - 4\left[\frac{\alpha\theta(1-\delta)}{\delta + v + \bar{r}}\right]}\right\}$$

假定 $|\lambda_{1,2}| = 1$ 且要求 $\alpha\theta(1-\delta)/(\delta + v + \bar{r}) = 1$，可以求得

$$\theta^* = \frac{\delta + v + \bar{r}}{\alpha(1-\delta)} \tag{A13}$$

同时，为保证有一对共轭复根，要求在 θ^* 附近，有

$$\left(\frac{\alpha\theta^*\bar{y}}{\delta + v + \bar{r}}\right)^2 - 4\left[\frac{\alpha\theta^*(1-\delta)}{\delta + v + \bar{r}}\right] < 0$$

将等式（A13）代入上式，化简得到

$$\frac{\alpha\theta^*\bar{y}}{\delta + v + \bar{r}} < 2 \tag{A14}$$

接着，将命题 3 给出的稳定状态 $(\bar{r}, \bar{y})$ 代入等式（A14），最终得到 $\bar{y} < 2(1-\delta)$。命题 4 证明完毕。

4. 数学附录（3 - 4）的证明过程

假定除债务率 d_t 之外，经济系统的其他变量都处于稳定状态。于是，

债务率的动态变化表示为

$$d_t = \frac{(1 + \bar{r}) d_{t-1} - A \bar{U}[1 - s - c(\bar{U})]}{1 - \delta + sA \bar{U}}$$

$$= -a + bd_{t-1} \tag{A15}$$

其中，

$$a = \frac{A\bar{U}[1 - s - c(\bar{U})]}{1 - \delta + sA\bar{U}}, b = \frac{1 + \bar{r}}{1 - \delta + sA\bar{U}}$$

从资本存量的总值增长率 k_t 与产出的总值增长率 y_t 的表达式可知，$1 - \delta + sA \bar{U}$ 不仅等于 $\bar{k}$，同时也等于 $\bar{y}$。因此，根据"经济增长率小于实际利率"的假定条件 $\bar{y} - 1 < \bar{r}$，得出 $b > 1$，进而可推出 d_t 是单调发散的，即"要么趋向于正无穷，要么趋向于负无穷"，而具体发散情况则取决于初始值 d_0。为了考察 d_0^*，假定 $d_1 = d_0 = d_0^*$，将此代入等式（A15），可得 $d_0^* = -a + bd_0^*$，从而解得

$$d_0^* = \frac{a}{b - 1}$$

命题 5 证明完毕。

第四章的数学附录

1. 数学附录（4 - 1）的推导过程

$$\frac{D_t - D_{t-1}}{Y_t \times P_t} = r \frac{D_{t-1}}{Y_t \times P_t} + def$$

$$d_t - \frac{D_{t-1}}{(1 + y) Y_{t-1} \times (1 + \pi) P_{t-1}} = r \frac{D_{t-1}}{(1 + y) Y_{t-1} \times (1 + \pi) P_{t-1}} + def$$

$$d_t - \frac{d_{t-1}}{(1 + y)(1 + \pi)} = \frac{r \times d_{t-1}}{(1 + y)(1 + \pi)} + def$$

$$d_t - d_{t-1} = \frac{(1 + r) \times d_{t-1}}{(1 + y)(1 + \pi)} - d_{t-1} + def$$

$$\Delta d_t = \left[\frac{(1 + r)}{(1 + y)(1 + \pi)} - 1\right] d_{t-1} + def$$

$$\Delta d_t = \left[\frac{r - y - \pi - y\pi}{(1 + y)(1 + \pi)}\right] d_{t-1} + def$$

2. 数学附录（4－2）的推导过程

对跨期的政府预算约束式化简得到

$$d_t = \frac{(1+r)}{(1+y)(1+\pi)} d_{t-1} + def \tag{A16}$$

对上式进行求解，先解得稳态解为

$$\bar{d} = \frac{def}{1 - \frac{1+r}{(1+y)(1+\pi)}} = \frac{(1+y)(1+\pi) \times def}{y + \pi + y\pi - r} \tag{A17}$$

再解得通解为

$$d_t = C \times \left[\frac{1+r}{(1+y)(1+\pi)} \right]^t \tag{A18}$$

因此，t 期的负债率 d_t 为

$$d_t = C \times \left[\frac{1+r}{(1+y)(1+\pi)} \right]^t + \bar{d} \tag{A19}$$

若 d_0 给定，则可解得

$$d_t = (d_0 - \bar{d}) \times \left[\frac{1+r}{(1+y)(1+\pi)} \right]^t + \bar{d} \tag{A20}$$

同时，为保证负债率 d_t 不发散，必须满足以下条件

$$\left| \frac{1+r}{(1+y)(1+\pi)} \right| < 1$$

化简得到 $r < y + \pi + y\pi \approx y + \pi$。其中，$y\pi \approx 0$。

3. 数学附录（4－3）的推导过程

$$L = \ln c_t^y + \frac{\ln c_{t+1}^o}{1+\rho} + \lambda \left(c_t^y + \frac{c_{t+1}^o}{1+r_{t+1}} - w_t \right) \tag{A21}$$

对上式分别求偏导，得到

$$\begin{cases} \dfrac{\partial L}{\partial c_t^y} = \dfrac{1}{c_t^y} + \lambda = 0 \\[3mm] \dfrac{\partial L}{\partial c_{t+1}^o} = \dfrac{1}{(1+\rho) \times c_{t+1}^o} + \dfrac{\lambda}{1+r_{t+1}} = 0 \end{cases} \tag{A21}$$

求解得到一阶条件为

$$\frac{c_{t+1}^{o}}{c_{t}^{y}} = \frac{1 + r_{t+1}}{1 + \rho} \tag{A22}$$

将一阶条件代入约束条件，即可求得 c_{t}^{y}、c_{t+1}^{o} 与 s_{t}。

4. 数学附录（4-4）的推导过程

对债务等式进行全微分，得到

$$dd_{t} = \frac{\partial d_{t}}{\partial k_{t}} \times dk_{t}, \frac{\partial d_{t}}{\partial k_{t}} = \frac{-f''(k_{t}) \times k_{t}}{2 + \rho} - 1 \tag{A23}$$

为此，资本对债务微分的表达式便是

$$\frac{dk_{t}}{dd_{t}} = -\frac{2 + \rho}{k_{t} \times f''(k_{t}) + (2 + \rho)} \tag{A24}$$

同理，可得

$$\frac{\partial f(k_{t})}{\partial d_{t}} = f'(k_{t}) \times \frac{dk_{t}}{dd_{t}} \tag{A25}$$

5. 数学附录（4-5）的推导过程

因为 $f(k_{t}) = k_{t}^{\alpha}$，所以 $f'(k_{t}) = \alpha k_{t}^{\alpha-1}$，$f''(k_{t}) = \alpha(\alpha-1)k_{t}^{\alpha-2}$。同时，

将上述等式代入 $\frac{\partial f(k_{t})}{\partial d_{t}}$，可得：

$$\begin{aligned}\frac{\partial f(k_{t})}{\partial d_{t}} &= \alpha k_{t}^{\alpha-1} \times \left[-\frac{2 + \rho}{k_{t} \times \alpha(\alpha-1)k_{t}^{\alpha-2} + (2 + \rho)} \right] \\ &= -\alpha k_{t}^{\alpha-1} \times \left[\frac{2 + \rho}{\alpha(\alpha-1)k_{t}^{\alpha-1} + (2 + \rho)} \right]\end{aligned} \tag{A26}$$

为此，$\frac{\partial f(k_{t})}{\partial d_{t}}$ 的符号取决于 $\alpha(\alpha-1)k_{t}^{\alpha-1} + (2 + \rho)$ 的正负情况。由此可见，当 $\alpha(\alpha-1)k_{t}^{\alpha-1} + (2 + \rho) > 0$ 时，$\frac{\partial f(k_{t})}{\partial d_{t}} < 0$；反之，当 $\alpha(\alpha-1)k_{t}^{\alpha-1} + (2 + \rho) < 0$ 时，$\frac{\partial f(k_{t})}{\partial d_{t}} > 0$。经整理，可得

$$\begin{cases} \dfrac{\partial f(k_t)}{\partial d_t} > 0\,, if \quad 0 < \alpha k_t^{\alpha-1} < \dfrac{2+\rho}{1-\alpha} \\[3mm] \dfrac{\partial f(k_t)}{\partial d_t} < 0\,, if \quad \alpha k_t^{\alpha-1} > \dfrac{2+\rho}{1-\alpha} \end{cases} \qquad (\text{A27})$$

其中，$r_t = f'(k_t) = \alpha k_t^{\alpha-1}$。

参考文献

〔英〕阿代尔·特纳:《债务和魔鬼》,王胜邦、徐惊蛰、朱元倩译,中信出版社,2016。

〔美〕阿蒂夫·迈恩、阿米尔·苏非:《房债》,何志强、邢增艺译,中信出版社,2015。

〔美〕布拉佳、文斯利特:《主权债务与金融危机》,张光、戴淑庚译,复旦大学出版社,2014。

〔法〕布罗代尔:《15至18世纪的物质文明、经济和资本主义(第二卷之形形色色的交换)》,顾良、施康强译,生活·读书·新知三联书店,1996。

曹飞:《土地财政:本质、形成机理与转型之路》,《社会科学》2013年第1期。

曾海舰、苏冬蔚:《信贷政策与公司资本结构》,《世界经济》2010年第8期。

陈昆亭、周炎、龚六堂:《信贷周期:中国经济1991-2010》,《国际金融研究》2011年第12期。

陈昆亭、周炎、龚六堂:《中国经济周期波动特征分析:滤波方法的应用》,《世界经济》2004年第10期。

陈争平:《外债史话》,社会科学文献出版社,2011a。

陈争平:《金融史话》,社会科学文献出版社,2011b。

〔美〕达龙·阿西莫格鲁、戴维·莱布森、约翰·A. 李斯特:《经济学：宏观部分》，卢远瞩、尹训东、于丽译，中国人民大学出版社，2016。

邓建平、曾勇：《金融关联能否缓解民营企业的融资约束》，《金融研究》2011 年第 8 期。

邓晓兰、黄显林、张旭涛：《公共债务可持续性研究理论与方法评述》，《重庆大学学报》（社会科学版）2014 年第 2 期。

法布里奇奥·萨柯曼尼：《货币政策溢出、繁荣和萧条、货币战争与国际货币体系变革》，《国际金融》2015 年第 6 期。

法律出版社法规中心：《中华人民共和国法律全编》（2013 年版），法律出版社，2013。

范剑勇、莫家伟：《地方债务、土地市场与地区工业增长》，《经济研究》2014 年第 1 期。

伏润民、缪小林、师玉朋：《政府债务可持续性内涵与测度方法的文献综述：兼论我国地方政府债务可持续性》，《经济学动态》2012 年第 11 期。

富田俊基：《国债的历史——凝结在利率中的过去与未来》，南京大学出版社，2011。

高坚：《中国债券资本市场》，经济科学出版社，2009。

戈登：《中国非金融企业债务跃升全球第一》，《金融时报》2014 年 6 月 17 日。

〔美〕格雷伯：《债：第一个 5000 年》，孙碳、董子云译，中信出版社，2012。

〔意〕格罗索：《罗马法史》，黄风译，中国政法大学出版社，1994。

龚刚、徐文舸、杨光：《债务视角下的经济危机》，《经济研究》2016 年第 6 期。

龚强、王俊、贾坤：《财政分权视角下的地方政府债务研究：一个综述》，《经济研究》2011 年第 7 期。

苟琴、黄益平、刘晓光：《银行信贷配置真的存在所有制歧视吗?》，《管理世界》2014 年第 1 期。

郭步超、王博：《政府债务与经济增长：基于资本回报率的门槛效应分析》，《世界经济》2014 年第 9 期。

郭海瑞：《我国资产证券化常规化发展中监管趋势研究——以国际经验为借鉴》，《国际金融》2017 年第 9 期。

郭丽婷：《社会信任、政治关联与中小企业融资》，《金融论坛》2014 年第 4 期。

郭庆旺、贾俊雪：《中国潜在产出与产出缺口的估算》，《经济研究》2004 年第 5 期。

郭庆旺、赵志耘、何乘才：《积极财政政策及其与货币政策配合研究》，中国人民大学出版社，2004。

郭田勇：《金融监管框架改革需找准着力点》，《上海证券报》2016 年 1 月 13 日。

审计署：《全国地方政府性债务审计结果（第 35 号公告）》，2011。

审计署：《36 个地方政府本级政府性债务审计结果（第 24 号公告）》，2013a。

审计署：《全国政府性债务审计结果（12 月 30 日公告）》，2013b。

国务院：《国务院关于加强地方政府性债务管理的意见》（第 43 号文），2014。

国务院：《关于提请审议批准 2015 年地方政府债务限额的议案（第十二届全国人民代表大会常务委员会第十六次会议）》，2015。

〔美〕汉农：《中央银行和全球债务积压》，蒋怡然、王胜邦译，《比较》2015 年第 5 期。

胡海峰、陈世金：《创新融资模式化解新型城镇化融资困境》，《经济学动态》2014 年第 7 期。

黄锴：《实证主义经济宪法学的基本结构——一个基于文献综述的研究》，《当代法学》2007 年第 6 期。

黄益平、常健、杨灵修：《中国的影子银行会成为另一个次债?》，《国际经济评论》2012 年第 2 期。

贾俊雪：《中国税收收入规模变化的规则性、政策态势及其稳定效应》，《经济研究》2012 年第 11 期。

贾康、张鹏、程瑜:《60年来中国财政发展历程与若干重要节点》,《改革》2009年第10期。

姜国华、饶品贵:《宏观经济政策与微观企业行为——拓展会计与财务研究新领域》,《会计研究》2011年第3期。

〔美〕卡尔·瓦什:《货币理论与政策》(第三版),彭兴韵、曾刚译,格致出版社、上海三联书店、上海人民出版社,2012。

〔美〕卡尔·沃尔特、弗雷泽·豪伊:《红色资本:中国的非凡崛起与脆弱的金融基础》,祝捷、刘骏译,东方出版中心,2013。

匡家在:《旧中国证券市场初探》,《中国经济史研究》1994年第4期。

〔美〕莱因哈特、罗格夫:《这次不一样:八百年金融危机史》,綦相、刘晓锋、刘丽娜译,机械工业出版社,2012。

李波、伍戈:《影子银行的信用创造功能及其对货币政策的挑战》,《金融研究》2011年第12期。

李波:《以宏观审慎为核心推进金融监管体制改革》,2016年2月4日《第一财经日报》。

李克强:《2015年政府工作报告》(十二届全国人大三次会议),2015。

李克强:《李克强总理在十二届全国人大一次会议后的记者招待会》,《新华网》,2013。

李猛:《中国社会科学院陆家嘴基地报告(第7卷)之厘清地方债务十大关系》,社会科学文献出版社,2015。

李扬、张晓晶、常欣、汤铎铎、李成:《中国主权资产负债表及其风险评估》(下),《经济研究》2012年第7期。

李扬、张晓晶、常欣:《中国国家资产负债表2015:杠杆调整与风险管理》,《中国社会科学报》2015年8月20日。

李青原、王红建:《货币政策、资产可抵押性、现金流与公司投资——来自中国制造业上市公司的经验证据》,《金融研究》2013年第6期。

厉以宁:《只计耕耘莫问收 厉以宁论文选2011—2014》,中国大百科全书出版社，2015。

林双林：《中国财政赤字和政府债务分析》，《经济科学》2010 年第 3 期。

林毅夫、蔡昉、李周：《中国的奇迹：发展战略与经济改革》（增订版），上海人民出版社，2014。

刘鹤：《两次全球大危机的比较研究》，中国经济出版社，2013。

刘恒：《当代中国经济周期波动及形成机理研究》，西南财经大学出版社，2003。

刘金林：《基于经济增长视角的政府内外债规模研究：来自 OECD 的证据》，《宏观经济研究》2013 年第 12 期。

刘树成：《论中国经济增长与波动的新态势》，《中国社会科学》2000年第 1 期。

刘煜辉：《中国式影子银行》，《中国金融》2013 年第 4 期。

鲁迅：《二心集》，北京联合出版公司，2014。

陆谷孙：《英汉大词典》（第 2 版），上海译文出版社，2007。

陆晓明：《中美影子银行系统比较分析和启示》，《国际金融研究》2014 年第 1 期。

罗林：《政府债务机制研究》，中国金融出版社，2014。

〔美〕罗默：《高级宏观经济学》，王根蓓译，上海财经大学出版社，2009。

〔英〕梅因：《古代法》，沈景一译，商务印书馆，2009。

美国金融危机调查委员会：《金融危机调查报告》，社会科学文献出版社，2013。

〔美〕米歇尔·渥克：《灰犀牛：如何应对大概率危机》，王丽云译，中信出版社，2017。

〔美〕纳西姆·尼古拉斯·塔勒布：《黑天鹅》，万丹译，中信出版社，2009。

逄锦聚等：《政治经济学》（第三版），高等教育出版社，2007。

〔意〕彭梵得：《罗马法教科书》，黄风译，中国政法大学出版社，2005。

千家驹：《旧中国公债史资料》，中华书局，1984。

裘翔、周强龙：《影子银行与货币政策传导》，《经济研究》2014 年第

5 期。

饶品贵、姜国华：《货币政策、信贷资源配置与企业业绩》，《管理世界》2013a 年第 3 期。

饶品贵、姜国华：《货币政策对银行信贷与商业信用互动关系影响研究》，《经济研究》2013b 年第 1 期。

盛松成：《商业银行的筛选功能与宏观调控》，《金融研究》2006 年第 4 期。

宋文昌、童士清：《关于信贷拥挤的理论探讨》，《金融研究》2009 年第 6 期。

苏冬蔚、曾海舰：《宏观经济因素、企业家信心与公司融资选择》，《金融研究》2011 年第 4 期。

特里谢：《欧洲议会经济和货币事务委员会听证会》，2003 年 9 月 11 日，http：//www. europarl. europa. eu/hearings/20030911/econ/cre. pdf。

童士清：《中国金融机构信贷微观运行与宏观效应研究》，中国金融出版社，2010。

万荃、温跃、张文刚：《明确人民银行宏观审慎管理职能》，《金融时报》2013 年 3 月 9 日。

汪冬华：《信用风险度量的理论模型及应用》，上海财经大学出版社，2007。

王国刚：《中国货币政策调控工具的操作机理（2001—2010）》，《中国社会科学》2012 年第 4 期。

王建军、周晓唯：《中国地方政府债务融资行为研究》，《社会科学家》2013 年第 6 期。

王晓雷：《负债率、债务率、偿债率与储备债务系数——20 年来我国外债变动分析》，《上海经济研究》2007 年第 2 期。

王永钦、张晏、章元、陈钊、陆铭：《中国的大国发展道路——论分权式改革的得失》，《经济研究》2007 年第 1 期。

王振、曾辉：《影子银行对货币政策影响的理论与实证分析》，《国际金融研究》2014 年第 12 期。

魏加宁：《地方政府投融资平台的风险何在》，《中国金融》2010 年第 16 期。

谢平、纪志宏、徐忠、邹传伟：《银行信贷出表及其对信用债券市场的影响》，《新金融评论》2016 年第 3 期。

谢世清：《历次主权债务危机的成因与启示》，《上海金融》2011 年第 4 期。

熊义明、潘英丽、吴君：《发达国家政府债务削减的经验分析》，《世界经济》2013 年第 5 期。

徐璐、钱雪松：《信贷热潮对银行脆弱性的影响：基于中国的理论与实证研究》，《国际金融研究》2013 年第 11 期。

徐文舸、刘洋：《中美两国的资产证券化：兼谈金融创新与债务危机》，《国际金融》2014 年第 11 期。

徐文舸、包群：《货币政策调控与融资结构变化——基于企业所有制与规模差异的研究视角》，《金融评论》2016 年第 1 期。

徐文舸、刘洋：《银行信贷资产证券化的潜在流动性风险与监管研究》，《金融监管研究》2017 年第 11 期。

徐文舸：《全球视角下的影子银行体系——以证券化为例》，《国际金融》2016 年第 11 期。

徐文舸：《影子银行体系影响了货币政策的传导机制吗?》，《金融监管研究》2015 年第 6 期。

徐文舸：《解读美联储第四轮非常规货币政策》，《国际金融》2013 年第 3 期。

徐文舸：《中国的政府债务可持续吗？——基于中央和地方政府的维度》，《投资研究》2016 年第 6 期。

徐中舒：《汉语大字典》，四川辞书出版社，2010。

许毅：《从百年屈辱到民族复兴——北洋外债与辛亥革命的成败》，中国财政经济出版社，2003。

许毅：《从百年屈辱到民族复兴——国民政府外债与官僚资本》，中国财政经济出版社，2004。

许毅：《清代外债史论》，中国财政经济出版社，1996。

薛洪言：《当前信贷资产证券化相关制度的反思——基于美国信贷资产证券化的经验教训》，《新金融》2014 年第 10 期。

颜永嘉：《影子银行体系的微观机理和宏观效应——一个文献综述》，《国际金融研究》2014 年第 7 期。

燕红忠：《近代中国的政府债务与金融发展》，《财经研究》2015 年第 9 期。

杨荫溥：《民国财政史》，中国财政经济出版社，1985。

杨志勇、杨之刚：《中国财政制度改革 30 年》，格致出版社、上海人民出版社，2008。

姚枝仲：《债务的世界、政府债务膨胀史》，《比较》2017 年第 3 期。

叶康涛、祝继高：《银根紧缩与信贷资源配置》，《管理世界》2009 年第 1 期。

叶全良：《负债经营论》，湖北人民出版社，2002。

应千伟、罗党论：《授信额度与投资效率》，《金融研究》2012 年第 5 期。

〔英〕约翰·伊特韦尔等编《新帕尔格雷夫经济学大辞典》（第 4 卷 Q-Z），陈岱孙译，经济科学出版社，1996。

约翰逊：《新兴市场债务激增是危机之兆》，《金融时报》2015 年 8 月 27 日。

张杰：《市场化与金融控制的两难困局：解读新一轮国有商业银行改革的绩效》，《管理世界》2008 年第 11 期。

张明：《中国影子银行：界定、成因、风险与对策》，《国际经济评论》2013 年第 3 期。

张素华：《珞珈法学论坛（第七卷）之债的起源及其本质》，武汉大学出版社，2008。

张素华：《请求权与债权的关系及请求权体系的重构：以债法总则的存废为中心》，中国社会科学出版社，2012。

张祥建、郭丽虹、徐龙炳：《中国国有企业混合所有制改革与企业投资效率——基于留存国有股控制和高管政治关联的分析》，《经济管理》2015 年第 9 期。

张晓峒：《计量经济分析》，经济科学出版社，2000。

张晓晶、常欣：《中国杠杆率的最新估算》，《中国经济学人》2017 年第 1 期。

张晓晶、刘学良：《利息负担与债务的可持续性》，《中国经济报告》2017 年第 5 期。

张玉棉：《论 20 世纪 90 年代日本的景气刺激对策》，《现代日本经济》2003 年第 1 期。

张忠民：《近代上海产业证券的演进》，《社会科学》2000 年第 5 期。

郑思齐、孙伟增、吴璠、武赟：《"以地生财、以财养地"——中国特色城市建设投融资模式研究》，《经济研究》2014 年第 8 期。

中国金融年鉴编辑部：《中国金融年鉴》，中国金融出版社，1993。

中国人民银行金融稳定分析小组：《中国金融稳定报告 2015》，中国金融出版社，2015。

中国资产证券化网：《2013 年中国资产证券化年度报告，中国资产证券化月刊》，2014。

中华人民共和国财政部预算司：《财政部代理发行 2009 年地方政府债券问题解答》（汉英对照），中国财政经济出版社，2009。

中央国债登记结算有限责任公司证券化研究组：《2016 年资产证券化发展报告》，2017。

中央国债登记结算有限责任公司证券化研究组：《2015 年资产证券化发展报告》，2016。

周飞舟：《分税制十年：制度及其影响》，《中国社会科学》2006 年第 6 期。

周黎安：《中国地方官员的晋升锦标赛模式研究》，《经济研究》2007 年第 7 期。

周莉萍：《影子银行体系自由银行业的回归?》，社会科学文献出版社，2013。

周小川：《金融政策对金融危机的响应：宏观审慎政策框架的形成背景、内在逻辑和主要内容》，《金融研究》2011 年第 1 期。

周小川：《深化金融体制改革》，载《〈中共中央关于制定国民经济和社会发展第十三个五年规划的建议〉辅导读本》，人民出版社，2015。

朱崇实、刘志云：《美国 20 世纪 80 年代至 90 年代初银行危机研究：历史与教训》，厦门大学出版社，2010。

祝继高、陆正飞：《货币政策、企业成长与现金持有水平变化》，《管理世界》2009 年第 3 期。

邹晓梅、张明、高蓓：《资产证券化的供给和需求：文献综述》，《金融评论》2014 年第 4 期。

Abbas, S. M., Belhocine, A. N., El – Ganainy, A., and Horton, M., "A Historical Public Debt Database," *IMF Working Paper*, WP/10/245, 2010.

Acharya, V. V., Schnabl, P., and Suarez, G., "Securitization without Risk Transfer," *Journal of Financial Economics*, 107（3）, 2013.

Admati, A., and Hellwig, M., "The Bankers' New Clothes," *Economics Books*, 50（4）, 2013.

Affinito, M., and Tagliaferri, E., "Why do（or did）Banks Securitize their Loans? Evidence from Italy," *Journal of Financial Stability*, 6（4）, 2010.

Agarwal, S., Amromin, G., Bendavid, I., et al., "Policy Intervention in Debt Renegotiation, Evidence from the Home Affordable Modification Program," *NBER Working Papers*, 2013.

Ahmad, E., Albino – War, M., and Singh, E. R. J., "Sub – national Public Financial Management, Institutions and Macroeconomic Considerations," *Handbook of Fiscal Federalism*, 2006.

Allen, F., Qian, J., and Qian, M., "Law, Finance, and Economic Growth in China," *Journal of Financial Economics*, 77（1）, 2005.

Almeida, H., and Campello, M., "Financial Constraints, Asset Tangibility, and Corporate Investment," *Review of Financial Studies*, 20（5）, 2007.

Altunbas, Y., Gambacorta, L., and Marques – Ibanez, D., "Securitisation and the Bank Lending Channel," *European Economic Review*, 53 (8), 2009.

Bandiera, L., Cuaresma, J. C., and Vincelette, G. A., "Unpleasant Surprises, Sovereign Default Determinants and Prospects," *The World Bank Working Paper*, 2010.

Bank for International Settlements, "International Banking and Financial Market Developments," *BIS Quarterly Review*, 2013.

Barro, R. J., and Sala – i – Martin, X., *Economic Growth* (New York, McGraw – Hill, 1995).

Barro, R. J., "Are Government Bonds Net Wealth?" *Journal of Political Economy*, 82 (6), 1974.

Baum, A., Checherita – Westphal, C., and Rother, P., "Debt and Growth, New Evidence for the Euro Area," *Journal of International Money and Finance*, 32, 2013.

Baumol, W., "Unnatural Value or Art Investment as Floating Crap Game," *American Economic Review*, 76 (2), 1986.

Baxter, M., and King, R. D., "Measuring Business Cycles, Approximate Band – pass Filters for Economic Time Series," *NBER Working Paper*, No. 5022, 1995.

Beck, T., George, C., Alberto, G., Philip, K., and Patrick, W., "New Tools and New Tests in Comparative Political Economy, the Database of Political Institutions," *World Bank Economic Review*, 15 (1), 2001.

Bernanke, B. S., and Blinder, A. S., "The Federal Funds Rate and the Channels of Monetary Transmission," *American Economic Review*, 82, 1992.

Bernanke, B. S., and Gertler, M., "Agency Costs, Net Worth and Business Fluctuations," *American Economic Review*, 79 (1), 1989.

Bernanke, B. S., and Gertler, M., "Inside the Black Box, the Credit Channel of Monetary Policy Transmission," *Journal of Economic Perspectives*, 9 (4), 1995.

Bernanke, B. S. , Gertler, M. , and Gilchrist, S. , "The Financial Accelerator and the Flight to Quality," *Review of Economics and Statistics*, 78 (1), 1996.

Bernanke, B. S. , Gertler, M. , and Gilchrist, S. , "The Financial Accelerator in a Quantitative Business Cycle Framework," *Handbook of Macroeconomics*, 1, 1999.

Berndt, A. , and Gupta, A. , "Moral Hazard and Adverse Selection in the Originate – To – Distribute Model of Bank Credit," *Journal of Monetary Economics*, 56 (5), 2009.

Bertrand, M. , E. Duflo and S. Mullainathan, "How Much should We Trust Differences – in – Differences Estimates?" *Quarterly Journal of Economics*, 119, 2004.

Besancenot, D. , Huynh, K. , and Vranceanu, R. , "Default on Sustainable Public Debt, Illiquidity Suspect Convicted," *Economics Letters*, 82, 2004.

Blanchard, Olivier, and Roberto Perotti, "An Empirical Characterization of the Dynamic Effects of Changes in Government Spending and Taxes on Output," *Quarterly Journal of Economics* 4 (117), 2002.

Bord, V. , and Santos, J. A. C. , "The Rise of the Originate – To – Distribute Model and the Role of Banks in Financial Intermediation," *Economic Policy Review*, 18 (2), 2012.

Borio, C. , English, W. , and Filardo, A. , "A Tale of Two Perspectives, Old or New Challenges for Monetary Policy?" *BIS Papers*, 19, 2003.

Boschen, J. F. , and Mills, L. O. , "The Relation Between Narrative and Money Market Indicators of Monetary Policy," *Economic Inquiry*, 33 (1), 1995.

Bradley, M. , Jarrell, G. A. , and Kim, E. , "On the Existence of an Optimal Capital Structure, Theory and Evidence," *Journal of Finance*, 39 (3), 1984.

Buchanan, J. M. , "Barro on the Ricardian Equivalence Theorem," *Journal of Political Economy*, 84（2），1976.

Buttiglione, L., Lane, P., Reichlin, L., and Reinhart, V., "Deleveraging, What Deleveraging?" *Geneva Report on the World Economy*, No. 16, 2014.

Calomiris, C. W., and Mason, J. R., "Credit Card Securitization and Regulatory Arbitrage," *Journal of Financial Services Research*, 26（1），2004.

Caner, M., Grennes, T., and Koehler – Geib, F., "Finding the tipping point, When Sovereign Debt Turns Bad," *Policy Research Working Paper*, The World Bank, 2010.

Caprio, G., and D. Klingebiel, "Episodes of Systemic and Borderline Banking Crises," *World Bank Discussion Paper*, No. 428, 2002.

Carlstrom, C. T., Fuerst, T. S., and Paustian, M., "Optimal Monetary Policy in a Model with Agency Costs," *Journal of Money, Credit and Banking*, 42（s1），2010.

Cecchetti, S., Mohanty, M., and Zampolli, F., "The Real Effects of Debt," *Bank for International Settlements Working Paper*, 2011.

Checherita, W. C., and Rother, P., "The Impact of High Government Debt on Economic Growth and its Channels, An Empirical Investigation for the Euro Area," *European Economic Review*, 7, 2012.

Curdia, V., and Woodford, M., "Credit Spreads and Monetary Policy," *Journal of Money, Credit and Banking*, 42（s1），2010.

De Mello, L. R., and Barenstein, M., "Fiscal Decentralization and Governance, A Cross – Country Analysis," *Social Science Electronic Publishing*, 40（1），2001.

Dell'Ariccia, Igan, G. D., and Laeven, L., "Credit Booms and Lending Standards, Evidence from the Subprime Mortgage Market," *Journal of Money, Credit and Banking*, 44（2），2012.

Diamond, P., "National Debt in a Neoclassical Growth Model," *American Economic Review*, 55（5），1965.

Dionne, G., and Harchaoui, T. M., "Banks' Capital, Securitization and

Credit Risk, An Empirical Evidence for Canada," *Insurance and Risk Management*, 75 (4), 2008.

Estrella, A., "Securitization and the Efficacy of Monetary Policy," *Economic Policy Review*, 8 (1), 2002.

Feldstein, M., "How to Stop the Drop in Home Values," *New York Times*, October 12, 2011.

Financial Stability Board, "Global Shadow Banking Monitoring Report 2014," November 2014.

Financial Stability Board, "Global Shadow Banking Monitoring Report 2015," November 2015.

Financial Stability Board, "Shadow Banking, Scoping the Issues," *A Background Note of the Financial Stability Board*, 2011.

Financial Stability Forum, "Report of the Financial Stability Forum on Addressing Pro – cyclicality in the Financial System," April 2009.

Fiore, F. D., and Tristani, O., "Optimal Monetary Policy in a Model of the Credit Channel," *The Economic Journal*, 123 (571), 2013.

Fischer, E. O., Heinkel, R., and Zechner, J., "Dynamic Recapitalization Policies and the Role of Call Premia and Issue Discounts," *Journal of Financial and Quantitative Analysis*, 24 (4), 1989.

Fisher, I., "The Debt – Deflation Theory of Great Depressions," *Econometrica*, 1 (4), 1933.

Friedman, M., and Schwartz, A. J., *A Monetary History of the United States, 1867 – 1960* (New Jersey, Princeton University Press, 1963).

Fullwiler, S. T., "Interest Rates and Fiscal Sustainability," *Journal of Economic Issues*, 41 (4), 2007.

Gale, D., and Hellwig, M., "Incentive – Compatible Debt Contracts, The One – Period Problem," *Review of Economic Studies*, 52 (4), 1985.

Gambacorta, L., and Marques – Ibanez, D., "The Bank Lending Channel, Lessons from the Crisis," *Economic Policy*, 26 (66), 2011.

Gennaioli, N. , Shleifer, A. , and Vishny, R. W. , "A Model of Shadow Banking," *Journal of Finance*, 68 (4), 2013.

Gertler, M. , and Gilchrist, S. , "Monetary Policy, Business Cycles and the Behavior of Small Manufacturing Firms," *Quarterly Journal of Economics*, 109 (2), 1994.

Gertler, M. , Gilchrist, S. , and Natalucci, F. M. , "External Constraints on Monetary Policy and the Financial Accelerator," *Journal of Money, Credit and Banking*, 39 (2), 2007.

Gorton, G. , and Metrick, A. , "Haircuts," *Federal Reserve Bank of St. Louis Review*, 11, 2010.

Gorton, G. , and Metrick, A. , "Securitization," *National Bureau of Economic Research*, 2012b.

Gorton, G. , and Metrick, A. , "Securitized Banking and the Run on Repo," *Journal of Financial Economics*, 104 (3), 2012a.

Gorton, G. , and Ordonez, G. , "Collateral Crises," *American Economic Review*, 104 (2), 2014.

Goswami, M. , Jobst, A. , and Long, X. , "An Investigation of Some Macro – Financial Linkages of Securitization," *IMF Working Paper*, 2009.

Granger, C. W. J. , and Engle, R. F. , "Econometric Forecasting, A Brief Survey of Current and Future Techniques," *Climatic Change*, 11 (1), 1987.

Gregor, W. S. , and Zin, S. E. , "Persistent Deficits and the Market Value of Government Debt," *Journal of Applied Econometrics*, 6 (1), 1991.

Guckenheiner, J. , and Philip, H. , *Nonlinear Oscillations, Dynamical Systems and Bifurcations of Vector Fields* (Berlin, Springer – Verlag Press, 1986).

Guonan Ma and Ben S. C. Fung. "China's Asset Management Corporations," *BIS Working Papers*, No. 115, 2002.

Haensel, D. , and Krahnen, J. P. , "Does Credit Securitization Reduce Bank Risk? Evidence from the European CDO Market," *SSRN Working Paper Series*, 2007.

Hagen, J. V., "A Note on the Empirical Effectiveness of Formal Fiscal Restraints," *Journal of Public Economics*, 44 (2), 1991.

Hall, R., and Jones, C., "Why Do Some Countries Produce So Much More Output per Worker than Others?" *Quarterly Journal of Economics*, 114 (1), 1999.

Hamilton, J. D., and Flavin, M. A., "On the Limitations of Government Borrowing, A Framework for Empirical Testing," *American Economic Review*, 76, 1986.

He, W., *Paths toward the Modern Fiscal State, England, Japan and China* (Cambridge, Mass, Harvard University Press, 2013).

Hodrick, R., and Prescott, E., "Postwar U. S. Business Cycles, An Empirical Investigation," *Journal of Money Credit and Banking*, 29 (1), 1997.

Holmstrom, B., and Tirole, J., "Financial Intermediation, Loanable Funds, and the Real Sector," *Quarterly Journal of Economics*, 112, 1997.

Hubbard, R. G., "Is There a Credit Channel for Monetary Policy?" *Federal Reserve Bank of St. Louis Review*, 77 (3), 1995.

Hänsel, D. N., and Bannier, C., "Determinants of European Banks' Engagement in Loan Securitization," *Deutsche Bundesbank Research Centre*, 2008.

International Monetary Fund, "Shadow Banking Around the Globe, How Large and How Risky?" *Global Financial Stability Report (GFSR)*, October 2014.

International Monetary Fund, "Adjusting to Lower Commodity Prices," *World Economic Outlook*, September, 2015.

International Monetary Fund, "Growth Resuming, Dangers Remain," *World Economic Outlook*, April, 2012.

Kalecki, M., "The Principle of Increasing Risk," *Economica*, 4 (16), 1937.

Kamstra, M. J., and Shiller, R. J., *The Case for Trills, Giving the People and Their Pension Funds a Stake in the Wealth of the Nation* (Cowles Foundation, Yale University, 2008).

Keynes, J. M. , *The General Theory of Interest, Employment and Money* (London, Macmillan Press, 1936) .

Kindleberger, C. P. , *Manias, Panics, and Crashes, A History of Financial Crises* (New York, John Wiley and Sons Press, 2005) .

Kodres, L. E. , "What is Shadow Banking?" *Finance and Development*, 50 (2) , 2013.

Kourtellos, A. , Stengos, T. , and Tan, C. M. , "The Effect of Public Debt on Growth in Multiple Regimes," *Journal of Macroeconomics*, 38, 2013.

Landau, J. P. , "Procyclicality, What It Means and What could be Done," *Banque de France*, 2009.

Lane, J. E. , and Ersson, S. , *The New Institutional Politics, Outcomes and Consequence* (London, Routlegde, 2000) .

Leeper, E. M. , "Equilibria under 'Active' and 'Passive' Monetary and Fiscal Policies," *Journal of Monetary Economics*, 27, 1991.

Lucas, R. E. , "Expectations and the Neutrality of Money," *Journal of Economic Theory*, 4 (2) , 1972.

Lucas, R. E. , "Why Doesn't Capital Flow from Rich to Poor Countries," *American Economic Review*, 80 (2) , 1990.

Mankiw, N. G. , Romer, D. , and Weil, D. N. , "A Contribution to the Empirics of Economic Growth," *Quarterly Journal of Economics*, 107 (2) , 1992.

Mian, A. , Sufi, A. , Trebbi, F. , "Foreclosures, House Prices, and the Real Economy," *Journal of Finance*, 70 (6) , 2015.

Mian, A. , and Sufi, A. , "The Consequences of Mortgage Credit Expansion, Evidence from the US Mortgage Default Crisis," *Quarterly Journal of Economics*, 124 (4) , 2009.

Miller, M. H. , "Debt and Taxes," *Journal of Finance*, 32 (2) , 1977.

Minsky, H. P. , *John Maynard Keynes* (New York, Columbia University Press, 1975) .

Minsky, H. P. , *Stabilizing an Unstable Economy* (Connecticut, Yale University Press, 1986) .

Minsky, H. P. , "Financial Instability Revisited, The Economics of Disaster," *Board of Governors of the Federal Reserve System*, 1970.

Modigliani, F. , and Miller, M. H. , "Corporate Income Taxes and the Cost of Capital, A Correction," *American Economic Review*, 53 (3), 1963.

Modigliani, F. , and Miller, M. H. , "The Cost of Capital, Corporation Finance and the Theory of Investment," *American Economic Review*, 48 (3), 1958.

Nadauld, T. D. , and Sherlund, S. M. , "The Impact of Securitization on the Expansion of Subprime Credit," *Journal of Financial Economics*, 107 (2), 2013.

Nelson, C. R. , and Plosser, C. R. , "Trends and Random Walks in Macroeconomic Time Series, Some Evidence and Implications," *Journal of Monetary Economics*, 10 (82), 1982.

North, D. , and Weingast, B. , "Constitutions and Commitment, The Evolution of Institutions Governing Public Choice in Seventeenth – Century England," *Journal of Economic History*, 49 (4), 1989.

Oates, W. E. , "An Essay on Fiscal Federalism," *Journal of Economic Literature*, 37 (3), 1999.

Oliner, S. D. , and Rudebusch, G. D. , "Is There a Broad Credit Channel for Monetary Policy?" *Economic Review*, 1 (1), 1996.

Ordonez, G. , "Sustainable Shadow Banking," *National Bureau of Economic Research*, 2013.

Paolo, M. , Romeu, R. , Binder, A. , and Zaman, A. , "A Modern History of Fiscal Prudence and Profligacy," *IMF Working Paper*, No. 13/5, 2013.

Patinkin, D. , *Money, Interest, and Prices, an Integration of Monetary and Value Theory* (New York, 1965) .

Patrick, R. , and Clark, D. , *The Institutions and Elections Project* (Binghamton University, 2007）.

Pinna, A. , *Indirect Contagion in an Originate – to – Distribute Banking Model* (School of Economics and Management at the Free University of Bozen, 2014）.

Pozsar, Z. , "Institutional Cash Pools and the Triffin Dilemma of the US Banking System," *Financial Markets, Institutions and Instruments*, 22 (5）, 2013.

Prais, S. J. , and Winsten, C. B. , "Trend Estimators and Serial Correlation," *Cowles Commission Discussion Paper*, 1954.

Purnanandam, A. , "Originate – To – Distribute Model and the Subprime Mortgage Crisis," *Review of Financial Studies*, 24 (6）, 2011.

Reinhart, C. M. , and Rogoff, K. S. , "Growth in a Time of Debt," *NBER Working Paper*, No. 15639, 2010.

Reinhart, C. M. , Reinhart, V. R. , and Rogoff, K. S. , "Public Debt Overhangs, Advanced – Economy Episodes Since 1800," *Journal of Economic Perspectives*, 26 (3）, 2012.

Reinhart, C. M. , Rogoff, K. S. , and Savastano, M. A. , "Debt Intolerance," *Brookings Papers on Economic Activity*, 1, 2003.

Reinhart, *Household Debt Restructuring in U. S. Would Stimulate Growth* (Bloomberg, August 5, 2011）.

Ricardo, D. , *The Principles of Taxation and Political Economy* (London, JM Dent, 1821）.

Roldos, J. , "Disintermediation and Monetary Transmission in Canada," *IMF Working Paper*, 2006.

Romer, C. D. , and Romer, D. H. , "New Evidence on the Monetary Transmission Mechanism," *Brooking Papers on Economic Activity*, 1 (1）, 1990.

Rudebusch, G. , and Svensson, L. E. O. , *Policy Rules for Inflation Targeting* (Chicago, University of Chicago Press, 1999）.

Salah, N. B. , and Fedhila, H. , "Effects of Securitization on Credit Risk and Banking Stability, Empirical Evidence from American Commercial Banks," *International Journal of Economics and Finance*, 4 (5), 2012.

Sanchez, C. V., "The Direction of International Capital Flows: New Empirical Evidence," *European University Institute Working Paper*, 2006.

Sargent, T. J., and Wallace, N., "Rational Expectations, the Optimal Monetary Instrument, and the Optimal Money Supply Rule," *Journal of Political Economy*, 83 (2), 1975.

Schumpeter, J. A., *History of Economic Analysis* (Psychology Press, 1954).

Sheng, A., "Financial Crisis and Global Governance, A Network Analysis, Globalization and Growth, Implications for a Post – Crisis World," *World Bank*, 2010.

Shleifer, A., and Vishny, R. W., "Unstable Banking," *Journal of Financial Economics*, 97 (3), 2010.

Shu, C., and Ng, B., "Monetary Stance and Policy Objectives in China: A Narrative Approach", *HKMA China Economic Issues*, 1 (10), 2010.

Sims, C. A., "Money, Income, and Causality," *American Economic Review*, 62 (4), 1972.

Stein, J. C., "Securitization, Shadow Banking and Financial Fragility," *Daedalus*, 139 (4), 2010.

Sturm, J., and Reinhard, N., "Sustainability of Public Debt," *General Information*, 1, 2008.

Taylor, J. B., and McCallum, B. T., "Discretion versus Policy Rules in Practice, A Comment," *Carnegie – Rochester Conference Series on Public Policy*, 1993.

Ter – Minassian, T., "Fiscal Federalism in Theory and Practice," *International Monetary Fund*, 1997.

Tiebout, C., "A Pure Theory of Local Expenditure," *Journal of Political Economy*, 64 (5), 1956.

Tornell, A., and Westermann, F., "Boom – Bust Cycles in Middle Income

Countries, Facts and Explanation," *IMF Staff Papers*, 49, 2002.

Townsend, R. M. , "Optimal Contracts and Competitive Markets with Costly State Verification," *Journal of Economic Theory*, 21 (2), 1979.

Uzun, H. , and Webb, E. , "Securitization and Risk, Empirical Evidence on US Banks," *The Journal of Risk Finance*, 8 (1), 2007.

Vaubel, R. , "Constitutional Safeguards against Centralization in Federal States, An International Cross – Section Analysis," *Constitutional Political Economy*, 7 (2), 1996.

Woo, J. , and Kumar, M. S. , "Public Debt and Growth," *Economica*, 82 (328), 2015.

Yanagita, T. , and Hutahaean, P. , "Maintenance of the Fiscal Sustainability," *Handbook of Fiscal Analysis*, *Agency of Fiscal Analysis*, 2002.

后　记

近年来，债务问题变得日渐重要，且具有紧迫性。笔者在博士论文的基础上，根据国内外经济发展的现实情况，增补了相关内容，并最终完成了最后一块拼图。在书稿的构思和写作过程中，笔者得到了各方面的帮助与支持。

感谢导师龚刚教授！选取债务理论作为写作主题正是源自恩师和学生在教学相长中，对当前中国经济所面临种种问题的敏锐洞察与深刻思考。

感谢投资研究所张所长！本书能最终完稿并出版有赖于您时时的鼓励和支持，以及对书稿所提出的真知灼见。

感谢父母和妻子长期以来对我人生追求的支持和鼓励，做我最忠实的听众。

感谢求学时的各位老师们！正是你们对学生的关心和帮助，为学生学识的提高与眼界的开阔打下了坚实基础，这也成为学生写作灵感和学术直觉的主要源泉。

感谢志同道合的伙伴们！相互间的"指点江山、激扬文字"引发了我对社会问题更多的启示和思考，尤其是对经济问题的争论也成为我对文章写作最好的测评。

感谢出版社的编辑老师们！正是因为你们的耐心沟通和细致负责的编辑工作，本书才得以顺利出版，我的思想也才得以更广泛地传播。

谨以此书来献给爱我以及我爱的人们！

2018 年初春于北京南长河畔

图书在版编目（CIP）数据

债务理论：顺周期、可持续和证券化／徐文舸著
. -- 北京：社会科学文献出版社，2018.8
ISBN 978 - 7 - 5201 - 2889 - 6

Ⅰ.①债…　Ⅱ.①徐…　Ⅲ.①债务 - 研究　Ⅳ.
①F811.5

中国版本图书馆 CIP 数据核字 (2018) 第 126155 号

债务理论：顺周期、可持续和证券化

著　　者／徐文舸

出 版 人／谢寿光
项目统筹／高　雁　恽　薇
责任编辑／颜林柯　张　娇

出　　版／社会科学文献出版社·经济与管理分社(010)59367226
　　　　　地址：北京市北三环中路甲29号院华龙大厦　邮编：100029
　　　　　网址：www. ssap. com. cn
发　　行／市场营销中心（010）59367081　59367018
印　　装／三河市龙林印务有限公司

规　　格／开　本：787mm × 1092mm　1/16
　　　　　印　张：17　字　数：260 千字
版　　次／2018 年 8 月第 1 版　2018 年 8 月第 1 次印刷
书　　号／ISBN 978 - 7 - 5201 - 2889 - 6
定　　价／79.00 元